Inside Out

Mi historia

Inside Out

Mi historia

Demi Moore

Traducción de
María Angulo Fernández

Rocaeditorial

Esta es una obra de no ficción. Los hechos y experiencias detallados aquí
son todos verdaderos y fielmente expresados como el autor los ha recordado,
lo mejor que ha podido. Algunos nombres, identidades y circunstancias
han sido modificados para proteger la privacidad y / o el anonimato
de los distintos individuos involucrados. Otros han examinado el manuscrito
y confirmado su representación en los hechos.

© 2019, Demi Moore y Pajama Party Productions, Inc.
Publicado en acuerdo con Harper, un sello de HarperCollins Publishers.
Todos los derechos reservados.

Primera edición: enero de 2020

© de la traducción: 2020, María Angulo Fernández
© de esta edición: 2020, Roca Editorial de Libros, S. L.
Av. Marquès de l'Argentera 17, pral.
08003 Barcelona
actualidad@rocaeditorial.com
www.rocalibros.com

Impreso por Liberdúplex
Sant Llorenç d'Hortons (Barcelona)

ISBN: 978-84-18014-23-9
Depósito legal: B 25272-2019
Código IBIC: BGA; BM.

RE14239

A mi madre, a mis hijas y a las hijas de mis hijas

LA CASA DE HUÉSPEDES

El ser humano es una casa de huéspedes.
Cada mañana llega alguien nuevo.
Una alegría, una depresión, una mezquindad,
un momento de conciencia que llega
como una visita inesperada.
¡Dales la bienvenida y recíbelos a todos!
Incluso si se trata de una muchedumbre de lamentos
que arrasa tu hogar con violencia
y destruye los muebles,
aun así, trata a todos los huéspedes con honor.
Quizás esté despejando tu hogar
para llenarlo de algo emocionante.
A los pensamientos oscuros, a la vergüenza, a la maldad,
recíbelos con los brazos abiertos e invítalos a pasar.
Sé agradecido con quienquiera que venga,
pues todos y cada uno han sido enviados
como guías del más allá.

RUMI

Índice

Prólogo

$\mathcal{H}$abía una pregunta que no dejaba de rondarme: ¿cómo he llegado a esto?

Estaba viviendo en una casa vacía, la misma en la que me había casado, la misma que había tenido que reformar y ampliar porque tenía más hijas que habitaciones. Y estaba sola, totalmente sola. Y a punto de cumplir los cincuenta. El marido que creía el amor de vida me había sido infiel y había dado por acabado nuestro matrimonio. Ni siquiera se molestó en intentar salvarlo. Mis hijas me dejaron de hablar. No me dirigían la palabra, ni llamadas de cumpleaños, ni mensajes para felicitarme la Navidad. Su padre, un amigo en el que confiaba plena y ciegamente, había desaparecido de mi vida. La carrera profesional por la que tanto había luchado desde que me marché del piso de mi madre, con tan solo dieciséis años, parecía haber quedado encallada. O quizás había terminado para siempre. Todo aquello a lo que me sentía unida, incluso mi salud, me había abandonado. Me aquejaban unos dolores de cabeza insoportables y empecé a perder peso a un ritmo preocupante. Me sentía destruida, tanto por dentro como por fuera.

«¿Esta va a ser mi vida? —me preguntaba—. Porque si va a ser así, paso. No sé qué diablos estoy haciendo aquí.»

Me dejaba llevar por la inercia, y hacía lo que creía que debía hacer, como dar de comer a los perros o contestar el teléfono. Era el cumpleaños de un amigo, así que monté una fiestecita en casa e invité a varias personas. Hice lo mismo que los demás: tomé una bocanada de óxido nitroso y, hundida en el sofá de mi comedor, esperé a que me llegara el turno para darle una buena calada al porro. Y eso hice: fumé de esa hierba sintética que habían bautizado como «diablo». El nombre no podía ser más acertado, desde luego.

Lo siguiente que recuerdo es que todo a mi alrededor se volvió borroso, confuso. Me veía a mí misma desde arriba, como si me hubiese desprendido de mi propio cuerpo y hubiese flotado hacia el techo del salón. Me sentía en el epicentro de un torbellino de colores y, por un momento, pensé que tal vez el destino me lo estaba poniendo en bandeja. Tal vez esa era mi oportunidad de terminar por fin con el sufrimiento, la vergüenza y el dolor. Quizás así las migrañas, el desamor, la terrible sensación de fracaso, como madre, como esposa y también como mujer, se evaporarían para siempre.

Sin embargo, la dichosa pregunta seguía atormentándome: ¿cómo he llegado a esto? Después de todos esos golpes de suerte en mi vida. Después de todos los éxitos. Después de todo el esfuerzo que me había costado sobrevivir a mi infancia. Después de un matrimonio que empezó como un cuento de hadas. Después de haber conocido al que creía mi príncipe azul, con quien traté de mostrarme tal como soy. Después de haber logrado reconciliarme con mi cuerpo y de haber dejado de matarlo de hambre y de torturarlo. Después de haber entendido que utilizar la comida como arma para librar una guerra conmigo misma no era la solución. Y, más importante, después de haber criado a tres hijas y de haber hecho todo lo que estaba en mi mano para ser la madre que yo nunca tuve. ¿En serio todo ese sacrificio no había servido para nada?

De repente, aparecí de nuevo en mi cuerpo. Estaba convulsionando en el suelo y oí que alguien gritaba:

—¡Llamad al 911!

—¡No! —chillé, porque sabía lo que ocurriría después: la ambulancia, los *paparazzi* y la prensa rosa anunciando a bombo y platillo: «Demi Moore, ¡directa al hospital por sobredosis!».

Y eso fue justo lo que pasó, tal y como me temía. Sin embargo, sucedió algo que nunca habría imaginado. Después de haberme pasado la vida huyendo, decidí sentarme y enfrentarme a mí misma. Había hecho muchísimas cosas en cincuenta años, pero había pasado la mayor parte de ese tiempo ausente, sin vivirlo de verdad, sin estar verdaderamente ahí, con miedo a ser tal como era, convencida de que no merecía las cosas buenas que me pasaban y desesperada por tratar de arreglar las malas.

¿Cómo he llegado a esto? Pues bien, esta es mi historia.

Parte I

Supervivencia

1

Por extraño que parezca, aún recuerdo los días que pasé en el hospital en Merced, California, cuando apenas tenía cinco años, como unos días casi mágicos. Allí, tumbada en mi camilla con ese pijama de felpa rosa clarito, esperando la ronda de visitas diaria: médicos, enfermeras, mis padres. Me sentía la mar de cómoda. Me habían ingresado hacía más de dos semanas y estaba decidida a ser la mejor paciente que jamás habían visto. En esa habitación tan limpia y luminosa, todo parecía estar bajo control, pues en el hospital seguía al pie de la letra una serie de rutinas impuestas por adultos de verdad. (En aquella época, todos sentíamos una especie de admiración por los médicos y las enfermeras: todo el mundo los veneraba, por lo que estar en sus manos me hacía sentir una privilegiada.) Todo tenía sentido: me gustaba que mi comportamiento provocara respuestas predecibles.

Me habían diagnosticado nefrosis, una enfermedad que pone en riesgo la vida del paciente y de la que, por aquel entonces, apenas se sabía nada, ya que solo se había estudiado en hombres. En pocas palabras, es una enfermedad degenerativa en la que el sistema de filtrado deja de hacer su trabajo. Recuerdo el día en que se me inflamaron los genitales y cómo reaccionó mi madre al verlo: pánico absoluto.

Me aterroricé. Me metió en el coche y me llevó enseguida al hospital, donde me pasé tres meses ingresada.

Mi tía era maestra de cuarto de primaria y les pidió a sus alumnos que me escribieran postales y cartas deseándome una pronta recuperación. Mis padres me entregaron todas las tarjetas esa misma tarde, todas hechas de cartulina y decoradas con dibujitos de colores. Me emocioné al ver todas esas muestras de cariño, sobre todo teniendo en cuenta que esos niños eran mayores que yo y que además no los conocía. Pero cuando levanté la vista de esas notitas repletas de colores vivos y brillantes, vi la cara de mis padres. Y fue entonces cuando me di cuenta de que no estaban seguros de que pudiera vencer a la enfermedad.

Alargué el brazo, acaricié la mano de mi madre y le dije:

—Todo va a salir bien, mamá.

Ella también era una cría. Tan solo tenía veintitrés años. Mi madre, Virginia King, se quedó embarazada cuando no era más que una adolescente que pesaba cuarenta y cinco kilos. Todavía estaba estudiando en el instituto, en Roswell, Nuevo México. Sí, era una cría. Fue un parto doloroso que duró nueve horas y en el que, justo antes de que yo llegara al mundo, en el último minuto, ella perdió el conocimiento. Para qué engañarnos, no fue la experiencia ideal para crear un vínculo afectivo entre ambas.

Una parte de mi madre no vivía con los pies en el suelo, por lo que rompía esquemas día sí y día también. Había nacido en una familia pobre, pero no tenía una mentalidad de pobre, ni tampoco actuaba como tal. Quería que tuviéramos lo mejor de lo mejor: las marcas blancas estaban totalmente prohibidas en casa, ni de cereales, ni de mantequilla de cacahuete, ni de detergente. Nada. Era generosa y espléndida, y recibía a todo el mundo con los brazos abiertos. Siempre había sitio para uno más en la mesa. Desprendía seguridad y confianza en sí misma, pero no era autoritaria ni estricta con las normas.

A pesar de ser una niña, no tardé en darme cuenta de que Ginny era distinta. De hecho, no se parecía a las otras madres. Cierro los ojos y todavía la veo llevándonos al colegio en coche, sujetando un cigarrillo con una mano mientras se maquillaba con la otra. Y lo hacía como una auténtica profesional y sin tan siquiera mirarse en el espejo. Tenía un cuerpo envidiable; estaba en plena forma y había trabajado como socorrista en el Bottomless Lakes State Park, cerca de Roswell. Era una mujer tremendamente atractiva: ojos azules, tez pálida y melena oscura. Era muy meticulosa con su aspecto, fuese cual fuese la situación: en nuestra excursión anual a casa de mi abuela, obligaba a mi padre a hacer un alto en el camino para poder ponerse los rulos y así lucir perfecta cuando llegáramos al pueblo. Mi madre hizo un curso de peluquería y estética, pero jamás se dedicó a ello. Tampoco era una experta en moda, pero sabía muy bien cómo debía combinar las prendas y sacarse el mayor partido. Tenía un talento natural, desde luego. Le fascinaba todo lo que parecía glamuroso; de hecho, sacó mi nombre de un producto de belleza.

Mis padres formaban una pareja magnética y sabían divertirse; eran como un imán que atraía a todo tipo de matrimonios. Mi padre, Danny Guynes, que era unos meses mayor que mi madre, tenía ese brillo pícaro y travieso en la mirada que te hacía creer que quería revelarte un secreto. También tenía una boca hermosa, con una dentadura blanca y perfecta que destacaba sobre su piel color oliva: parecía un Tiger Woods latino. Era un seductor nato que adoraba el juego y las apuestas, y con un gran sentido del humor. Era

lo opuesto a un tipo aburrido. Era de esa clase de hombres a
los que les gusta vivir al límite y que siempre se salen con la
suya. Era la personificación del «macho alfa», aunque tendía
a compararse con su hermano gemelo, que era mucho más
fuerte y más alto que él, y que había decidido alistarse en
la Marina norteamericana. A él, en cambio, lo rechazaron
porque tenía un ojo vago, igual que yo. Para mí era un rasgo
muy especial y muy nuestro: significaba que observábamos
el mundo del mismo modo.

Mi padre y su gemelo eran los mayores de nueve hermanos. Su madre, que nació en Puerto Rico, me cuidó durante
unos meses, justo después de nacer. Falleció cuando yo tenía
dos años. Su padre era medio irlandés, medio galés, además
de cocinero en las Fuerzas Aéreas… y un alcohólico empe-
dernido. Se mudó a casa cuando yo tenía un par de años;
recuerdo que mi madre no quería dejarme a solas con él en
el cuarto de baño. Más tarde, se habló de abuso sexual. Al
igual que yo, mi padre se crio en una casa llena de secretos.

Danny terminó el instituto un año antes que Ginny y
se matriculó en la Universidad de Pensilvania. Su ausencia
hizo que mi madre se volviera insegura, sobre todo cuando
se enteró de que iba a tener una nueva «compañera de habitación». Así que hizo lo que seguiría haciendo a lo largo
de su relación cada vez que se sentía amenazada: empezó
a tontear con otro chico para ponerle celoso. Se encaprichó
de Charlie Harmon, un joven bombero muy fornido y cor-
pulento que se había mudado a Nuevo México desde Texas.
Llegó incluso a casarse con él, aunque el matrimonio duró
muy poco porque el romance consiguió el efecto deseado: a
papá le faltó tiempo para volver a casa. Mamá se divorció
de Charlie y mis padres se casaron en febrero de 1962. Y
yo nací nueve meses después. O eso pensaba yo.

Cuando la gente oye hablar de Roswell, enseguida piensa en alienígenas verdes, pero en mi casa nunca se mencionó la palabra «ovni». El Roswell de mi infancia era un pueblo militar. Teníamos la pista de aterrizaje más grande de Estados Unidos (sirvió como pista de reserva para el transbordador espacial), en la base de las Fuerzas Armadas de Walker, que cerró sus puertas a finales de los sesenta. Aparte de eso, había vergeles de nogales, campos de alfalfa, una tienda de petardos y fuegos artificiales, una empresa cárnica y una fábrica de Levi's. Podría decirse que estábamos muy unidos a Roswell, que formábamos parte del tejido de la comunidad. Y nuestras familias también se habían entretejido, hasta el punto de que mi prima DeAnna también es mi tía. (Es la sobrina de mi madre y está casada con el menor de los hermanos de mi padre.)

Mamá tenía una hermana pequeña, mucho más pequeña, Charlene, aunque siempre la llamábamos Choc. Era animadora en el instituto. Ginny adoptó el papel de vigilante, y yo me convertí en la mascota del equipo. Hacía cosas como escondernos en el maletero del coche y después llevarnos a un cine al aire libre sin pagar la entrada. Cuando eso pasaba, nos tronchábamos de risa. Tenía la sensación de que era una chica mayor, igual que ellas, y disfrutaba haciendo sus travesuras. Me vestían con un uniforme idéntico al suyo, y Ginny se encargaba de peinarme. En las reuniones y celebraciones del colegio, yo era la gran revelación: salía corriendo con mi conjunto color azul pastel justo al final de la actuación y realizaba el movimiento estrella que me habían enseñado, la pirueta ceremonial del pájaro. Fue mi primer contacto con el mundo de la interpretación, y debo reconocer que disfrutaba de cada segundo de esos breves pero intensos instantes de protagonismo. Y entonces Ginny se sentía la madre más orgullosa y feliz del universo, y eso me encantaba.

Por aquella época, mi padre trabajaba en el Departamento de Publicidad del *Roswell Daily Record*. Cada mañana, antes de irse, dejaba sobre la mesa un paquete de tabaco y un billete de un dólar, dinero que mi madre se gastaba en una botella gigante de Pepsi que compraba en la tienda de la esquina y que llevaba a cuestas todo el día. Mi padre estaba destinado a triunfar: se dejaba la piel en el trabajo y le fascinaba el juego, quizá demasiado. Se iba de juerga con uno de mis tíos, y siempre que se emborrachaban se metían en algún lío. No podemos olvidar que, al fin y al cabo, tenían poco más de veinte años. Que mi padre volviera a casa a las tantas de la madrugada después de una noche de fiesta y haciendo eses no era algo excepcional. Le encantaba pelear, pero más todavía ver a la gente pelear. Cuando era pequeña, «muy» pequeña, mi padre me solía llevar a combates de boxeo. Debía de tener tres años y tenía que subirme a la silla para ver lo que estaba ocurriendo en el cuadrilátero. Recuerdo preguntarle:

—¿A qué color de pantalón estoy animando?

Asistir a un espectáculo en el que dos hombres se aporrean, ese era nuestro momento de complicidad padre-hija.

Se podría decir que tanto mi padre como mi madre mantenían una relación muy relajada y distendida con la verdad; creo que Danny era muy feliz cuando sentía que podía colársela a alguien, que podía meterle un gol por la escuadra. Por ejemplo, cuando iba a entregar un cheque para pagar algo, le decía al tipo que estaba en la caja: «Te propongo una apuesta: doble o nada». Era un jugador nato, y siempre trataba de encontrar la manera de salirse con la suya. Por aquel entonces no sabía cómo expresarlo con palabras, pero su temeridad y su insensatez me ponían nerviosa. Siempre tenía los cinco sentidos alerta y prestaba atención a todo lo que ocurría a mi alrededor porque me preocupaba que alguien pudiera enfadarse. Tengo un recuerdo algo difuso de un hombre que se presentó en casa y se puso a aporrear la puerta como un energúmeno; yo debía de tener unos cuatro años y no comprendía qué estaba pasando ni por qué. Me asusté muchísimo, pues era la primera vez que sentí miedo en mi propia casa. Seguramente era alguien que mi padre había timado. O tal vez se había acostado con la esposa de ese tipo, quién sabe.

Justo cuando estaba a punto de cumplir los cinco años nació mi hermano Morgan. Sentí que debía protegerlo desde el primer día. Siempre fui más fuerte que él. Ahora es un hombre hecho y derecho que mide casi dos metros y que está fuerte como un roble, pero de niño era menudo y desvalido. Sus rasgos eran tan finos y delicados que la gente solía confundirlo con una niña. Mi madre lo mimó y le consintió desde bien pequeño:

—¡Dale al bebé lo que quiere!

Esa era su cantinela diaria. Jamás olvidaré el viaje que hicimos hasta Toledo para visitar a mi tía. Se me hizo eterno. Morgan debía de tener dos años y mis padres me pasaron una botella de cerveza desde su asiento delantero para que fuera administrándosela durante el camino, como si fuese un biberón de leche. No hace falta decir que, cuando por fin llegamos al destino y nos bajamos del coche, ya se había sosegado y había dejado de llorar.

No estoy diciendo que fuese la hermana perfecta: después de todo, Morgan me apodó como «Butthole», que significa «ojete» en inglés. (Uno de mis métodos de tortura preferidos era inmovilizarlo en el suelo, tirarme un pedo con la

25

mano puesta en el culo y después plantársela encima de la nariz.) Pero ya desde el principio supe que tenía que estar pendiente de él y que debía cuidarle. A él, pero también a mí, porque nuestros padres no eran precisamente «padres helicóptero». Una vez, cuando Morgan tenía tres o cuatro años, se puso de pie encima del respaldo del sofá para mirar por la ventana y, de repente, empezó a dar saltos. Recuerdo avisar a mi madre.

—¡Se va a caer y se va a hacer daño!

Y, por supuesto, eso fue lo que pasó. Intenté cogerlo, pero era demasiado pequeña. Conseguí amortiguar la caída, pero no pude evitar que se abriera la cabeza con la mesa de centro. Fue como una escena de película: mi madre histérica, saltando y gritando «¡No te muevas!», mientras envolvía con una toalla su cabecita, de la que no dejaba de brotar sangre. Fuimos corriendo al hospital. Se había fracturado el cráneo: dieron puntos en la herida, por lo que, durante muchos meses, pareció el hermano gemelo de Frankenstein.

Poco después de que naciera dejamos Roswell para mudarnos a California, la primera de una larga lista de mudanzas que marcarían nuestra infancia. Mi madre se enteró de que mi padre estaba teniendo una aventura, así que hizo lo que su madre le había enseñado a hacer en el caso de que su marido tonteara con otras: alejarlo del «problema». Al parecer, las mujeres de mi familia nunca pensaron que si te llevas a tu marido infiel a otra ciudad, también te llevas el problema y que, por muy lejos que te vayas, siempre seguirá ahí.

Para la mayoría de la gente, una mudanza representa un cambio radical que, en ocasiones, puede incluso dar vértigo. Tener que encontrar un sitio donde vivir; el fastidio y el estrés de volver a establecerse en un lugar; la pérdida de tiempo que supone buscar un nuevo médico y una nueva lavandería y un nuevo supermercado, por no mencionar que debes matricular a tus hijos en un nuevo colegio y aprenderte la ruta del autobús escolar antes del primer día de clase, y así un largo etcétera. Es algo que requiere previsión, preparación y organización.

Pero no en nuestra familia. Mi hermano y yo hemos calculado que, a lo largo de nuestra infancia, nunca estudiamos un año entero en un mismo colegio. No caí en la cuenta de ese pequeño detalle hasta mucho más tarde, cuando comprobé por mí misma que no todo el mundo vivía así. Cuando oigo hablar a gente de que son amigos desde la guardería, me cuesta imaginármelo. Para nosotros una mudanza se había convertido en algo habitual. Todo empezaba con el presentimiento de que se estaba cociendo alguna cosa y, de la noche a la mañana, ya estábamos con la mochila al hombro y en ruta, montados en alguno de los coches color tierra que mis padres coleccionaron a lo largo de los años: el Maverick de color óxido, el Pinto marrón, el Ford Falcon beis. Todos eran nuevecitos, excepto el ojito derecho de mi padre, el Chevrolet Bel Air azul celeste del 55. Casi siempre se nos presentaba como algo necesario: papá era tan bueno en lo que hacía (en honor de la verdad debo reconocer que hacía muy bien su trabajo) que lo necesitaban en otro periódico, es decir, en otro pueblo del país. Nuestra obligación era apoyarle. Durante los primeros años, la idea de una mudanza no suponía ningún tipo de esfuerzo o trauma. Lo hacíamos y punto.

Me ingresaron por segunda vez cuando tenía once años. Mis riñones. Y, casualidad o no, fue justo después de uno

27

de los líos amorosos de mi padre. Por supuesto, en aquellos tiempos, no entendía que mi padre estuviese engañando a mi madre, que le estaba siendo infiel, pero una parte de mí todavía se pregunta si mis recaídas eran, en realidad, un reflejo de lo que estaba ocurriendo en casa. Fue un parche temporal, pero, mientras duró, toda la familia reaccionó y asentó la cabeza.

Sé que parece irónico, pero en ese momento las aguas por fin volvieron a su cauce y recuperamos cierta tranquilidad, algo a lo que no estábamos acostumbrados, desde luego. Habíamos regresado a Roswell hacía un par de años y la sensación fue espléndida; fue como volver a casa. Vivíamos en un rancho precioso con tres cuartos de baño. Tenía mi propia habitación, con una cama que parecía la de una princesa, con doseles rosas y un edredón del mismo color a juego. Morgan compartía habitación con el hermano pequeño de mi padre, George. (George llevaba viviendo con nosotros desde que cumplí los cinco años; por muy nómadas y ambulantes que fuesen mis padres, lo habían acogido sin pensárselo dos veces cuando mi abuela materna falleció y mi tío no tuvo adónde ir. Para mí era como un hermano mayor.) Enseguida hicimos buenas migas con los cuatro niños que vivían al otro lado de la calle: nos pasábamos el día en su casa o en la nuestra. Fue la primera vez que nos instalamos durante una larga temporada en el mismo sitio: por fin pude hacer amigos.

Cierto día, mientras volvía a casa de la escuela, sentí un ardor que se iba extendiendo por todo mi cuerpo. Notaba la piel de la tripa y de las mejillas cada vez más y más tensa. Fui corriendo al cuarto de baño y me bajé los pantalones para ver cómo tenía mi «conejito», pero esta vez se me estaba hinchando todo el cuerpo.

En el St. Mary's Catholic Hospital, en Roswell, estaba rodeada de monjas. Enseguida me acostumbré a esa nueva rutina: medían la cantidad de orina que producía y me sacaban sangre dos veces al día; todavía no se habían inventado esos pequeños catéteres de plástico, así que no tenían más remedio que clavarme una aguja en las venas para cada análisis de sangre. Sin embargo, a pesar de todos esos pinchazos, estaba serena y cómoda porque sabía que estaban cuidando de mí, nada más.

Por casualidad, Morgan tuvo que someterse a una operación de hernia esa misma semana, así que nos pusieron en la misma habitación. Yo era ya toda una experta en la vida de los hospitales y, además, era su hermana mayor: mientras estuviésemos en esa habitación, yo estaba al mando. (A ver, discutíamos sobre qué programa ver en la televisión, y no olvidemos que eso fue antes de los mandos a distancia, así que para cambiar de canal teníamos que avisar a una monja. A Morgan le importaba un pimiento, pues tenía seis años, pero a mí me preocupaba perder mi estatus como mejor paciente del mundo mundial. La verdad es que cuando le dieron el alta me alegré.)

29

Mejoré y recuperé mi vida normal. Volví a la escuela, aunque seguía haciéndome análisis de orina cada dos por tres y me mandaban al despacho del director para asegurarse de que no me saltaba el almuerzo. Estaba tan inflada por los esteroides que incluso una compañera de clase me preguntó si era la hermana de Demi. Me sentía especial, pero no como en el hospital, sino más bien abochornada y distinta al resto. Y no quería que la gente me viese así.

Así pues, cuando mis padres nos dijeron que volvíamos a mudarnos, sentí cierto alivio. Años más tarde, descubrí que mi madre había encontrado un pelo púbico pelirrojo en los calzoncillos de mi padre mientras ponía la lavadora; tras una larga discusión, llegaron a la inevitable conclusión de que solo había una salida: mudarse. Esta vez más lejos de lo normal, a la otra punta de Estados Unidos: a Canonsburg, Pensilvania.

Y eso ya eran palabras mayores. Mis padres nos sentaron y nos lo contaron varios días antes, lo cual solo sirvió para que el tema adquiriera todavía más importancia y seriedad. Y en esta ocasión sí contrataron los servicios de una empresa de mudanzas. Recuerdo llenar el camión con nuestras camas, el sofá verde, las perdices de cerámica de mamá y esa mesita de centro con la que Morgan se había golpeado la cabeza. Cuando terminamos de meter todas nuestras cosas en aquel inmenso camión, nos dimos cuenta de que la cabina era demasiado pequeña y de que quizá no cabríamos todos. Mi madre, medio en serio, medio en broma, me propuso que me sentara en el suelo del copiloto, es decir, a sus pies. Acepté la oferta. Me lo pasé en grande ahí abajo: extendí una manta y coloqué una almohada de avión y lo convertí en mi pequeña cueva. Ya era un viaje larguísimo de por sí, pero se hizo todavía más largo por culpa de una ventisca. Mi padre tuvo que parar porque ni siquiera veía la carretera.

Yo estaba acurrucada junto a la calefacción, cómoda y la mar de calentita.

Culturalmente, Canonsburg era muy diferente a Nuevo México o California. Hasta la forma de hablar era distinta. (Mi madre tenía un acento muy marcado y, viviésemos donde viviésemos, nunca lo cambió; Morgan hace una imitación perfecta de su forma de hablar, como cuando pedía un «b'rito», en lugar de un «burrito»). A mi hermano le costó muchísimo adaptarse, ya que era más introvertido que yo y solía ser el blanco de todos los matones del colegio. Yo, en cambio, era más fuerte y no me dejaba amedrentar por nadie. Mi mecanismo de defensa se ponía en marcha siempre que me encontraba en una situación nueva y, de inmediato, empezaba a comportarme como un detective. ¿Cómo funcionan las cosas aquí? ¿Qué le gusta a la gente? ¿Quiénes son mis aliados potenciales? ¿A qué debería tenerle miedo? ¿Quién manda? Y, por supuesto, la gran pregunta: ¿cómo puedo integrarme? Me estrujaba el cerebro para descifrar el código: cuando por fin averiguaba lo que tenía que hacer, practicaba hasta volverme una experta. Todas esas habilidades me vinieron como anillo al dedo años después.

Nos instalamos en un vecindario de casitas adosadas todavía en construcción, justo en la ladera de una colina con vistas a un lago que se congelaba en invierno, lo que significaba que podíamos patinar sobre hielo. Morgan aprendió a montar en bici. Yo tenía once años y me encantaba hacer gimnasia rítmica. Y también estaba a punto de alcanzar la pubertad. Me moría de ganas porque me creciera el pecho: cada noche, antes de meterme en la cama, rezaba para que me salieran tetas.

Ya no era una cría, pero mi madre insistía en dejarnos a cargo de una niñera; no confiaba en que fuese capaz de cuidar a Morgan yo solita. La chica que contrató era la hermana mayor de una compañera de clase (vamos a llamarla Corey), que resultó estar más desarrollada y ser mucho más madura y responsable que yo. Cuando vi aparecer a la hermana de Corey por nuestra puerta, me enfadé muchísimo. No quería saber nada de ella. Pero la humillación no quedó ahí; al día siguiente, Corey se dedicó a anunciar a bombo

31

y platillo a todo el autobús escolar: «Supongo que Demi todavía necesita una niñera».

Recuerdo ese momento como si fuese ayer, el bochorno y la vergüenza recorriendo cada centímetro de mi cuerpo. Estaba furiosa con mi madre porque me había puesto en esa situación: me había tendido una trampa. Me acuerdo de sentirme tan expuesta que, por un instante, creí que me iba a morir ahí mismo. No estaba dispuesta a dejar que ese momento humillante definiera los meses que iba a pasar en la escuela de Canonsburg. No necesitaba una canguro. Lo que necesitaba era un novio.

Elegí al chico más guapo de la clase: un rubiales de ojos azules llamado Ryder. No me costó mucho metérmelo en el bote. Canté victoria y me dediqué a pasearme de su mano por el colegio. Y eso, por cierto, me gustó. Y mucho. Aunque aquella historia duró muy poco.

Mientras lidiaba con los problemas típicos de una chica preadolescente, mis padres empezaron a perder el control. Nunca sabré qué ocurrió en Canonsburg, pero esa primavera todo se vino abajo.

Una noche, mientras mi padre destapaba la primera de sus seis cervezas Coors de rigor y escuchaba a James Taylor de fondo, decidió que era el momento perfecto para limpiar su pistola. Recuerdo el aspecto que tenía esa noche: siempre que bebía, su ojo vago se cerraba un poco más y se volvía un poco más vidrioso. No se dio cuenta de que había una bala en la recámara. Salió disparada e hizo un tremendo agujero en la pared. Y también le rozó la frente. Había sangre por todas partes. Después de limpiar aquel tremendo desastre, mi madre le quitó hierro al asunto y se tomó a broma lo sucedido, aunque estoy convencida de que por dentro estaba aterrorizada. Cada vez que imagino que alguien puede estar jugando con una pistola cargada en una casa donde corretean niños, se me pone la piel de gallina. La idea me supera.

Otra noche de esa misma primavera, se armó un escándalo en casa que terminó por despertarme. Medio dormida, me acerqué hacia la habitación de mis padres. Allí estaba mi madre, llorando y revolviéndose entre los brazos de mi padre, que trataba de sujetarla. Enseguida me fijé en un bote de pastillas amarillas que había encima de la cama.

—¡Ayúdame! —me pidió al verme en el umbral de la puerta. Me acerqué a ellos en estado casi catatónico, pues no sabía (aunque en otro nivel lo entendía perfectamente) lo que estaba viendo con mis propios ojos: a mi madre tratando de quitarse la vida.

Lo siguiente que recuerdo es utilizar los dedos, los diminutos dedos de una niña, para sacar las pastillas que mamá había intentado tragarse mientras mi padre la inmovilizaba y le abría la boca. Él daba las órdenes y yo obedecía. Esa noche, algo cambió en lo más profundo de mi ser. Ya nada volvió a ser lo mismo. Mi infancia había terminado. Cualquier esperanza de que algún día podría contar con la ayuda, el apoyo o la confianza de mis padres se había evaporado. En ese instante, con los dedos metidos en la boca de mi madre suicida, que se zarandeaba como un animal salvaje, con las órdenes a gritos de mi padre, dejé de ser una niña a quienes ellos intentaban cuidar y educar para convertirme en una mujercita que debía ayudarlos a limpiar los trapos sucios.

33

2

*E*ran principios de los setenta, y mi madre hizo lo que todo el mundo hacía en esa época: acudir a un terapeuta. Iba a buscar ayuda e iba a recuperarse. ¡Iba a encontrarse a sí misma! El movimiento feminista había empezado a despertar y se respiraba en el ambiente cultural del momento. Mi madre se hizo muy amiga de una vecina feminista que, con toda probabilidad, le habló de las ideas, principios y eslóganes de la liberación de la mujer. Pero mi madre se encontraba en un estado muy frágil, por lo que era muy fácil de impresionar: después de ver *El exorcista*, se unió al movimiento carismático católico y empezó a llevarme a misa cada domingo. Allí tocaban canciones de George Harrison y bailaban por toda la iglesia con *dashikis*.

Estaba tratando de averiguar quién era. A veces me escabullía de mi habitación y escuchaba a escondidas las charlas que mantenía con nuestra vecina en la cocina. Todo el proceso le estaba resultando muy duro, muy difícil. (Era una cotilla; mis padres siempre me tomaban el pelo y me decían que «no se me pasaba nada por alto, ni siquiera un pedo». Pero ahora, al echar la vista atrás, me doy cuenta de que lo que hacía era vigilar y patrullar el terreno por si el caos volvía a estallar. Mi madre acababa de intentar suicidarse:

tenía que estar alerta.) Se quejaba porque mi padre no la valoraba y porque su infancia había estado llena de penurias y carencias. Habían sido tan pobres que incluso unas Navidades le regalaron una muñeca que ya tenía, pero con ropa nueva. Para ella, esa muñeca simbolizaba la escasez que había sufrido de pequeña, la falta de dinero, de comida y de atención. Le habían privado de todo lo que necesitaba. Oí esa historia muchas muchas veces.

Enseguida percibí un ligero cambio en la dinámica de casa: mi madre se había pasado muchísimos años tolerando y perdonando las infidelidades de mi padre, sobre todo porque dependía de él, tanto económica como emocionalmente. Es triste decir esto, pero al intentar suicidarse dejó muy claro que todavía tenía cierta influencia, cierto poder: le había demostrado a mi padre que era capaz de abandonarle a su suerte. Por desgracia, también les había demostrado a sus hijos que era capaz de abandonarlos a ellos.

Mi madre estaba repitiendo un patrón familiar. Su primera relación amorosa fue con un chico clavadito a mi padre: un tipo carismático que coqueteaba con todas las chicas del instituto y que tendía a meterse en problemas. A mi abuelo materno, Bill King, no le hizo mucha gracia que su hija empezara a salir con ese bala perdida cuando no era más que una adolescente, pero lo cierto es que tenían muchas cosas en común. Mi abuelo era un embaucador, un donjuán de manual que se saltaba las normas cada dos por tres y que tocaba el bajo en una banda de música *country*. Era muy bruto: una vez tenía un dolor de muelas insoportable y, como no podían permitirse pagar un dentista, subió al cuarto de baño y con una hoja de afeitar bien afilada se sacó la muela él mismo. Mi abuelo vivió una vida salvaje, y también sufrió una muerte salvaje: después de una noche de mucho alcohol, se montó en su queridísimo Camino azul y terminó debajo de un camión. Murió decapitado.

Yo tenía diez años cuando falleció. Le recuerdo como un zorro plateado, guapo y fuerte, con sus manos robustas manchadas de aceite de motor. Era el propietario de una pequeña gasolinera, donde a mis primos les encantaba jugar. Sin embargo, antes de eso, cuando mi madre era pequeña, estuvo de baja muchísimo tiempo porque se había lesionado la espalda trabajando en el sector de la construcción. Mi abuela fue el pilar que mantuvo a toda la familia a flote. Tuvieron tres hijas, mi madre y sus dos hermanas mayores, Billie y Carolyn. Estoy convencida de que esa no era la vida con la que mi abuela Marie había soñado. Deseaba de todo corazón ir a la universidad. Se crio en la frontera entre Texas y Nuevo México, en un ambiente pentecostal muy estricto y autoritario, y fue la primera de toda su familia en terminar el instituto. Pero Marie acabó siendo una esposa y madre joven que trabajaba a jornada completa para poder llegar a fin de mes. La pobre no daba abasto con todo.

Mi abuela fue una madre ausente porque se pasaba el día fuera de casa trabajando, lo cual Ginny interpretó como que nadie la quería. Era una niña menuda y enclenque. Nunca llegó a comprender por qué su madre no la había cuidado más y atendido mejor. Siempre creyó que no había tenido suficiente dinero ni bastante amor. Jamás se le pasó por la cabeza que mi abuela no dispusiera de los medios para criarla y educarla como habría querido. Ginny era incapaz de ponerse en la piel de mi abuela y tratar de entender lo duro y difícil que debió de ser para ella vivir con un marido infiel por el que había renunciado a todos sus sueños, mantener a toda una familia ella sola, sin ningún tipo de ayuda o prestación y, para colmo, cuidar a tres hijas pequeñas.

Mi abuela Marie ha sido, sin ningún lugar a dudas, la persona que más confianza y seguridad me ha transmitido en mi vida. Nació y creció en una granja rodeada de campos de sorgo en Elida, Nuevo México, allá por 1930. Quizá por eso era muy pragmática: «hacía lo que se debía hacer», sin plantearse nada más. Era una mujer noble, coherente, consecuente y en quien se podía confiar.

Sin embargo, a pesar de todas sus cualidades, le había enseñado a mi madre, que a su vez me los había enseñado a mí, ciertos mecanismos de defensa un pelín extraños. Siempre que mi abuelo echaba una canita al aire y le era infiel, acababa convenciendo a su esposa de que el problema eran las «mujeres». En cierta ocasión, después de su última aventura amorosa, le propuso mudarse para así poderse librar de la mujer que lo acosaba y perseguía día y noche. Así pues, hicieron las maletas y se marcharon a Richmond, California, donde nació mi madre, aunque años después regresaron de nuevo a Roswell. Cierto día, Ginny, que debía de tener unos doce años, volvió a casa antes de lo esperado y pilló a su padre en la cama con la esposa de su hermano. Se puso hecho una furia y culpó a su hija de toda la situación. Hasta ese momento, mi abuelo era el refugio seguro de mi madre. Lo admiraba y lo adoraba a partes iguales. A partir de aquel incidente, su vida no volvió a ser la misma.

Una calurosa tarde de verano, Ginny se acercó a mí con una sonrisa de oreja a oreja. Me dijo que debía hacer las maletas lo más rápido posible; esa noche íbamos a dormir a un hotel. Aquella repentina decisión no tenía ningún sentido, pero mi madre parecía tan entusiasmada que hice lo que me pidió sin rechistar. Nos montó a Morgan y a mí en su Pinto y nos llevó hasta un hotel cercano que estaba forrado de tablones de madera de color clarito. Recuerdo que todo estaba iluminado y que no había ni una sola mota de polvo. Mi emoción empezó a transformarse en confusión y ansiedad cuando nos contó que pasaríamos allí un par de noches porque iba a dejar a papá por su psiquiatra, Roger. Nos aseguró que estaban enamorados. Roger se haría cargo de los gastos de la habitación y después nos trasladaríamos a California con él. Allí iba a construir una casita de cristal para nosotros. Incluso nos mostró los planos del proyecto.

Fue una charla propia de un *coach* emocional. Nos presentó unos planes de futuro sin fisuras, que parecían razonables y muy muy meditados. Sin embargo, ni siquiera se planteó que la ruptura matrimonial pudiera causar un ápice de confusión, dolor o miedo en sus propios hijos. En parte era porque estaba demasiado absorta en su fantasía como para tener en cuenta nuestra opinión o lo que pudiéramos sentir. Pero también me pregunto si, en el fondo, sabía que ese no iba a ser el punto final de su relación con mi padre.

Roger era un tipo alto, rubio y con ojos azules que solía llevar unas gafas de montura metálica y que se había criado en el norte de California. Era más que evidente que no era de la clase de terapeuta que se ceñía a un código deontológico. Se me rompe el corazón cada vez que pienso que mi madre recurrió a él en busca de ayuda: en él vio la solución a todos sus problemas, pues no era un alcohólico, sino un hombre culto e instruido con quien podría construir una vida totalmente distinta. Pero se equivocó, pues Roger le complicó aún más la vida. Le recetaba estimulantes y tranquilizantes, y hoy es el día en que todavía dudo que siguiera las dosis recomendadas al pie de la letra. Las pastillas, junto con el

39

alcohol que ingería para tragárselas, la convirtieron en una mujer más impredecible.

Mis padres empezaron los trámites de la separación, aunque con poco convencimiento. Mi madre se instaló en casa de Roger, y nosotros vivíamos a caballo entre el hotel, cuando nos tocaba con mi madre, y nuestro piso, cuando estábamos con mi padre. Unas semanas después, mi padre nos llevó de viaje. Visitamos a mi tía en Ohio y a mi tío en Toledo. Pero se olvidó de un pequeño detalle, de contárselo a mi madre, que, ajena a todo, creyó que nos habíamos esfumado de la faz de la Tierra. (No quiero ni imaginarme la impotencia y el pánico que debió de sentir en ese momento.) Papá le explicó a su familia su propia versión de la historia, es decir, que Ginny nos había abandonado y se había fugado con Roger sin decir ni media palabra y que no tenía ni la más remota idea de cómo ponerse en contacto con ella. Y ellos le creyeron. Morgan y yo estábamos tan acostumbrados a que las cosas no tuvieran ningún tipo de sentido que ni siquiera nos molestamos en dudar de él ni en preguntarnos por qué Ginny no nos había llamado para saber si estábamos bien. En cualquier caso, estábamos la mar de distraídos: mi tía y mi tío nos llevaron, junto con nuestros primos, de viaje a un famoso programa de radio de música country, el Grand Ole Opry, en Nashville. Para mí, el atractivo principal era Minnie Pearl, que siempre tenía una etiqueta con un precio colgándole del ala del sombrero. Hoy en día, en una era marcada por los teléfonos móviles, Instagram, el correo electrónico y FaceTime, las noticias vuelan, pero en los setenta era muy fácil desaparecer del mapa. Y mi padre se había vuelto un experto en ese arte. En cuanto llevábamos demasiado tiempo en un mismo sitio y empezaban a llegar facturas al buzón, él escribía la palabra «difunto» junto a su nombre, en el sobre, y lo devolvía a Correos. Recuerdo un microondas que compró en Sears, cuando los microondas parecían un invento milagroso; pues bien, cuando el repartidor vino a traérnoslo obligó a Morgan a firmar el comprobante de entrega para así justificar ante Sears que no pensaba pagarlo porque, al fin y al cabo, la firma de un niño no era legalmente vinculante. Utilizaba esa clase de argucias en casi todas las tiendas; era un tipo muy creativo. Si mis padres hubieran utilizado su astucia e inteligencia para algo constructivo, creo que podrían haber llegado muy lejos. Tenían un cerebro privilegiado, pero carecían de las herramientas necesarias para ir por el buen camino. Y dedicaban la mayor parte de sus esfuerzos y energías a sabotearse a sí mismos, o a sabotearse entre ellos. Creo que tratamos a la gente que más queremos tal y como, en el fondo, creemos que merecemos ser tratados.

41

Pasamos el verano en Toledo. Mi padre no sabía qué hacer cuando estaba con nosotros a solas. Siempre me había sentido muy unida a él, pero en ese momento era demasiado intratable; se había vuelto tan introvertido y huraño que era imposible conectar con él. Nos quería, eso seguro. Y no nos había secuestrado porque quisiera pasar más tiempo de calidad con sus hijos, ni porque temiera que Ginny nos llevara a California y tuviera miedo de no vernos nunca más. Creo que esa temporada que pasamos en Ohio formaba parte del juego de mis padres, de esa lucha de amor y odio interminable, y supongo que esa batalla la debió de ganar él porque, a finales de verano, logró convencer a mi madre de que le perdonara por haber raptado a sus hijos y volvimos a Pensilvania para que pudieran darse otra oportunidad.

Esta vez las cosas iban a ser muy distintas. Como era de esperar, nos íbamos a mudar a una casa más grande en

Charleroi, otro pueblo en Pensilvania, a unos cincuenta kilómetros de Pittsburgh. Fue un salto cualitativo en todos los
niveles. Una casa moderna y espaciosa, con una fachada de
color verde aguacate, con techos altos y electrodomésticos
nuevos y relucientes que tenían a mi madre emocionadísima. Las tuberías se encontraban en un estado bastante
lamentable, pero mi padre se encargó de ello: se encendió
un cigarrillo, echó el humo por las tuberías y Morgan, que
estaba sentado dentro de la bañera, le iba gritando cuál era
la tubería del agua caliente y cuál la del agua fría, basándose
en por dónde salía el humo.

De todos los lugares en los que vivimos, creo que esa fue
la casa que mejor encajaba en la fantasía que mi madre se había creado sobre una vida perfecta. A diferencia de su madre,
las aspiraciones de Ginny eran mucho más convencionales:
quería ser una esposa y madre hermosa, adorada y venerada
por su marido y con una casa bonita. Y lo cierto es que todas
las casas donde vivimos fueron bonitas. Tenía buena mano
para la decoración; sabía sacarle partido a cualquier rincón,
y lo hacía en un periquete: cosía cortinas, cambiaba de sitio
los muebles y compraba baratijas en una empresa llamada
Home Interiors. Hacía que los espacios fueran tan acogedo-
res que daba la sensación de que llevábamos años viviendo
allí. Pero en la Casa Verde, tal y como mi hermano y yo la
llamábamos, se superó. Aquel lugar era el fiel reflejo de sus
ambiciones domésticas. Incluso me dejaron que tuviera un
perrito. Por desgracia, se metió en el cuarto de baño, justo
delante del armario de mi padre, y me propinó un «azote»
con su cinturón por ello. (Pero no lloré. Pasara lo que pasara,
jamás soltaba una lágrima.) Tuve que devolver el perrito.

Sin embargo, las cosas no fueron tan distintas en Charleroi, por supuesto. Ocurría lo mismo, solo que en una casa

diferente. Danny había vuelto a las apuestas y bebía hasta perder el conocimiento. Era un jugador de billar excepcional; cuando tenía un golpe de suerte, convencía a algún incauto para que apostara en su contra, presumiendo de que podría ganarle hasta con un ojo tapado. Y entonces Danny se cubría el ojo vago, con el que apenas veía, y desplumaba a su pobre víctima.

Pero la jugada no siempre le salía bien. Perdió grandes cantidades de dinero jugando al póker. Entonces volvía a casa hecho una furia, borracho y arruinado. En una ocasión recurrió a un usurero de una mafia local para tapar los agujeros de sus cuentas bancarias, pero tardó años en pagar la deuda que contrajo con la organización. Ya había hecho algún que otro trapicheo con ellos para amañar las elecciones locales y que así los candidatos elegidos a dedo por la mafia resultaran ganadores; también había colaborado en otros asuntos de menor importancia y mucho menos desagradables. La implicación de mi padre era indirecta, pero, aun así, era peligroso. Una noche terminó metido en un tiroteo fuera de un bar, en Charleroi. Otra noche, mi madre fue con una amiga a un bar del centro del pueblo y un mafioso la vio y enseguida avisó a mi padre: le llamó por teléfono para decirle que las mujeres de los mafiosos no debían salir de casa sin la compañía de sus maridos; no era apropiado.

Por aquella época empecé séptimo curso, lo que significaba que iba a entrar en el instituto de Charleroi, un lugar enorme y aterrador. Como siempre, yo era la chica nueva de la clase. Estoy segura de que todas esas adaptaciones a las que tuve que enfrentarme de niña me han servido muchísimo en mi carrera como actriz: mi trabajo era representar la personalidad con la que creía que sería mejor recibida y valorada en cada nueva escuela, en cada nuevo pueblo. Observaba a la multitud de alumnos y los analizaba en busca de pistas. Las chicas populares... ¿llevaban pantalones cortos o de campana? ¿Qué acento tenían? ¿Qué debía hacer para que me aceptaran en su grupo? ¿Era mejor intentar llamar la atención o pasar desapercibida? Tardé varias décadas en comprender que la mejor opción es ser y actuar tal y como soy, no como la persona que creía que los demás querían conocer.

Sobra decir que cada vez que empezaba a echar raíces en un lugar porque había descifrado la fórmula para encajar en el equipo, o en el ambiente, o en las clases que se me daban bien y, por lo tanto, podía destacar, llegaba el momento de recoger los trastos y marcharse. Y casi siempre, sin previo aviso y sin ningún plan lógico que seguir.

44

No sé cuál de las muchas y variadas actividades ilícitas de mi padre provocó aquella tremenda pelea (quizá mi madre se enteró de otra de sus infidelidades, o tal vez fuese porque había vuelto a casa borracho y, cuando eso pasaba, se volvía desagradable y cruel), pero una tarde, mientras hacía los deberes del colegio con los gritos de mis padres como música de fondo, oí que mi madre chillaba:

—¡Ya no soporto más esta mierda!

Después entró en mi habitación hecha un basilisco y nos dijo a Morgan y a mí que hiciéramos las maletas y nos subiéramos en el coche: íbamos a volver a Roswell.

Esa repentina decisión no nos pilló por sorpresa a ninguno de los dos porque, en realidad, no era nada nuevo. Éramos capaces de hacer las maletas en un periquete, y ya nos habíamos acostumbrado a largos viajes en coche mientras mi madre fumaba un cigarrillo tras otro con la ventanilla bajada. Pero volver a Roswell fue distinto, pues no implicaba tener que empezar de cero en un lugar nuevo, lo cual es agotador. Roswell era nuestro hogar. Nos habíamos criado allí y parte de nuestra familia todavía seguía viviendo en el pueblo. Y, además, entendíamos la cultura y la comunidad de ese lugar. En Roswell estaba la abuela Marie, a quien de pequeña había llamado «mamá» y que era la única persona adulta en quien confiaba ciegamente. La idea de que íbamos a instalarnos en su casa me tranquilizó de inmediato y todos mis miedos desaparecieron. En cuanto puse un pie en su casa, sentí un gran alivio.

Aunque les separaban más de media docena de estados, mis padres se las ingeniaron para mantener su conflicto. Los gritos al otro lado del teléfono no tardaron en llegar. Mi padre chillaba tan fuerte que a veces me daba la sensación de que estaba ahí mismo. Mi madre vagaba por la casa como un alma en pena y lloraba a moco tendido. Recuerdo que prefería evitarla y no cruzarme en su camino. Morgan, por su lado, se dedicaba en cuerpo y alma a sus pequeños proyectos: desmontaba el motor de la aspiradora para después volverlo a montar, o abría el despertador y desarmaba todas las piezas para saber cómo funcionaba. No tardé en darme cuenta de las miraditas que se lanzaban mis tías cada vez que venían de visita y presenciaban uno de los ataques de rabia de mi madre, siempre acompañados de una buena dosis de alcohol. Fue la primera vez que sentí pena y vergüenza ajena. Y me culpé por sentirme así.

Ginny quería que me pusiera de su lado y le contara a todo el mundo lo mal que se había portado papá con ella, pero no pude hacerlo. Sin contar el juego y las apuestas, tenía la sensación de que los dos eran igual de culpables respecto del caos que reinaba en nuestras vidas. Ya no era una

45

cría, y no tardé en darme cuenta de que, comparada con sus hermanas, mi madre era tan infantil que rehuía cualquier responsabilidad y que su reacción por defecto siempre era echar la culpa a los demás: a mi padre, a mi abuela, a quien fuese. Poco a poco, empecé a aislarme de ella. Ahora que mi abuela estaba cerca, ya no tenía que disimular ni tratar de justificar los delirios de mi madre para poder sobrevivir.

Y una tarde pasó lo inevitable. Cuando Ginny nos comunicó que íbamos a volver con papá, no me levanté y no me apresuré a hacer las maletas, como siempre había hecho. Papá había conseguido un trabajo en el estado de Washington, al norte de Seattle, o eso fue lo que nos contó a mi abuela y a mí. La idea era volver a Pensilvania y después mudarnos a la otra punta del país como una familia.

Miré a mi abuela. Miré a mi madre. Y después dije:

—No pienso ir.

Ginny no consiguió darme una razón de peso para volver a los brazos del hombre que había estado criticando y denigrando día y noche durante las últimas semanas y con el que se había dedicado a pelearse y a insultarse por teléfono. Estaba hasta la coronilla de tantas incoherencias. No sabía qué se traían entre manos, pero tenía claro que no quería formar parte de ello. Mi madre intentó convencerme, pero enseguida vio que no iba a bajarme del burro. Así que se llevó a Morgan y volvió a Charleroi, sin mí.

Ese verano empecé a hacer gimnasia rítmica. Allí fue donde conocí a mi primera mejor amiga, Stacy Welch. Cuando llegó el otoño, mi abuela me matriculó en la mejor escuela pública de Roswell. No nos tocaba por zona, pero la abuela Marie hizo alguna que otra trampilla y consiguió que me aceptaran, así que me dejaba cada mañana en casa de Stacy. Algunos días íbamos andando a la parada del autobús, y otros, la señora Welch nos llevaba en coche al colegio. Entré en el equipo de animadoras. De repente, llevaba una vida normal y corriente, igual que el resto de los mortales. Y eso me encantaba.

En cuanto Ginny llegó a Washington con mi hermano, empezó la presión:

—Deberías venir a vernos. El paisaje es hermoso. ¡Te encantaría!

Y había una parte de mí que sentía que lo más sensato era estar con mis padres. Era mi deber. Pero ¿por qué? Todo me iba de maravilla en Roswell. Mi abuela cuidaba de mí como nunca nadie lo había hecho. Se aseguraba de que terminara los deberes del colegio, de que me cepillara los dientes y de que me acostara a una hora decente. Me dejó que pintara mi habitación de amarillo chillón porque me encantaba Piolín. Estaba atenta a todo lo que ocurría en mi vida, incluidos los amigos que estaba haciendo en la escuela. Siempre que iba al cine, me recogía al terminar la película o, si tenía que trabajar, le pedía a alguien que fuese a buscarme. Nunca me quedé esperando en la esquina de una calle, preguntándome si vendría alguien a por mí. Los desastres diarios que vivía con mis padres se habían esfumado. En esencia, la vida que mi abuela me estaba brindando era la vida que mi madre siempre había anhelado.

Mi abuelo falleció, y mi abuela pasó por un duelo largo y muy doloroso. Cada día, cuando llegaba a casa después de un largo día de trabajo en el despacho de una empresa inmobiliaria, se tumbaba en el sofá del salón sin tan siquiera molestarse en encender la luz. Y eso duró casi dos años. Después conoció a un hombre encantador, Harold, y volvió a enamorarse. Establecieron un horario común y me incluyeron en sus rutinas diarias: los martes y los sábados

47

por la noche salían a bailar, así que iba a casa de una amiga a dormir, o bien una amiga venía a dormir a casa. La abuela Marie nunca se saltaba su cita obligatoria de los miércoles en la peluquería. Se arreglaba el pelo y luego salíamos a cenar las dos solas a uno de nuestros sitios favoritos: el restaurante mexicano, Furr's Cafeteria, o el restaurante chino. Esa era mi rutina en Roswell.

Fue un periodo de mi vida lleno de seguridad y de felicidad, un tiempo en el que vi cómo podía y debía ser una madre, un ejemplo que tener en cuenta cuando quisiera tener hijos. Pero, aun así, estaba preocupada y me sentía inquieta.

No estaba acostumbrada a quedarme en un mismo sitio mucho tiempo ni a terminar todo lo que empezaba; no sabía qué significaba el compromiso, ni los esfuerzos y recompensas que conllevaba.

Siempre me quedará la duda de cómo habría sido mi vida si hubiera decidido quedarme en Roswell. Estoy segura de que habría tenido que trabajar mucho para mantener y cuidar las amistades, pues hasta el momento siempre habían sido efímeras y casi de usar y tirar. Habría tenido que marcarme ciertos objetivos y algunas metas, cosa que nunca había hecho porque no estábamos suficiente tiempo en un mismo sitio para poder alcanzarlos.

Sin embargo, no ocurrió nada de eso. Había aprendido a llevar una vida de extremos... y la echaba de menos. Estuve seis meses en Roswell. Después regresé con mis padres.

3

*L*levaba tan solo dos meses con mis padres en Washington cuando decidieron que había llegado el momento de una nueva mudanza, en esta ocasión al sur de California. Recogimos todas nuestras cosas deprisa y corriendo. Tal vez fue por culpa de una amante, o quizá porque habían contraído una deuda enorme y huían del cobrador, o tal vez porque la división del pacífico noroeste de la mafia había encontrado a mi padre. O puede que estuviésemos esquivando a Roger, el terapeuta. Mi madre le había robado la tarjeta de crédito. Con esa tarjeta pagamos todos los gastos del viaje hasta California.

En algún punto de ese eterno trayecto de diecinueve horas hasta Redondo Beach, a mi padre le dieron una buena paliza; tenía la cara hinchada y llena de cardenales, además de un ojo morado. Tenía un aspecto terrible: todavía recuerdo su cara tras el volante. Todos los momentos desagradables que vivía mi familia estaban rodeados de un silencio sepulcral. Nunca había explicaciones ni discusiones al respecto.

Una vez instalados en nuestro nuevo hogar en Redondo Beach (un apartamento en un complejo estucado y playero que pretendía parecerse a una casona colonial y que estaba a menos de dos kilómetros del mar), mi madre me hizo prometerle que, si alguien llamaba por teléfono preguntando por ellos, les diría que mis padres no estaban en casa y que no tenía ni idea de cuándo llegarían. Estaban eludiendo a la compañía telefónica y a entidades bancarias que les habían entregado tarjetas de crédito. Todos preguntaban por mis padres, aunque utilizaban nombres distintos, como «Virginia King», el nombre y apellido de soltera de mi madre, o «Danny Genne», el nombre completo de mi padre. Para alquilar el apartamento emplearon el nombre de mi tía DeAnna y de mi tío George, el hermano pequeño de mi padre, que vivía bastante cerca, en Los Ángeles.

Eso salió a la luz cuando George y DeAnna decidieron trasladarse al mismo complejo de apartamentos y descubrieron que, gracias a mis padres, ya vivían allí. No recuerdo que se enfadaran ni que armaran ningún escándalo; en su contrato de alquiler, firmaron con los nombres de mis padres. Tener a mis tíos tan cerca fue un alivio. Mis padres estaban desatados e inmersos en una espiral de descontrol, así que George y DeAnna se dedicaron a cuidarnos: nos llevaban en coche siempre que necesitábamos ir a algún lugar, nos daban de comer y nos escuchaban cuando les contábamos nuestros problemas.

Ellos fueron quienes me llevaron a mi primer concierto: Aerosmith, en 1975. (Querían sentarse en las gradas, pero mi amiga y yo nos moríamos de ganas de saltar al césped que hacía las veces de platea, pues allí era donde estaba la acción. Recuerdo que, mientras tocaban *Sweet Emotion*, un desconocido me pasó una botella de ron. La acepté y me la acerqué a los labios, pero DeAnna enseguida me la quitó de las manos.)

A mitad de los setenta, el sur de California era totalmente distinto a todo lo que había visto hasta entonces. Tenía doce años y había empezado séptimo curso (en el tercer instituto ese año) y los alumnos más populares llevaban vaqueros Dittos y fumaban tabaco y marihuana. Enseguida me hice amiga de una chica, Adrien, que presumía de una melena rubia envidiable: era la viva imagen de la típica adolescente californiana, incluida la camiseta de tirantes ajustada. Fue mi mentora en lo que a mal comportamiento se refiere, pues fue ella quien me introdujo en el mundo de las bebidas destiladas y los Marlboro rojos.

Me pillaron fumando dentro del instituto y me mandaron al despacho del director, que decidió que merecía un buen castigo: la expulsión. Me quedé horrorizada. Nunca me había metido en lío, pues, hasta ese momento, no había tenido que saltarme las normas para tratar de integrarme en un lugar nuevo. Mi madre tuvo que venir a buscarme al instituto. Durante todo el camino hasta casa ninguna de las dos abrió la boca. Después sacó un cigarrillo de su paquete y me lo ofreció.

—Toma.

Sin embargo, en lugar de aceptarlo, me encendí uno de los míos. Ella fue la que sacó el mechero para prenderlo. Y nunca más volvimos a hablar del tema.

Eso marcó el inicio de una nueva etapa en nuestra relación. Tenía trece años cuando le pedí a Ginny si me dejaba ir a una discoteca en el Valley, a lo que ella me respondió:

—Claro que sí. Coge el coche. Si te para la policía, di que no has pedido permiso a tus padres para conducirlo.

Había aprendido a conducir cuando vivía en Roswell, pero el Valley era terreno ignoto para mí. No conocía la autopista y nunca había cogido el auto por la noche. No sé cómo, pero logré llegar a la discoteca sana y salva. Y no lo hice sola, sino con dos amigas (que tienen suerte de estar

51

vivas) como mis pasajeras. A partir de entonces, empecé a encargarme de todos los recados de la familia.

—Recuérdalo bien: si te paran, nosotros no teníamos ni idea de que habías cogido el coche —me decía Ginny cada vez que arrancaba el motor.

A mis padres les iba fenomenal porque sabían que tenían las espaldas cubiertas y que, pasara lo que pasara, no los iba a delatar.

Nunca me pusieron límites porque ni siquiera eran capaces de ponérselos a sí mismos. Bebían como si no hubiese un mañana y después se atiborraban a Percodanes, Valiums y Quaaludes que conseguían gracias a mi padre, que tenía varias recetas, todas a nombre de sus distintos alias. A simple vista, parecía un fiestero de esos de la época: pantalones de campana y patillas. Incluso se hizo la permanente en el pelo.

En cuanto a mi madre, siempre que mezclaba drogas y alcohol se ponía muy agresiva y violenta. Que les echaran de un bar o de un restaurante acabó convirtiéndose en el pan nuestro de cada día. Ginny se enzarzaba en discusiones con otros clientes o perdía los papeles con mi padre y empezaba a romper platos sin ton ni son. En una ocasión, como no le gustó cómo le habían entregado la cuenta, se descalzó y utilizó su zapato de tacón para atacar a la camarera.

No sé cómo lo hizo, pero entre toda esa fiesta y desenfreno, mi madre consiguió un buen trabajo como contable en una distribuidora de revistas que había fundado un tipo llamado Frank Diskin. Poco después también contrató a mi tía DeAnna y, de repente, mi familia empezó a tener más dinero, sobre todo mi madre. Frank le concedía «primas» muy muy lujosas: el primer regalo fue un abrigo de visón y, meses después, un símbolo de estatus social para una chica de Nuevo México de la época, un Cadillac Seville de color amarillo pálido. Y entonces nos mudamos a la casa más bonita y acogedora en la que jamás habíamos vivido, en Marina del Rey. Frank Diskin era quien pagaba el alquiler y los gastos familiares.

¿Por qué ese tipo estaba dispuesto a invertir tanto dinero en su contable? DeAnna siempre dice que cuando mi madre y Frank se quedaban a solas en su despacho, la puerta siempre estaba cerrada.

Creo que desde el terrible episodio de Canonsburg, cuando mi madre intentó suicidarse, siempre estuve a la expectativa (aunque fuera inconscientemente) de que ocurriera otro desastre, otra desgracia devastadora que no pudiera comprender, que fuera incapaz de controlar y que, desde luego, iba a poner patas arriba mi vida, ya de por sí inestable. Sucedió de repente, sin previo aviso. Llegué a casa después de clase y vi que no había ni rastro de mi hermano ni de mi padre.

—¿Dónde está Morgan? —le pregunté a mi madre—. ¿Dónde está papá?

Que mi padre desapareciera algún que otro día era bastante habitual, por lo que no me sorprendió, pero ¿mi hermano? Ella se encogió de hombros.

—Tu padre y yo nos vamos a divorciar —contestó—. Y solo iba a firmar los papeles si le entregaba a Morgan.

Me quedé pasmada. No sé qué fue peor, si perder a mi hermano, si perder a mi padre o si descubrir que mi padre no soportaba la idea de separarse de Morgan, pero estaba de acuerdo con abandonarme.

—Tú y yo nos mudaremos a West Hollywood —me informó Ginny—. He encontrado un apartamento en Kings Road.

53

Frank Diskin también se esfumó de nuestras vidas. Según la versión de mi madre y de DeAnna, hacía muchos años que Hacienda perseguía a mi padre para cobrarle todos los impuestos atrasados, así que, cuando por fin lo pillaron, él hizo lo que mejor sabía hacer: contar los trapos sucios de Diskin a cambio de su libertad. En pocas palabras, le ofreció al Gobierno el mismo trato que les había dado a muchos otros antes: doble o nada.

Solo había un pequeño problema. Perder a Diskin implicaba perder también nuestra relativa prosperidad. Mi madre y DeAnna se quedaron sin trabajo, y mi familia no podía permitirse ese casoplón en la Marina. Mi madre se puso hecha una furia; creo que esa fue la gota que colmó el vaso y que la convenció de que la vida le iría mucho mejor sin su marido. Mi padre también perdió los estribos: antes de marcharse, se dedicó a cortar en pedacitos el precioso abrigo de visón de Ginny.

A pesar de no haber asumido y no haber superado la ruptura definitiva de mis padres, mi madre me llevó a dar una vuelta por el que sería nuestro nuevo barrio. Estaba frenética, probablemente drogada, y señalaba todos los bares y salas de cine y tiendas y restaurantes de la zona. El complejo al que íbamos a trasladarnos era gigante, pero el piso era una caja de zapatos: una sola habitación (que íbamos a compartir), una cocina diminuta y un balcón con vistas a la piscina. Tenía la sensación de que todo en mi vida se estaba encogiendo, empequeñeciendo: mi casa, mi familia.

Ahora que vivíamos las dos solas, mi relación con Ginny cambió. Parecíamos hermanas, y no madre e hija. Ya estaba acostumbrada a vivir sin normas ni límites, pero todo el mundo nos confundía con dos amigas que compartían piso. Yo era una adolescente de manual y Ginny se vestía como tal, es decir, con minifaldas y camisetas cortas. Nunca salía de casa sin arreglarse. No había sido casualidad que eligiera un edificio habitado, en su mayoría, por hombres solteros y divorciados; enseguida congenió con uno de nuestros vecinos, Landi, que la invitó varias veces a tomar algo.

Desde nuestro balcón solía observar a una chica guapísima que iba cada tarde a la piscina para nadar un poco y tomar el sol. Recuerdo esa piel dorada porque en aquel momento me parecía la criatura más hermosa que jamás había visto. Era una actriz alemana unos años mayor que yo. Se llamaba Nastassja Kinski. No tardé en convertirme en su amiga y discípula.

Roman Polanski había traído a Nastassja y a su madre a Estados Unidos para que la chica pudiera mejorar su nivel de inglés y perfeccionar el acento en el estudio de interpretación de Lee Strasberg. Polanski quería que Nastassja protagonizara la película *Tess*, una tragedia romántica basada en la novela de Thomas Hardy que él mismo iba a dirigir; estaba dispuesto a posponer el rodaje hasta que ella estuviese preparada. Tenía toda su fe puesta en ella; a mí me parecía de lo más normal: en mi humilde e ingenua opinión, aquella chica era perfecta.

Nunca había conocido a una persona tan segura de su cuerpo y de sí misma. Era dueña de su propia sexualidad y no le avergonzaba ni incomodaba decirlo en voz alta. Hablaba sobre sexo con una naturalidad increíble. A lo largo de mi vida no he conocido a muchas mujeres como ella. Nastassja solo tenía diecisiete años, pero ya había aparecido en cuatro películas. Hollywood la adoraba, y cada dos por tres recibía guiones de directores que querían trabajar con ella. Y fue entonces cuando yo entré en escena. Nastassja hablaba bien inglés, pero le costaba mucho leerlo, así que me pidió que le leyera los guiones en voz alta para después decidir qué propuestas aceptaba y cuáles rechazaba.

Mientras leía, ella me miraba con sus ojazos verdes y me escuchaba atentamente. Tras leer el guion, tomaba una decisión. Nunca vacilaba, jamás titubeaba. Y expresaba su opinión con total claridad. Esa confianza en sí misma y esa claridad para saber lo que le convenía, además de su belleza y sensualidad, me maravillaban. Esa combinación producía asombro y admiración en todo el mundo, lo cual no me pasó desapercibido. Impresionaba su sentido de libertad y de poder, aunque es probable que en aquel momento no supiera ver aquello del poder. En resumidas cuentas, yo no sabía qué tenía esa chica, pero lo quería para mí.

Puede que la madre de Nastassja hubiera sido incluso más irresponsable que la mía. Nastassja cargaba con el peso de su familia, y lo hacía desde los doce años. Su madre y ella vivían de sus ingresos. Por mi parte, yo no tenía que asumir los gastos económicos de mi madre (de momento), pero comprendía por lo que estaba pasando. Ella, como yo, se sentía responsable de la persona que, en teoría, debía responsabilizarse de ella. Emocionalmente, sentía que mi deber era cuidar de Ginny. Y eso era algo triste, devastador y esencial que Nastassja y yo teníamos en común. Durante un tiempo se puede decir que fuimos muy amigas.

Decidí seguir el ejemplo de Nastassja: quería hacer lo mismo que ella. Si eso significaba ser actriz, pues actriz sería. Aprendí a base de observar y analizar. Me preguntaba: ¿qué ha hecho esta persona para conseguir tal papel? ¿Qué debo hacer para que me contraten? ¿Necesito un agente? (Quería convertirme en actriz, eso lo tenía claro, pero ¿qué tenía que hacer para lograrlo?) Acompañaba a Nastassja a sus clases de baile e intentaba imitar su elegancia. Una noche me llevó a cenar con Polanski, que meses más tarde se puso en contacto conmigo para invitarme a cenar. A esa cita me acompañó mi madre. Se comportó como un caballero en ambas ocasiones..., pero le habían condenado por mantener relaciones sexuales con una chica de trece años. (Presenciaba este tipo de escenas casi a diario. Quizá trece años era un pelín extremo, pero mantener relaciones con chicas menores de edad era la norma.) Albergaba la esperanza de que le concedieran la libertad provisional después del acuerdo con la fiscalía, pero el juez se la negó. Puesto que tenía que enfrentarse a una pena de cárcel, Polanski huyó de Estados Unidos pocos días después de la segunda cena. Acabó rodando la película de *Tess* en Francia; el largometraje recibió tres premios Óscar, y Nastassja ganó un Globo de Oro.

57

El día que me contó que dejaba el apartamento para mudarse a una casa más grande, sentí una gran desilusión. Tardamos veinte años en volver a vernos: fue por sorpresa, en el almuerzo que organizaba Elizabeth Taylor cada domingo. Nos dimos un gran abrazo y me sentí como en casa. Nos conocíamos de una manera muy especial.

Mi padre vivía con Morgan en Redondo Beach; siempre éramos nosotras quienes íbamos de visita, pues él se negaba en redondo a dejar que Morgan viniera a vernos. Ginny estaba detrás del volante del Cadillac amarillo, uno de los pocos regalos de Diskin que conservaba; Landi, el vecino, en el asiento trasero; y yo, apoltronada en el asiento del copiloto. Me pasé el viaje contándole a Landi la relación de mis padres desde los inicios; la historia la había construido yo solita, porque había sido una metomentodo que se había dedicado a escuchar conversaciones ajenas escondida detrás de una puerta. Por ejemplo, sabía que en la caja metálica ignífuga donde guardaban la documentación importante estaba mi certificado de nacimiento, con fecha del 11 de noviembre de 1962, así como la licencia de matrimonio de mis padres, con fecha de febrero de 1963; al principio creí que se trataba de un error: debía de ser de febrero de 1962, nueve meses antes de que yo viniera al mundo. Pero después me di cuenta de que no se cometen errores de ese tipo. Como era de imaginar, Ginny se tomó su tiempo para divorciarse del tal Charlie cuando se enteró de que mi padre se había matriculado en la universidad. Después se casó con él, se quedó embarazada de mí y...

Y, de repente, me quedé callada. Me volví a mi madre y de mi boca salió una pregunta que nunca antes me había planteado:

—¿Es mi verdadero padre?

Aunque en el fondo ya sabía la respuesta.

—¿Quién te ha dicho eso? —me contestó ella, de mala gana.

Pero nadie me lo había dicho. No hizo falta.

Las preguntas empezaron a multiplicarse en mi cabeza. «¿Quién más lo sabe?» Pues bien, resultó que lo sabía todo el mundo: mis primos, incluso los más pequeños, sabían que Danny no era mi padre biológico. Pensé en todas las veces que les había contado que éramos como dos gotas de agua, que de él había heredado mi ojo vago y que a ambos nos volvía locos la comida picante. Ellos siempre me escuchaban sin musitar palabra, mirándome fijamente y sabiendo que no tenía ni la más remota idea de la verdad y que vivía engañada. ¿Por qué no me lo contaron nunca?

—Porque tu padre nunca quiso que lo supieras —respondió Ginny—. Nos lo hizo prometer a todos. Temía que, si te enterabas, vuestra relación cambiaría.

Diez minutos después, nos plantamos en el impersonal apartamento de estuco y de dos habitaciones en el que vivían mi padre y mi hermano. Mi madre soltó la bomba en cuanto entramos.

—Demi lo sabe.

En un abrir y cerrar de ojos, ya tenía un cigarrillo en una mano y una copa en la otra. Aprovechó la situación para montar un buen drama: aquella era el arma perfecta para atacar y hacer daño a mi padre.

Él ni siquiera se atrevía a mirarme a los ojos. Se quedó paralizado. Era la una del mediodía, pero estoy convencida de que antes de que llegáramos ya se había metido seis cervezas entre pecho y espalda.

Nadie me preguntó si estaba bien, o si tenía alguna pregunta. A ninguno de los dos les pareció importar cómo me había sentado esa repentina revelación.

Se encerraron en la habitación y siguieron discutiendo, o quizá terminaron acostándose... Para ellos, la línea que separaba una pelea de un polvo era muy fina.

Me sentí expuesta, estúpida y, por extraño que parezca, sucia. Así pues, hice lo que me habían enseñado a hacer cuando la mierda sale a la luz. Me monté en el coche y me marché. Pero no para siempre (todavía). No tenía adónde ir, así que volví a casa de mi madre. Pero ya había empezado a hacer mis pinitos.

59

4

*P*oco después del bombazo, fui a visitar a mi tía Choc en Amarillo, Texas. Le conté que ya me había enterado de que mi padre no era mi padre.

—Ya era hora —respondió. A ella siempre le había caído bien mi padre biológico, Charlie, y tenía muy buenos recuerdos del tiempo que había pasado con él y con mi madre—. Por si no lo sabes, vive en Texas —añadió—. Podríamos llamarle.

Dicho y hecho. Al día siguiente, se presentó en la puerta de casa. No sabía qué hacer ni qué decir: era un desconocido para mí…, pero, al fin y al cabo, era mi padre. Era un hombre de un metro setenta de altura, bastante atractivo, moreno y que, por aquel entonces, debía de rondar los treinta y cinco años. Le observé en silencio, tratando de encontrar algo que nos uniera, que nos vinculara. Mi problema ocular no era algo que hubiera heredado de mi padre, de este padre. Por lo visto, se quedó hecho polvo cuando mi madre rompió con él, y siempre había querido conocerme.

Tenía catorce años y no estaba preparada para asimilar todo lo que estaba viviendo. Creía que las cosas no podían ir peor, pero me equivocaba, pues mi madre apareció por sorpresa. Ginny no iba a permitir que viviera un drama de esa magnitud sin estar ella en el centro del huracán, así que en cuanto Choc le contó que Charlie iba a venir, se montó en un avión y se plantó en casa. Cuando llegó, se llevó a Charlie a una habitación para poder hablar con él a solas. Me pasé todo el día liándome un porro tras otro para después fumármelos de forma compulsiva, haciendo ver que estaba la mar de bien y que no necesitaba nada.

Charlie, por su parte, estaba loco de contento y muy emocionado. Me invitó a su casa para que así pudiera conocer a mis abuelos y a mis hermanastros. Unos meses después, cogí un avión a Houston. Me vino a recoger al aeropuerto con su amante, que dejó a mitad de camino, antes de llegar a casa de sus padres, que se alegraron mucho de poder conocerme al fin; según ellos, tenían muchas ganas de verme en persona. Por lo visto, mi abuela Marie les había enviado algunas fotografías durante los últimos años, pues sabía que les hacía mucha ilusión. Esa noche me quedé a dormir en su casa.

La esposa de Charlie se sentía muy insegura, y no le faltaban motivos: me había presentado a su amante antes que a ella. Además, no le apetecía conocerme.

Al día siguiente, pasé por su casa para conocerla. A ella y a mis hermanastros, uno de los cuales era hijo de un matrimonio (otro) anterior de Charlie y que parecía mi versión masculina. Fue muy raro. No sabía si podría encajar en esa familia. De hecho, no sabía por qué estaba allí. Pero me marché de esa casa con algo muy claro: aunque Charlie fuese mi padre biológico, Danny seguía siendo mi verdadero padre.

La excusa de haber mantenido en secreto quién era mi verdadero padre era que Danny temía que, si me enteraba, mis sentimientos hacia él cambiasen. Pero la realidad fue muy distinta: en cuanto averigüé la verdad, él decidió alejarse de mí. Incluso antes de que mis padres rompieran, ya empezó a mostrarse distante y a refugiarse en las drogas y el alcohol. Y, por supuesto, en cuanto tomaron la decisión de divorciarse, creyó que no podría vivir sin mi hermano. De mí, no pensó eso. Más tarde, en cuanto se enteró de que ya conocía la verdad, nuestra relación acabó de deteriorarse. No hacía ni el menor esfuerzo por verme. Dejó de llamar. Y cada vez que nos veíamos (cuando mamá y yo íbamos a ver a Morgan) apenas me miraba a la cara y tenía la sensación de que sus abrazos eran forzados. En resumidas cuentas..., desapareció.

Descubrir que me habían mentido toda la vida sobre un asunto tan importante y profundo no ayudó a mejorar la relación con mi madre. Mi confianza en ella, ya de por sí muy frágil, se rompió en mil pedazos en cuanto me enteré de que se había quedado embarazada de mí mientras estaba con Charlie y que había preferido inventarse una mentira que decir la verdad. Pero la historia siempre se repite. Al igual que todos los hijos que se han sentido decepcionados por sus padres, albergaba la irracional esperanza de que mi madre cambiara y se convirtiera en alguien en quien confiar.

Sin embargo, una tarde, cuando llegué a casa después de clase, la encontré tumbada en la cama rodeada de botes de pastillas vacíos. Recuerdo llamar al hospital y pedir una ambulancia. No perdí los nervios, sino que mantuve la compostura: un estado disociado que se repetiría demasiadas veces a lo largo de los años; un estado en el que abandonaba mi cuerpo y lidiaba con la realidad sin estar del todo en ella. La ambulancia llegó enseguida y nos llevó al hospital, donde le hicieron un lavado de estómago. Todo el edificio vio

63

cómo los paramédicos la montaban en la ambulancia tumbada sobre una camilla. Me sentí avergonzada, anestesiada y aterrorizada. Todo al mismo tiempo.

Mi madre sobrevivió a ese incidente. Pero sus intentos de suicidio se convirtieron en algo habitual, casi en una rutina. Los equipos de emergencia se presentaban en casa con sus sirenas y su camilla, nos llevaban al hospital a una velocidad vertiginosa y después le hacían un lavado de estómago. Mi madre no quería morirse: estaba rogando que alguien la ayudara, quería llamar la atención. Casi siempre, después de cada sobredosis, mantenía una conversación devastadora con mi padre. Bueno, con el hombre que creía que era mi padre.

Yo vivía en un estado de constante alerta. Resultaba agotador. Nunca sabía qué me encontraría cuando entrara por la puerta de casa: la autodestrucción a la que se sometía mi madre no conocía límites. Era narcisista e imparable. No obstante, aun así, empecé a desarrollar una especie de coraza o armadura: me consolaba saber que era capaz de lidiar con sus crisis emocionales y que podría enfrentarme a cualquier obstáculo que se cruzara en mi camino. Nunca sentí que en algún momento me derrumbaría. De hecho, las palabras «No lo soporto más» nunca salieron de mi boca. Era capaz de enfrentarme a cualquier situación, por muy desagradable que fuese: los intentos de suicidio, recogerla de la barra de un bar donde se había quedado dormida, los continuos reproches de que Danny no era mi verdadero padre. Iba a sobrevivir, sí o sí.

Y lo logré porque estaba siempre alerta y porque, cuando se avecinaba la catástrofe, me desprendía de mi cuerpo y me volvía un autómata funcional. Me quedaba paralizada, pero sabía cómo actuar.

Por supuesto, todos nuestros vecinos estaban al corriente

de lo que ocurría; como respuesta, creé un personaje invulnerable e independiente de mí misma. Mi madre me había ayudado a forjar ese carácter, uno libre de normas y horas límite para llegar a casa. Cada vez que soltaba un «a mi madre no le importa lo que haga...» o un «puedo hacer lo que me venga en gana...», me estaba aprovechando de esa libertad tan ambigua. No obstante, también sentía su vacío. A pesar de ser una chica de solo catorce años, ya me había dado cuenta de que su egocentrismo y sus «intentos de suicidio» corrían a mi costa.

Su vertiginosa autodestrucción me obligó a tratar de definirme a mí misma, quizá demasiado pronto. Al compararme con mi madre, me repetía una y otra vez: «Soy distinta a ella. Yo no soy así». Pero cada vez estaba menos segura de eso.

Era la hija de una madre que estaba empeñada en suicidarse, que lo intentaba una y otra vez. Era una hija a la que «dos» padres habían abandonado. De repente, mi ojo vago se convirtió en la prueba física de la verdad: estaba como una regadera, y todo el mundo lo sabía. Me operaron justo antes de cumplir los quince; por fin, el problema del ojo vago desapareció, pero seguía sintiendo que estaba rota por dentro.

Y todo esto coincidió con mi pubertad. Pasé de ser una niña delgaducha y menuda con un ojo vago a una jovencita que atraía todo tipo de miradas de deseo. Ese cambio resultó muy confuso; terminé relacionando el desarrollo de mi sensualidad con un profundo sentido de vergüenza. Tardé décadas en comprender mi error y en tratar de subsanarlo.

Empecé a pasar bastante tiempo en compañía de un par de chicos que vivían al final del pasillo y que, a primera vista, parecían muy simpáticos. Eran mayores que yo, pues debían de rondar los veinticinco, pero creí que los podría impresionar y unirme a su grupo de colegas. Solo debía actuar como una chica de su edad, es decir, con más madurez. Estaba mucho tiempo sola en el apartamento de mi madre, por lo que a veces pasaban a ver qué tal estaba. Si me aburría, cruzaba el pasillo y les iba a hacer una visita.

Una noche estaba en su apartamento, tomándome una birra, cuando empezamos a coquetear. Al principio, me pareció divertido: todavía era una chica inocente que empezaba a descubrir el efecto que tenía en los hombres. Por lo tanto, no estaba en absoluto preparada para las consecuencias. Uno de ellos dio el paso y el otro se esfumó en cuestión de segundos. Era más que evidente que eso era lo que buscaba desde el principio. Por extraño que suene, sentí que no tenía elección, que mi trabajo era darle lo que pedía, como si estuviese obligada a satisfacer sus expectativas solo porque se las había creado. Me culpaba a mí misma por haberme mostrado tan provocativa y por haber actuado como una chica diez años mayor.

Salí de ese apartamento con la sensación de que me habían utilizado. Sentí un gran vacío en mi interior. Jamás había experimentado esa clase de soledad.

A Ginny le interesaba más bien poco cómo me iba en el instituto nuevo, el Fairfax High, y tampoco le daba mucha importancia al boletín de notas que tenía que firmar cada trimestre; de hecho, creo que ni siquiera era consciente de lo que firmaba. Cuando pasábamos tiempo juntas, parecíamos un par de adolescentes que salían de juerga. Nunca me brindó ningún consejo, ni mantuvimos una charla seria sobre la universidad, por ejemplo; tampoco discutimos qué pensaba hacer con mi futuro. En lugar de debatir sobre esos temas, nuestras conversaciones siempre giraban a su alrededor, sobre lo injusta que había sido la vida con ella, acerca de todas las oportunidades que había desaprovechado o había dejado pasar, y sobre las ganas que tenía de encontrar la relación sentimental que tanto merecía.

Y no le fue tan mal, la verdad. Conoció a un hombre maravilloso, Ron Felicia, con el que hizo buenas migas desde el principio. El tipo tenía un equipo de grabación y, desde fuera, la relación parecía bastante sana. Durante el tiempo que estuvieron juntos, que fue bastante breve, mi madre recuperó cierta estabilidad y por fin tocó de pies en el suelo. Incluso llegamos a vivir con él, en su casa. No tuve que cambiarme de instituto, aunque no me habría importado, pues no había nada en el Fairfax High que me ligara allí. Estaba totalmente desconectada de las clases y lo único que quería era que terminara el año. Me las ingenié para hacer un par de amigos entre esa inmensa multitud de alumnos. Contaba a mis compañeros por miles. (Una lástima que mi camino no se hubiera cruzado con el de Flea o Anthony Kiedis, que también estudiaban en el Fairfax High por aquellos tiempos, pero de quienes no me hice amiga hasta décadas más tarde, aunque tengo mis serias dudas de que entonces me hubieran aceptado en su pandilla.)

Gracias a Ron conocí a un tipo que trabajaba de agente y cuya clientela se podría describir como «chicas monas». Era muy difícil que me contrataran porque apenas tenía experiencia; además, era menor de edad. Otras chicas, como Helen Hunt y Jodie Foster, llevaban en el mundo de la interpretación mucho tiempo, desde niñas. Pero yo quería meterme en la industria del entretenimiento fuese como fuese.

67

Así pues, tal y como había hecho siempre, aprendí siguiendo mi método, basado en fingir hasta lograrlo. Me encantaría poder decir que lo que me motivó para perseguir el sueño de ser actriz fue la admiración y la fascinación que sentía cada vez que asistía a una obra de teatro en la escuela, o la emoción y la pasión que me invadían cuando protagonizaba alguna escena en mis clases de teatro. Ojalá hubiese sido así, pero, en honor a la verdad, debo decir que Hollywood fue para mí otra escuela en la que encajar. Tardé varios años en poder ganarme la vida como actriz, pero ese primer agente me consiguió un papel en una serie de televisión llamada *Kaz*, en el que daba vida a una prostituta de trece años.

La primera frase que pronuncié, y gracias a la cual obtuve mi tarjeta SAG (de las siglas en inglés *Screen Actors Guild*: Gremio de Actores de Cine) fue: «Cincuenta dólares, señor».

Aunque mi madre deseaba encontrar a un hombre amable y bueno, y Ron Felicia lo era, no fue capaz de llevar bien la relación. Es como si sintiera la obligación de arruinarla. Y vaya si lo consiguió, y de una forma dramática. Cierto día, cuando Ron volvió a casa, la encontró en la cama con mi padre. Se puso hecho una furia, lo cual era comprensible, le dio un puñetazo a Danny en la cara y echó a mi madre de casa. Hicimos las maletas y nos mudamos a un pequeño estudio en Brentwood, cerca de Sunset. Paso por delante de ese estudio casi todos los días y siempre siento una punzada de dolor en el estómago.

Hombres, siempre había hombres. Cuando salíamos por la noche, todas las miradas se posaban en nosotras. Recuerdo estar sentada en Carlos 'n Charlie's, un restaurante de moda ubicado en el oeste de Hollywood. Esa noche, mi madre había bebido más de la cuenta y le hacía ojitos a todos los tíos del bar. Cada vez que la veía borracha y con esa miradita tan provocadora me avergonzaba. Uno de los hombres mordió el anzuelo y se acercó a nosotras.

—¿Sois hermanas? —preguntó.

Era la pregunta favorita de Ginny.

—No —respondió ella con una amplia sonrisa—. Es mi hija.

El tipo se quedó de piedra; no podía creerse que una mujer tan joven pudiera ser mi madre. Y no era de extrañar porque, al fin y al cabo, estaba frente a una mujer de treinta y cuatro años con una hija de quince. Ella soltó una risita y él me repasó de arriba abajo con una mirada lasciva.

Empezaba a molestarme el papel que mi madre me había adjudicado: el de su compañera de fiestas. Me parecía que me estaba utilizando como cebo para esos hombres; también para que la llevara a todas partes en coche, y eso que no tenía carné de conducir.

Ahora, cuando echo la vista atrás, me parece increíble que nunca nos pillaran, pero cabe decir que Ginny era una experta en desafiar toda clase de expectativas (y posibilidades). A pesar de ese ritmo desenfrenado y caótico, todos los pisos y casas en los que vivimos estaban limpios. Y casi siempre, ubicados en barrios seguros y de reciente construcción. Nunca nos metimos en un suburbio ni nos mudamos a una chabola. Tal vez quería continuar con el juego absurdo al que solía jugar con mi padre, engañando a caseros y utilizando alias. Fuera como fuese, durante los dos primeros años tras el divorcio, nos mudamos un total de siete veces. Una de esas mudanzas fue por cuestión de seguridad, después de que un tío con el que había estado saliendo se enfadara con ella: cierto día, cuando llegué a casa después de clase, me encontré todos los cables eléctricos

69

cortados y el apartamento apestando a orina. Se había pasado a verla y había marcado cada esquina de nuestra casa, como si fuese un perro.

Estoy segura de que el estrés de mudarse cada dos por tres contribuyó a la inestabilidad de mi madre, así como a mi grave estado de nervios. Recuerdo que una noche volví a casa más tarde de lo normal y ella estaba esperándome en la puerta.

—¿Dónde has estado? Sabes de sobra que debes volver a casa antes de las once —gritó.

¿En casa antes de las once? Jamás había mencionado una hora límite ni me había preguntado adónde iba o de dónde venía. Le contesté con cierto retintín y arrogancia. Me levantó la mano, como si fuese a darme un bofetón.

Y entonces me volví loca.

—¡Lo que faltaba! ¡Que ahora intentes portarte como una madre de verdad! —grité—. ¡Te crees el ombligo del mundo! No te atrevas a preocuparte por mí ni a decirme a qué hora debo estar en casa.

Entonces, en lugar de que ella me arreara una bofetada, sucedió que se la di yo a ella. Y no me sentí culpable. No volvió a levantarme la mano nunca más.

El peor daño colateral de todas esas mudanzas fue el que sufrió mi educación. Cuando regresé al Fairfax High para matricularme de nuevo después de nuestra breve pero intensa temporada en Brentwood, me dijeron que no quedaban plazas disponibles, al menos para mí. Tenía que cursar una serie de créditos, o eso me explicaron en el instituto, pero esas clases ya estaban llenas. ¿Por qué nadie me dijo que me faltaban créditos? Nunca lo sabré. Quizá les importaba un pimiento, o tal vez fuese a mí a quien le importaba un pimiento.

Las opciones que me ofrecieron era apuntarme a un curso por el que no me concederían ningún crédito, como clases de seguridad vial, o cambiarme a un instituto especial de «continuación» que estaba al lado del Fairfax High, repleto de inadaptados sociales y de chavales con problemas de drogas o con dificultades de aprendizaje. No encajaba bien en ninguna de esas categorías, pero esa fue mi elección y me sorprendí bastante al darme cuenta de que me gustaba y de que no se me daba del todo mal.

Una cosa estaba clara: tenía que encontrar un modo de mantenerme, para así poder ser dueña de mi propia vida y escapar de la locura impredecible de mi madre. Y eso era precisamente lo que me ofrecían las clases de continuación: entré en un programa llamado «cuatro y cuatro»: cuatro horas de clase y cuatro horas de trabajo a sueldo. Mi primer trabajo, que conseguí gracias a una amiga del instituto, fue en una empresa de cobros. Como tenía la voz un poco ronca parecía mayor de lo que era, por lo que cada tarde podía coger el teléfono y amenazar a todos los que debían dinero. Siempre temía encontrarme el nombre de mis padres en las listas de llamadas pendientes.

Me gustaba ganar y administrar mi propio dinero. Pero lo que me gustaba más era no depender de mi madre. Eso me permitió inscribirme en una escuela de teatro, que resultó ser mi salvación.

5

*D*e vez en cuando, a pesar de los apuros económicos, mi madre y sus amigas se metían en los bares y discotecas de moda de Los Ángeles, como Le Dome, donde Jackie Collins solía ir a comer con sus amigas. Cierto día estábamos allí cuando un hombre que debía de rozar los cincuenta se acercó a nuestra mesa y se presentó como Val Dumas. Nos dijo que, si nos gustaba Le Dome, no podíamos perdernos su restaurante, el Mirabelle. Debía de ser de Oriente Medio y recuerdo pensar que se parecía muchísimo a Bijan, el icono de los ochenta que llenaba las vallas publicitarias de todo el país vestido con esmoquin para promocionar un perfume. Val era un hombre alto y elegante, con ciertos aires de superioridad o de riqueza, o de ambas cosas; siempre iba con camisa y pantalones de vestir impolutos y sin ninguna arruga, y con mocasines italianos. También era un seductor nato. Llegó el momento de despedirse, pero mi madre no encontraba las llaves del coche por ningún lado, así que se ofreció a llevarnos a casa en su Mercedes color marrón. Insistió en que me sentara en el asiento del copiloto, a su lado.

Poco después quedé con él para almorzar en el Mirabelle. Había muchas plantas y el ambiente era tranquilo y agradable, como en toda California. Tenía la sensación de que esa reunión sería entretenida e inofensiva, pues íbamos a vernos a plena luz del día y en un lugar público. Nunca me planteé por qué un hombre de mediana edad querría pasar un par de horas con una adolescente de quince años.

A partir de ese día, empezó a presentarse por sorpresa en el instituto, justo después de clase. Siempre me esperaba dentro del coche. Me resultaba más cómodo que coger el autobús, la verdad. Casi siempre hacíamos una parada en el Mirabelle y picábamos algo. Me repetía una y otra vez que era como un amigo de la familia, pero había algo en él que me hacía sentir un pelín incómoda; tenía el inquietante presentimiento de que no siempre sería ese hombre tan servicial y tan agradable, y me angustiaba que tuviera otras intenciones, por lo que empecé a inventarme excusas para evitarle.

Sin embargo, un día, cuando volví a casa después de clase, me lo encontré ahí, dentro del apartamento, esperándome. Me quedé pálida.

—¿Qué estás haciendo aquí? —le pregunté—. ¿Dónde está mi madre?

He preferido omitir la secuencia de hechos y los detalles de todo lo que ocurrió desde que abrí la puerta principal, o las dudas que me surgieron sobre si había sido mi madre quien le había dado una llave, o la sensación de estar atrapada en mi propia casa con un hombre que me triplicaba la edad y me doblaba el tamaño, e incluso que me violara.

Durante muchos años ni siquiera consideré que fuese una violación. Me convencí de que yo había provocado la situación. Me sentí obligada a hacerlo porque eso era lo que ese hombre esperaba de mí, lo que yo había permitido que esperara de mí. Había cenado en su restaurante y me había llevado a casa después de clase en multitud de ocasiones, como si fuese mi chófer particular. En mi mente de chica de quince años, me merecía lo que había pasado.

No me di cuenta de que, al ser una chica sin valores y que no había tenido ningún tipo de control paternal, una chica que se había pasado la vida haciendo malabarismos para satisfacer las expectativas de los demás, me había convertido en la presa perfecta para cualquier depredador.

Y no tenía a nadie que me protegiera.

A lo largo de los últimos años he visto a muchísimas mujeres armarse de valor y contar su historia de acoso sexual; las admiro a todas ellas porque han tenido el coraje de explicar su experiencia, pero reconozco que también me han sorprendido los ataques que han sufrido después de revelar la verdad. Y todavía hay gente que se pregunta por qué las mujeres tardan años, o incluso décadas, en explicar lo que les ocurrió aquel fatídico día. Lo único que puedo decir es que cualquier persona que se haga esa pregunta jamás ha sido violada. Cuando sufres una agresión sexual en una cultura que se dedica a repetirte una y otra vez que reconocer el abuso te convierte en una sospechosa (y en una mentirosa y en una zorra que se ha ganado que un detective de poca monta analice su vida con lupa), ¿qué crees que ocurre? Pues que prefieres callarte y guardar el secreto. Y, al igual que sucede con todos los traumas, el rechazo es una respuesta humana natural. Nuestra mente entierra todas esas cosas que no somos capaces de controlar, aquellas que son demasiado aterradoras y desestabilizadoras, hasta que llega el día en que estamos preparados para enfrentarnos a ellas.

Por desgracia, por mucho que intentemos enterrar nuestro dolor en lo más profundo, siempre encuentra la manera de emerger a la superficie. ¿Cómo? A través de adicciones. De ansiedad. De trastornos alimenticios. De insomnio. De todos los

75

distintos síntomas típicos de un trastorno de estrés postraumático y de comportamientos de autodestrucción. Cualquiera que sobrevive a una agresión sufre alguna de esas cosas durante muchos años. El incidente en sí tal vez duró minutos, puede que horas, pero su impacto perdura para toda la vida.

Menos de una semana después de eso, mi madre me dijo que volvíamos a mudarnos. Me alegré de dejar atrás el apartamento que había servido de escenario para aquello tan feo y sucio que me había ocurrido; pensé que si daba la espalda a las paredes de ese apartamento, dejaría de sentirme tan repugnante y de ver ese techo, el mismo que contemplaba mientras lo tenía encima. Me quedé horrorizada cuando Val se presentó por sorpresa en casa y se ofreció a ayudarnos con el traslado. Me senté en el asiento trasero del Mercedes del hombre que me había violado y mi madre ocupó el asiento del copiloto. Nos llevó hasta un dúplex de estilo mediterráneo en La Ciénaga. Me pareció que nuevamente había perdido un lugar seguro donde estar a salvo, pues ahora ese hombre sabía dónde y cómo encontrarme.

En cuanto me bajé de ese coche, sentí que iba a vomitar. Ginny, que era más fuerte y rápida que yo, cogió todas sus cajas y entró en el apartamento. Val aprovechó esos segundos a solas para decirme:

—¿Qué se siente cuando tu madre te prostituye por quinientos dólares?

Me quedé de piedra. Él volvió a preguntármelo:

—¿Qué se siente cuando tu madre te prostituye por quinientos dólares?

Nunca sabré si Ginny aceptó esos quinientos dólares a cambio de que Val pudiera follarme. Quizá fuese un trato mucho más sucio y turbio que ese. Puede que le ofreciese ese dinero con la excusa de echarle una mano, como haría cualquier amigo, y que así pudiera pagar la fianza del apartamento nuevo. Hasta donde yo sé, se lo devolvió con creces, pues también se acostó con él. Pero no me cabe duda de que le dio la llave del apartamento que compartía con su hija de quince años. Yo también he criado a hijas de quince años, y la idea de abrirle las puertas de mi casa a un adulto con dudosas intenciones me resulta tan inconcebible como asquerosa. Eso no es lo que hace una madre.

Aquel día me di cuenta de que, aunque Val le hubiera ofrecido ese dinero a Ginny sin explicarle con claridad qué pretendía conseguir a cambio, es muy posible que mi madre lo intuyera y que, aun así, aceptara el trato.

—¿Qué se siente cuando tu madre te prostituye por quinientos dólares?

Te sientes huérfana.

Poco después de mudarnos a La Ciénaga, en clase de teatro conocí a un músico que tocaba la guitarra acústica. Se llamaba Tom Dunston y había estado de gira con Billy Joel. Era un chico de veintiocho años, muy atractivo, con buena presencia y de trato amable. A su lado me sentía tranquila y protegida. Empezamos a pasar tiempo juntos. Una noche, cuando nos quedamos a solas, empecé a desnudarme. Tom enseguida me frenó.

—No tienes que hacerlo —dijo—. También podemos charlar un rato, si quieres.

Le hablé de los intentos de suicidio de mi madre y de todas las veces que me había utilizado como cebo para sus ligues. Preferí no contarle lo ocurrido con Val. De hecho, nunca hablé de ese tema con nadie. Para ese entonces, mi mente retorcida ya había levantado un muro indestructible para aislar ese tormento. Pero le expliqué todo lo demás, y él se limitó a escucharme.

Así pues, cuando Tom me propuso que viviéramos juntos, acepté de inmediato. Recuerdo que estaba esperándome en el coche cuando salí del apartamento de mi madre. El día anterior había cumplido dieciséis años. Jamás regresé.

6

$\mathcal{H}$ace unos años acompañé a una de mis hijas a clase de educación sexual. Les dijeron que tuvieran cuidado. Les advirtieron de que si no tomaban precauciones podían quedarse embarazadas o pillar un herpes. Les explicaron todos los peligros que supone el sexo sin protección. Pero no se dijo nada sobre el placer. Nadie mencionó la intimidad y la sensualidad que el sexo puede ofrecer. No les proporcionaron ninguna información para ayudarlas a entender cómo funcionaban sus cuerpos, y mucho menos para aprender a amarlos.

Y eso, en mi opinión, es un grave error. Creo que si alguien se hubiera molestado en facilitarme algo de información, algo de educación sexual, alguna directriz sobre lo que es el sexo sano y deseable, y lo que no lo es, habría estado mejor preparada para protegerme del sexo explosivo. Habría sabido reconocer las relaciones tóxicas o abusivas porque habría conocido una versión del sexo mucho más placentera y agradable. Tal vez así, cada vez que me pasaba algo que me hacía sentir horriblemente mal, no hubiera asumido que era culpa mía, o que no había hecho algo bien. Tal vez así, cada vez que un hombre me exigía tener sexo conmigo, no me hubiera sentido obligada a satisfacer sus deseos porque creía que tenía todo el derecho a utilizar mi cuerpo.

Era evidente que no contaba con un apoyo familiar que me ayudara a valorarme, a quererme. Pero ojalá alguien me hubiera enseñado cómo funcionaba mi cuerpo, o me hubiera enumerado todas las ventajas y beneficios que el sexo podía proporcionar, o me hubiera aconsejado que debía tener en cuenta mis propios deseos en lugar de considerar el sexo como algo degradante o algo que le debía a un hombre. O como una forma para conseguir que los hombres me valoraran.

Cuando me fui a vivir con Dunston, él tenía veintiocho años, y yo, solo dieciséis, pero lo cierto es que manteníamos una relación bastante sana, lo cual, visto con la perspectiva del tiempo, resulta sorprendente. Siempre me trató con cariño y con respeto. Su madre, asistente de dirección de una de las productoras de Aaron Spelling (*Vegas* era su programa estrella en ese momento), me contrató como su recepcionista en la Twentieth Century Fox, aunque no estaba de acuerdo en que viviera con su hijo, dada nuestra diferencia de edad. (No fue un acto solidario, o altruista, o bondadoso. Siempre pensé que lo hizo para asegurarse de que podía pagar mi mitad de gastos.) Pero Tom y yo creamos una rutina estable y muy cómoda: cada mañana me dejaba en el Fairfax High para seguir con mis clases, al salir iba a directa al trabajo y él me recogía por la noche para ir juntos a la escuela de teatro. Fue él quien me introdujo en la escena musical de Los Ángeles, que, en ese momento, estaba en plena ebullición. Éramos clientes habituales de Troubadour, Starwood, Whisky a Go Go, Madame Wong's, y asistíamos, como mínimo, a dos conciertos por semana: The Go-Go's, The Knack, The Motels, Billy Idol, The Police. Mi vida estaba rodeada de música y de emoción; no bebía ni una gota de alcohol, en parte porque era menor de edad y en parte porque lo veía como una manera de separarme y alejarme de mi madre.

Durante seis meses, apenas tuve contacto con Ginny. Estaba enfadada con ella porque toda su vida era un despropósito, y ella estaba molesta conmigo por haberla «abandonado». Mi padre también había desaparecido de mi vida: había regresado a Roswell, con Morgan, y estaba viviendo con mi tío Buddy. Pero Tom y yo éramos como una pequeña familia.

Aun así, contra toda lógica, no era capaz de cortar nuestra relación de raíz. Cuando mi madre me suplicó que la acompañara a visitar a mi tía, en Albuquerque, no supe negarme.

—No vayas —me aconsejó Tom—. No puedes confiar en ella. Las personas no cambian, y ella tampoco.

Intentó por todos los medios advertirme, protegerme. Pero hacía demasiados meses que no veía a mi madre.

Tom no se equivocaba, por supuesto. Unas horas después de haber llegado a Albuquerque, mi madre se enzarzó en una pelea a gritos con mi tía; no recuerdo qué desencadenó la discusión, pero estoy segura de que fue una tontería sin importancia, un malentendido que se podría haber resuelto con una conversación tranquila y pacífica.

—¡Nos largamos de aquí! —chilló.

Entonces me dijo que iríamos a Roswell, a casa de mi abuela. Estaba indignada, harta de ella y enfadada conmigo misma. El viaje había sido un tremendo error. Lo único que quería era volver a Los Ángeles, a mi vida con Tom.

Sin embargo, Ginny no estaba dispuesta a pagarme un billete de avión. De hecho, se puso como una energúmena cuando se dio cuenta de que no iba a salirse con la suya:

me acusó de ser una hija horrible, de creerme mejor que ella y de pensar que me querría de forma incondicional para siempre. Se marchó de casa de mi tía furiosa, dando un portazo. Así pues, me dejó tirada en Nuevo México, sin dinero para volver a casa. Tuve que pedirle a mi tía que me prestara setenta y cinco dólares para poder comprarme un billete de avión. Durante años me sentí culpable por deberle ese dinero a mi tía, pues me recordó lo que mis padres se habían acostumbrado a hacer: presentarse en casa de alguien y pedirles dinero, en lugar de agradecerles su hospitalidad.

Esa no era la clase de persona que aspiraba a ser.

Al día siguiente, mientras esperaba en el aeropuerto a que saliera mi avión, me puse a pensar en el desastre de padres que tenía y, de repente, me sentí muy sola. Se supone que tus padres son una especie de piedra angular para ti, unas personas que te guían y te acompañan a lo largo de tu vida, que te brindan consejos para que puedas alcanzar tus metas y objetivos. Sin embargo, la imagen que tenía de mis padres era deplorable y deprimente.

Los pasajeros empezamos a embarcar y, justo cuando estaba a punto de entrar en el avión, oí que alguien gritaba mi nombre. Me di la vuelta y vi un agente de policía uniformado que venía directo a mí.

—¿Eres Demi Guynes? —me preguntó.

Asentí, un poco confundida y él añadió.

—Debes acompañarme.

Me agarró del brazo y me sacó de la fila de pasajeros. Todos me miraban embobados y boquiabiertos, como si fuese una criminal.

—Tus padres están aquí.

Me llevó hasta una salita y allí estaban Ginny y Danny, esperándome.

—¿Qué diablos está pasando? —pregunté con un hilo de voz.

Mi madre dibujó una sonrisita triunfal.

—Eres menor de edad —contestó con aire satisfecho—. Y te has escapado de casa, así que hemos tenido que denunciar tu desaparición a la policía.

La conocía demasiado bien: a juzgar por cómo hablaba, sabía que había bebido. Mi padre iba tan borracho que tenía los ojos vidriosos. Me giré hacia el agente de policía que me había arrastrado hasta allí.

—¿Es que no ves que están borrachos? —le pregunté.

Estaba muy cabreada y la adrenalina corría por mis venas. Creo que nunca me había enfadado tanto. La situación me parecía tan injusta que me superaba. ¡Y la falta de honestidad de mis padres! ¿Cómo podían fingir que les importaba mi bienestar? ¿Cómo se atrevían a presentarse allí como dos padres normales y preocupados por su hija?

—¡Estás cometiendo un gran error! No tienes ni idea de lo que estás haciendo —le grité al policía—. ¡Hace más de seis meses que no vivo con ellos!

Estoy convencida de que aquel pobre agente empezaba a sospechar que algo no iba bien. Mientras él me había estado buscando por todo el aeropuerto, Ginny y Danny se habían dedicado a hincar el codo, por lo que ahora iban como una cuba. De los tres, yo era lo más parecido a un adulto.

—Lo siento mucho —susurró el policía; pero aún no tenía lo dieciocho años, por lo que no pudo hacer gran cosa por mí.

Así pues, no tuve más remedio que quedarme con ellos. Esos eran mis padres: un par de mentirosos, alcohólicos y aprovechados. La última noticia es que ya no se hablaban, pero, por lo visto, me había equivocado. Me habían tendido una trampa, y yo había caído en ella. Y ahora me exigían que regresara a Roswell con ellos. Tuvimos que esperar varias horas en el aeropuerto a que saliera nuestro avión. Se las pasaron todas bebiendo en el bar. La espera se me hizo eterna.

Aterrizamos y nos montamos en el coche que habían dejado aparcado en el aeropuerto de Roswell, pero mi padre iba tan borracho que, de camino a casa, le paró una patrulla de policía. Aunque parezca increíble, se cameló a los agentes y salió de rositas. (Mi hermano siempre dice que mi padre podría vender cubos de hielo a los esquimales.)

Llegamos al apartamento que mi padre compartía con su hermano Buddy a altas horas de la madrugada. Mi tío bebía tanto o más que mi padre, así que cuando llegamos estaba totalmente ebrio. Buddy nunca volvía a casa hasta que todos los bares de la zona hubiesen cerrado. Morgan no estaba. Me sentía tan dolida y decepcionada que ni siquiera podía mirar a mi madre a la cara. De todos modos, llegados a ese punto, a ella le importaba bien poco; lo único que le interesaba era ganar ese pulso. Así pues, al ver que había salido victoriosa, volvió a ser la egoísta de siempre. Al cabo de pocos días, la cosa empeoró. Buddy y mi padre discutían por cualquier chorrada, iban por casa dando bandazos y haciendo eses, y la convivencia se volvió violenta, descontrolada e insoportable. Un día mi padre sacó la pistola y apuntó a Buddy. Entonces dije: «Hasta aquí hemos llegado».

Era muy tarde y estaba muy oscuro: el cielo tan cubierto de nubes que no se veía ni la luna. No obstante, el mundo fuera de esa casa me parecía más seguro y menos espantoso que el que había en el interior de esas cuatro paredes. Salí por la puerta y caminé más de seis kilómetros por calles muy poco iluminadas hasta que llegué a casa de mi abuela Marie.

Era la una y media de la madrugada. Sentí pena por mi abuela: iba a despertarla a las tantas de la noche; además, estaba segura de que mis padres le habían mendigado el dinero para comprar los billetes de avión para venir a «salvarme» al aeropuerto de Albuquerque y también porque había tenido que soportar a ese par de inútiles y todas sus insensateces durante demasiados años. Le pedí perdón por presentarme a esas horas y le conté qué había ocurrido. Ella me aconsejó que llamara a mi madre para decirle dónde estaba, para que no se preocupara.

—Pero si les da lo mismo —dije, y no tuve dudas de que era cierto.

Cuarenta años después, ya no opino lo mismo. Me querían. Pero me querían igual que se querían entre ellos. Supongo que solo sabían querer así: de una forma ilógica y con sus reservas. El amor es algo que debes cuidar cada día para que dure: eso lo aprendí de mis padres. Y es que te lo pueden arrebatar en un instante y por razones que jamás podrás entender ni controlar. El amor que recibí de niña fue perverso, y por eso acabé relacionando amor con sufrimiento. Si no sentía dolor o esa inquietud constante cada vez que estaba con alguien, ¿cómo iba a saber que aquello era amor?

85

7

*T*om me llevó al concierto de un grupo nuevo que estaba subiendo como la espuma en esa época: The Kats. La estrella era un guitarrista de Minneapolis que se llamaba Freddy Moore. Me cambió la vida o, como mínimo, el nombre.

Freddy escribía la letra de las canciones del grupo, tocaba la guitarra y cantaba. Era un músico electrizante, con sus greñas rubias, sus rasgos afilados y esa mirada salvaje de color azul. Un artista magnético. Fui al Troubadour para volver a verlos en directo, pero esta segunda vez fui sola. Freddy me deslumbró al instante y entonces pensé: si pudiera estar con alguien tan cautivador, quizá me volvería igual de seductora y arrebatadora. Me escabullí entre bambalinas y me encerré en el cuarto de baño con Freddy. En menos de un mes ya había dejado a Tom para poder mudarme a casa de aquel músico.

Nos atrajimos de inmediato. Fue algo espontáneo y libre. Fue algo propio de la juventud, cuando crees que tienes toda la vida por delante, cuando no piensas en las consecuencias de tus actos. Por desgracia, cuando rompí con Tom, no le traté como se merecía, ni con el cariño y respeto que él siempre me había mostrado. Además, preferí pasar por alto que Freddy tenía veintinueve años y seguía casado con su novia del instituto. Él fue valiente y la dejó. Por aquel entonces, yo solo tenía dieciséis años.

Era una adolescente egocéntrica que había perdido cualquier respeto a la institución del matrimonio y me lancé a los brazos de Freddy sin (y siento mucho decirlo así) preocuparme mucho por su esposa. Una vez más, me junté con un hombre que casi me doblaba la edad y que estaba casado. Aunque la edad es un tema confuso: a lo largo de mi vida, he tenido relaciones en las que poder y madurez no han estado ligados con la edad.

Fuera del escenario, Freddy era una persona distinta: un tipo tranquilo, centrado y muy disciplinado que dedicaba varias horas al día a sentarse y componer su música. Me animó a dar rienda suelta a mi creatividad. Juntos, escribimos una canción llamada «Changing», que terminó grabando con Mark Linett, el ingeniero que había trabajado codo con codo con Brian Wilson. Cuando nos fuimos a vivir juntos, The Kats tenía un mánager de pacotilla; solían irse de gira en un Chevy Suburban antiquísimo al que le añadían un remolque con todo el equipo. Yo siempre los acompañaba, ya fuese en el Suburban con los músicos y sus esposas y novias, o en el Volkswagen destartalado y de segunda mano que me había comprado, con sillas de jardín como asiento trasero, un agujero en el suelo y con varias manos de pintura. Nos íbamos a dormir tarde, pues actuaban casi cada noche.

Dejé el instituto. Y, como era de esperar, cuando rompí con Tom, perdí el trabajo que me había conseguido su madre. El mánager de Freddy le había advertido en más de una ocasión que tuviera cuidado conmigo, decía que quizá solo me interesaba su dinero, lo cual es bastante curioso, pues no ganaba ni un duro. En todo caso, me empeñé en demostrarle que podía pagarme mis gastos. Una amiga que había conocido a través del mundo de la música me habló de un tipo que conocía y que fotografiaba desnudos para después venderlos a revistas japonesas. Me picó la curiosidad.

—Aquí nadie ve esas fotografías, y puedes ganar algo de dinero —me explicó—. Miente sobre tu edad, y listo.

No me lo pensé dos veces.

El lugar elegido para la sesión de fotos fue una nave industrial vieja, oscura y abandonada situada en el oeste de Hollywood. No me sentía muy cómoda, la verdad. Me inquietaba que la situación pudiera derivar hacia algo poco profesional, pero me había comprometido a hacerlo. Fui a una habitación que habían decorado como un salón bastante hortera, con sofás, sillones y cojines por el suelo. Por suerte, el fotógrafo se comportó como es debido, aunque no dejaba de darme instrucciones para que hiciera toda clase de poses provocativas. Me tranquilizó saber que la ley japonesa prohibía fotografías en las que se mostrara bello público; así pues, el desnudo no tenía que ser integral. La sesión fue bien, pero no me terminó de gustar. Jamás volví a hacer esos desnudos japoneses.

Sin embargo, fueron el trampolín perfecto para saltar al mundo de la moda. Poco después de que mis fotografías empezaran a circular por todo Japón, me ofrecieron un reportaje para la revista *Oui*. *Playboy* había importado la publicación francesa para atraer a lectores más jóvenes. Era una revista de prestigio y me obligaron a firmar un contrato legal que especificaba que, al ser menor de edad, podía aparecer en la portada con un escote de vértigo, pero no podía posar desnuda en las páginas interiores de la revista, lo cual fue todo un alivio para mí.

Tuve la gran suerte de coincidir con el famoso fotógrafo de moda Philip Dixon. Philip me pidió que volviera a

89

trabajar para él, esta vez para un catálogo de baño que le habían encargado. Me puse de los nervios. No me parecía que tuviera un cuerpo de infarto, pues apenas tenía cintura y sí algún que otro michelín, pero Philip hacía que me sintiera guapa y atractiva. Empecé a pensar que quizá podía ganarme la vida como modelo, en lugar de trabajar en un bar para pagarme las facturas mientras trataba de abrirme camino como actriz.

Llevé las fotografías de Philip y varios retratos a la agencia de modelos Elite Model Management, donde me contrataron. Estaba emocionadísima, aunque al principio no me adjudicaron grandes campañas publicitarias, sino que solo me ofrecieron trabajillos de poca monta, como anuncios de grandes almacenes en periódicos y el cartel de una película de terror titulada *Escupiré sobre tu tumba*. Ganaba lo justo para ir tirando.

Por primera vez en mi vida pude saborear las mieles del éxito y sentir una pizca de orgullo por mi trabajo. Aquello fue revelador. Y todo gracias a trabajar como modelo. Sin embargo, al mismo tiempo, me sumergí en un mundo que parecía estar hecho a medida para degradar mi autoestima. Había aterrizado en una profesión que se centraba única y exclusivamente en mi cuerpo, mi aspecto y mi talla, lo cual solo sirvió para reforzar la idea de que mi valía dependía de mi atractivo físico.

Dejé las clases de interpretación. Me resultaba bastante incómodo encontrarme a Tom allí casi a diario. Además, creo que a una parte de mí le aterrorizaba que un día me dijeran: «Lo sentimos, pero no eres lo bastante buena; no puedes ser actriz». Para la mayoría de los actores, la peor parte son los *castings*. Sin embargo, para mí, no estar a la altura de mis compañeros era lo más aterrador. La vida que mis padres me habían dado nunca me había permitido terminar lo que empezaba. Eso también fue importante: no era nada perseverante. Hoy en día, si un aspirante a actor me pidiera un consejo, lo tendría muy claro: «¡Apúntate a clases de interpretación! Escucha, aprende, desarrolla seguridad, recupera la confianza en ti mismo, conoce las herramientas que tienes a tu alcance y tómate la molestia de conocerte».

Mi padre vivía en Oceanside (California) con Morgan, que acababa de cumplir doce años. Freddy y yo decidimos hacerles una visita por Navidad. Cuando aparcamos frente al edificio donde vivían, en un apartamento diminuto y deprimente, se me encogió el corazón. Mi padre tenía un aspecto deplorable, igual que el vecindario. Hay gente que sabe disimular muy bien el dolor y el sufrimiento, pero él no era de esa clase de personas. El dolor se reflejaba en su cara hinchada y abotargada, en su ademán compungido y mustio, en su mirada vacía.

Recuerdo estar sentada a la mesa de la cocina, el día de Navidad, y sentirme terriblemente sola por pasar unas fechas tan señaladas solo con mi padre y mi hermano pequeño, separados del resto de la familia. Ahora me doy cuenta de que Freddy, en realidad, era más o menos de la edad de mi padre (solo tenía unos años menos). En general, era un tipo poco sociable, el típico chico callado de Minnesota con raíces escandinavas: taciturno, pragmático y que se deja llevar. No quiero decir que no me quisiera, solo que le costaba expresar sus sentimientos. Yo era la única de esa mesa que se esforzaba por crear un ambiente más distendido.

Mi padre me regaló un póster, el primero que debió de pillar en la tienda. Fue un regalo impersonal que no tenía nada que ver conmigo ni con él. Esa noche bebió como un cosaco; por primera vez, me preocupé. No estaba segura de que estuviera en condiciones de cuidar de Morgan. No soportaba el silencio, así que me puse a parlotear sobre los asuntos que tenía entre manos, plenamente consciente de que estaba incomodando tanto a mi padre que ni siquiera me miraba a los ojos. No sabía qué decir.

Lo más doloroso para mí no fue descubrir que Danny no era mi padre biológico, sino darme cuenta de que era incapaz de acercarse para asegurarme que, a pesar de eso, me quería como a una hija. Ahora que ha pasado el tiempo, me arrepiento de no haberme acercado yo a él, de no haberle agarrado por los hombros, de no haberle mirado a los ojos y decirle que, para mí, él siempre había sido mi padre, que lo seguiría siendo hasta el final. De decirle que le quería.

Poco después de regresar a Los Ángeles, me llamaron para informarme de que Danny estaba en el hospital. Se le había rasgado el hígado. Se montó en el coche e intentó llegar a urgencias, pero no lo consiguió; lo encontraron inconsciente en el automóvil, con la cabeza apoyada sobre el volante: fue toda una suerte, porque así sonó el claxon justo en la entrada del hospital y pudieron salvarlo. Se recuperó, pero un médico le dijo que era un alcohólico, que sufría pancreatitis y que tenía que dejar de beber de inmediato. Mi padre se enfadó tanto con él que le amenazó con arruinarle la vida si dejaba eso escrito en su registro médico. Debió de ser muy convincente, pues el médico cambió el diagnóstico. También le aconsejó que dejara de comer carne roja; al día siguiente, mi padre fue a la carnicería y llenó la nevera de carne, o eso fue lo que me contó Morgan. Y, a partir de entonces, empezó a consumir el triple de carne roja. Si alguien le prohibía algo, él seguía haciéndolo, pero multiplicado por cien. Estaba tratando de acabar con su vida. Me había dicho muchas veces que quería morirse. Cada vez que pienso en lo difícil que debió de ser para Morgan (¡solo tenía doce años!) convivir con un padre que deseaba la muerte, se me rompe el corazón.

Un año más tarde, ya de vuelta en Nuevo México, Morgan encontró a su padre desplomado sobre el asiento del coche y con el motor en marcha. Se había suicidado. Tenía treinta y seis años.

Cuando me llamaron para comunicarme la noticia, me eché a llorar. Estaba en la mesa del comedor, con Freddy. Ni siquiera se acercó a abrazarme o a intentar consolarme. No me dijo que me quería y que todo iba a ir bien. Se quedó sentado en su silla y, con voz tranquila, susurró:

—De nada sirve llorar. Lo hecho, hecho está. Llorar no va a cambiar lo que ha ocurrido.

El funeral se celebró en Roswell, y fue una auténtica pesadilla. En lugar de reunirnos y compartir nuestro dolor, aquello fue un campo de batalla entre la familia de mi padre y mi madre.

Mis padres habían pasado el fin de semana anterior juntos, y los ocho hermanos de mi padre estaban convencidos de que Ginny había tenido algo que ver con el suicidio: la culpaban de lo ocurrido. Barajaban toda clase de teorías. Especulaban que ella le había alentado a hacerlo, pero tampoco descartaban que le hubiera dejado coger el coche borracho a sabiendas del peligro que eso suponía. Por otro lado, había quien sospechaba que hubiese sido una estratagema sucia por parte de mi madre. La amenazaron con denunciarla a la policía. La cosa se puso muy muy fea. DeAnna recuerda que incluso su marido, mi tío George, estaba seguro de que Ginny había sido la responsable de la muerte.

Lo más probable es que mi padre hubiera planeado su propia muerte, cuidando hasta el último detalle. Los niveles de alcohol en sangre eran tan altos que tuvieron que considerar su muerte un accidente; iba demasiado borracho como para que la compañía de seguros pudiera afirmar que había sido un suicidio. Como consecuencia, la compañía le desembolsó una pequeña compensación a mi hermano Morgan. Estoy segura de que mi padre había hecho sus pesquisas y sabía muy bien cuánto alcohol tenía que beber para que eso pasara. Fue la última de sus muchas estafas. Pero también fue una forma de poner punto final a un dolor que se le había vuelto insoportable. Sabía que nos había fallado a todos y creo que, en cierto modo, hizo lo que creyó que sería lo mejor para todos.

Las hermanas de mi madre se reunieron en casa de mi abuela para darle el pésame y mostrarle su apoyo y solidaridad en momentos tan difíciles, aunque tampoco pusieron mucho empeño, y eso que Ginny se puso en plan víctima total: lloraba a moco tendido día y noche y se empeñaba en meterse en el centro de ese huracán de dramatismo. Intentó por todos los medios que vistieran a Danny con el traje que ella había elegido para el funeral, pero Margie, la hermana de mi padre, no estaba dispuesta a dar su brazo a torcer e insistió en que llevara un traje chaqueta marrón. La disputa se fue intensificando. Margie acabó entrando en casa de mi padre para coger todo lo que había de valor y escondérselo a Ginny. La funeraria puso varios coches a disposición de la familia, y mi madre exigió uno para ella. Hasta sus hermanas se llevaron las manos a la cabeza cuando se enteraron: si ya no era su esposa, ¿qué pintaba allí? Y la reprimenda no acabó ahí, claro está. Tenía la sensación de que la rabia y la indignación que había despertado mi madre en la familia de Danny también me estaban salpicando a mí, como si yo fuese una extensión de Ginny. (De hecho, la única conversación que recuerdo mantener con ella durante esos días fue una tremenda discusión sobre lo que iba a ponerme para la ocasión.) Hacía mucho tiempo que todos sabían que Danny no era mi padre biológico, pero noté que algo había cambiado en el ambiente: empecé a dudar de si realmente formaba parte de esa familia. Tal vez estuviese exagerando un poco, pero no me sentí bienvenida, sino incómoda. «¿Debo estar aquí?», me pregunté. Y con ese «aquí» no me refería al funeral, sino a este mundo. ¿Debería haber nacido?

Mi padre falleció en octubre. Y yo cumplí los dieciocho en noviembre. Me casé con Freddy en febrero del año siguiente. Fue una época muy confusa. Nuestra boda no fue más que el reflejo de ese momento tan disperso, incoherente y oscuro de mi vida. DeAnna y George fueron los únicos miembros de mi familia que acudieron al enlace. Llevé un vestido *vintage* y un velo cubierto de florecitas. Se celebró en una pequeña iglesia española de Los Ángeles. No recuerdo muy bien dónde.

Parte II

Éxito

8

$\mathcal{A}$ medida que mi familia se iba desintegrando, mi carrera profesional empezaba a despegar. Tuve varios golpes de suerte bastante seguidos. Primero, John Casablancas, el legendario dueño de Elite, me eligió para ir con otras chicas a Nueva York. La noticia me hizo muchísima ilusión. Me pagaron el billete de avión y el alojamiento, y asumieron los gastos de las fotografías de rostro que enviarían al mercado de la alta costura que se había instalado en la Gran Manzana y me consiguieron entrevistas con clientes potenciales. La ciudad en sí era abrumadora... e intimidante. ¡Y apestaba! Todavía recuerdo la primera vez que vi esas nubes de vapor saliendo de una alcantarilla en Manhattan; parecía que bajo la superficie de la ciudad se extendiera un inframundo que ardía en llamas día y noche.

Freddy me acompañó en ese viaje. Su presencia me generó sentimientos encontrados. Por un lado, me aterraba la idea de ir sola a Manhattan, pero, por otro, me preocupaba que la banda no pudiera continuar la gira sin él. Y eso fue precisamente lo que ocurrió: en cuanto les contó a los miembros de The Kats que pretendía pasar unos días en Nueva York, todos se espabilaron en buscar otros bolos y actuaciones. Freddy estaba jugándoselo todo a una sola carta, y eso me ponía muy nerviosa.

Estaba muy ilusionada, motivada y empecinada en salir de ese agujero negro y disfuncional del que provenía y meterme de lleno en el radiante mundo del éxito, un mundo en el que la gente llevaba una vida normal y feliz. (Ja.) Freddy y yo perseguíamos sueños muy distintos y empecé a apartarme de él.

Pasé una buena temporada en Nueva York. Conseguí un papel para un anuncio de publicidad, y poco después Freddy y yo nos mudamos a un minúsculo apartamento en el Upper West Side. El último día de rodaje noté esa tirantez tan familiar en un costado, justo en los riñones, pero quise creer que ese ardor se debía a los focos, no a mi enfermedad renal. Al día siguiente, teníamos el vuelo de vuelta a Los Ángeles. Cuando aterrizamos, estaba hinchada como un globo, de la cabeza a los pies. Freddy no tenía ni idea de qué hacer, pero, por suerte, yo había llamado a DeAnna, que estaba esperándonos en el aeropuerto y me llevó directa al servicio de urgencias de UCLA. Retuve tanto líquido que todavía tengo cicatrices en las piernas.

Pero este ataque fue distinto. Se habían hecho muchos avances y había mucha información sobre la enfermedad, por lo que ya no tenía que pasarme varios meses ingresada en el hospital; en cuanto me estabilicé, me dieron el alta y me fui a casa con una buena dosis de Prednisone.

Y esa no fue la única diferencia. En el pasado, esa inflamación de riñones solo ocurría cuando me enteraba de una infidelidad por parte de mi padre. Esta vez, sin embargo, la infidelidad había sido mía. Traté de reprimirla y someterla, pero mi cuerpo no iba a permitírmelo.

En la víspera de la boda, en lugar de escribir mis votos, llamé a un tipo que había conocido en un set de rodaje. Me escabullí de mi despedida de soltera y fui directa a su apartamento. ¿Por qué lo hice? ¿Por qué no fui a ver al hombre con el que estaba a punto de casarme y expresarle mis dudas? Pues porque no quería aceptar que iba a casarme solo para distraerme y olvidar, por unos días, el dolor de la pérdida de mi padre. Porque tenía la impresión de que no podía echarme atrás ahora, después de haber puesto todo el mecanismo en marcha. No me veía capaz de escapar de la boda, pero sí de sabotearla.

Aunque el sabotaje pierde toda su gracia cuando se convierte en secreto. En ese caso, solo te saboteas a ti mismo.

Unos meses más tarde, me llegó mi segundo golpe de suerte: un *casting* para *Hospital General*. Nunca había visto telenovelas, pero sabía que esa en particular estaba siendo un éxito absoluto. Primero, porque era el programa de televisión más visto del país. Segundo, porque salía en los periódicos día sí, día también, ya que la actriz Genie Francis, que interpretaba el personaje de Laura Spencer (de la famosa pareja Luke y Laura) estaba a punto de jubilarse. Y, por si todo eso fuera poco, se había filtrado a la prensa que Elizabeth Taylor iba a hacer un cameo en la serie. Cuando me hicieron pasar a una sala para leer el guion de esa serie que llevaba más de dos décadas emitiéndose en televisión, estaba hecha un manojo de nervios. Intenté imaginarme en la piscina de Kings Road, leyéndole a Nastassja los guiones en voz alta. Eso me ayudó a calmarme un poco. Además me encantaba el personaje que me habían ofrecido: Jackie Templeton, una joven reportera astuta, sensata e intrépida. Querían a alguien del estilo de Margot Kidder, la actriz que había interpretado a Lois Lane en *Superman* y que había cosechado un sinfín de éxitos unos años antes. Me parecía bastante a ella: melena oscura y ojos verdes. Pero había otra cosa que teníamos en común: una voz ronca. Hay algo en ese sonido ligeramente áspero que atrae a la gente, supongo que es porque sugiere dureza y vulnerabilidad al mismo tiempo. Me dieron el papel.

Fue una experiencia embriagante y aterradora. Jackie Templeton marcó un antes y un después en mi carrera como actriz, aunque debo reconocer que no fue un papel fácil. En términos generales, las telenovelas exigen mucho esfuerzo y dedicación, y son muy distintas del resto de la televisión y, sin lugar a dudas, del cine. Creo que no me equivoco al afirmar que es el único medio en que te pueden dar treinta páginas para que memorices y grabes en un solo día. Solían enviarnos el guion un par de días antes del rodaje, pero, aun así, era muy poco tiempo para aprenderse todos los diálogos de memoria. A veces tenían el detalle de mandarnos un par de guiones durante el fin de semana para que supiéramos qué rumbo iban a tomar las distintas tramas de la serie, pero cada día empezábamos igual: «Estas son tus escenas, ¡apréndetelas!».

No obstante, todo ese esfuerzo y sacrificio se vieron recompensados, y con creces. Por primera vez en mi vida, tenía la sartén por el mango. El sueldo me llegaba para pagar el alquiler, llenar la nevera, darme algún que otro capricho y estar al día de todos los recibos. Cuando empecé a trabajar en la serie, me daba tanta vergüenza ir en aquel Volkswagen destartalado que ni siquiera aparcaba en el estudio. Lo dejaba en la calle y caminaba hasta la puerta principal. Recuerdo el bochorno que sentí el día que uno de los guardias de seguridad me dijo:

—Sabes que puedes aparcar aquí dentro, ¿verdad?

Supongo que me había visto conduciendo esa tartana. Lo

primero que hice cuando tuve un poco de dinero ahorrado fue comprar un Honda Accord plateado en el concesionario. Ese día saludé al guardia de seguridad sentada en mi coche nuevo. No podía estar más orgullosa.

Hospital General fue, en muchos sentidos, otra escuela nueva que añadir a la lista, otra clase que observar para así saber cómo integrarme. Sin embargo, en esta ocasión había mucho en juego. Sabía que esa clase de culebrones podían servir como trampolín al mundo del cine y era más que evidente que esa serie en particular podría cambiarme la vida, por lo que no quería que nadie pudiera adivinar mis debilidades o percibir mi inseguridad. Y aunque de cara a la galería estaba cumpliendo todos mis objetivos, mi brújula interior comenzó a buscar vías de escape para compensar mi baja autoestima. Empecé a beber.

Solíamos tener bastantes horas libres durante el día, sobre todo cuando un personaje copaba todo el protagonismo de un episodio, por ejemplo, pero no lo suficiente como para salir del estudio e ir a otro sitio, así que mataba el tiempo libre con Tony Geary, que interpretaba a Luke. Cuando no estábamos grabando, nos encerrábamos en su camerino. Tony siempre tenía un vaso en la mano, aunque disimulaba el alcohol con un buen chorro de Coca-Cola. Nunca rechacé una invitación, y menos viniendo de él; al fin y al cabo, era la estrella de la serie. Y si el protagonista de *Hospital General* bebía a todas horas, pues aquello no debía de estar tan mal.

Freddy y yo casi nunca bebíamos en casa, salvo una cerveza de vez en cuando. El problema era que, en cuanto me tomaba una copa, ya no podía parar; en mi cabeza no había ninguna vocecita que me dijera: «Basta ya, Demi». No había nada ni nadie que me frenara. Cierta noche, Freddy y yo

103

fuimos a un concierto de una nueva y prometedora banda de *new wave*. Mientras se preparaban en el escenario, me tomé una copa. Y después otra. Y después otra.

Después del concierto, nos colamos entre bastidores y, mientras charlaba con un miembro del grupo, me desmayé. Lo siguiente que recuerdo es que me estaba gritando como un energúmeno, con un claro acento británico. No tengo ni la más remota idea de lo que debí de decirle, pero intuyo que no fue nada bueno.

—¡Fuera! —chillaba—. ¡Largo de aquí!

Se me pasó la borrachera de inmediato. Todo el mundo se volvió a mirarme y Freddy me sacó de allí a empujones. Aquella fue mi primera gran humillación pública.

Una cosa es emborracharte en una discoteca a las tantas de la noche. Y otra muy distinta es hacerlo durante tu jornada laboral. A varios actores principales de *Hospital General* nos invitaron a volar a otra ciudad del país para grabar una entrevista en directo con algunos de los telespectadores más fieles a la serie. El descontrol ya empezó en el avión, cuando empecé a pedir copas a la azafata, y la cosa fue a peor cuando llegamos al hotel y vacié el minibar. Cuando empezó la entrevista, estaba tan borracha que ni siquiera era capaz de mantenerme en pie. Al día siguiente, me quería morir. Sentí que había perdido el control y que me parecía cada vez más a mis padres. Sabía que el alcohol me empujaría a ser como ellos y a vivir sus vidas, en lugar de catapultarme hacia el futuro con el que siempre había soñado. Dejé de beber de inmediato.

El golpe de suerte número tres me llegó justo después de cumplir los veinte años, en 1982, cuando me presenté a un *casting* para un papel en una película y me cogieron. Mi gran ilusión siempre había sido trabajar en la industria cinematográfica, y esta película en particular, *Lío en Río*, fue un regalo caído del cielo. Se iba a grabar en un país extranjero, así que, por primera vez en mi vida, me hice el pasaporte. El estudio de rodaje era enorme, y el director era nada más y nada menos que el legendario Stanley Donen, que había dirigido clásicos como *Cantando bajo la lluvia, Malditos yanquis* y *Charada*. Valerie Harper interpretaba a la madre de mi personaje; había crecido viéndola en televisión, en *La chica de la tele* y *Rhoda*. Michael Caine interpretaba a mi padre. En ese momento no imaginaba lo que eso podía significar en mi carrera; me habían dado la oportunidad de trabajar con grandes actores de talla mundial, aunque entonces no supe valorarlo. Estaba emocionada por aparecer en una película, y punto. Tuve que renegociar mi contrato con *Hospital General* para que me dieran tres meses libres y así poder rodar la película.

105

Viajé a Brasil con la sensación de que estaba a punto de empezar algo nuevo en mi vida, tal y como había hecho en incontables ocasiones a lo largo de los años. Era un patrón de comportamiento al que ya me había acostumbrado. Nunca me había tomado la molestia de intentar cambiar aquellas cosas que no iban bien o, simplemente, no funcionaban, porque sabía que, un día u otro, terminaría marchándome de ese lugar. ¿Y si las cosas iban bien? En ese caso, me decía a mí misma: «Disfrútalo, porque terminará antes de lo que imaginas».

Nos reservaron un hotel enorme con vistas a la playa de Ipanema. La primera noche cenamos todos juntos. Allí estaba Michael Caine y su esposa, Shakira, una mujer elegante, exótica y sofisticada, y fuera del alcance de un niño mugriento y pobre de Nuevo México; Joe Bologna, el otro protagonista, era un tío muy legal. Buena gente y muy cariñoso. En realidad, todos pusieron de su parte para que me sintiera cómoda. Estaba asombrada y maravillada con el trato que estaba recibiendo; disfrutaba de cada minuto, pero intentaba aparentar normalidad. Mi objetivo era que viesen en mí lo que querían ver. «No metas la pata esta vez. Quédate quieta, observa y aprende.»

La película era la fantasía de un viejo verde; hoy en día, sería impensable rodar algo así, pero en ese momento a todo el mundo le pareció de lo más normal. Yo interpretaba a una chica de diecisiete años que estaba de vacaciones en Río con su mejor amiga, que, en pocas palabras, sedujo a mi padre en contra de su voluntad. Joe Bolonga hacía el papel de amigo de mi padre, y yo era la actriz secundaria. La protagonista, Michelle Johnson, era una joven modelo que habían sacado de un agujero oscuro de Phoenix, Arizona; creo que sus tetas también ayudaron a que le dieran el papel. Eso también era de lo más normal por aquellos años. No esperaba que fuese una chica tan ingenua e inocente. Aunque no era mucho mayor que ella, a su lado me sentía como una veterana.

Durante el rodaje conocí a una chica brasileña muy maja. Se llamaba Zezé y se había apuntado como figurante en la película por pura diversión. Zezé provenía de una familia adinerada; había recibido una buena educación y hablaba un inglés perfecto. No tardamos en hacernos amigas y empezamos a pasar mucho tiempo juntas. Cuando teníamos un rato libre, me enseñaba la ciudad, me llevaba a los restaurantes de moda y me presentaba a sus amigos. También empezamos a ir a un montón de fiestas juntas; éramos la bomba.

Freddy no me había acompañado a Brasil, por lo que estaba sola en una ciudad totalmente nueva, donde nadie conocía mi historia familiar y donde podía intentar averiguar quién quería ser en realidad, sin estorbos ni impedimentos. Fue un despertar en el sentido más expansivo y positivo del término; un despertar estimulado por el consumo de cocaína. Esnifé tanta que a punto estuve de abrirme un agujero en la nariz.

La productora me alojó en un hotel que no estaba nada mal; además, asumían todos los gastos de mi manutención, por lo que vivir allí era fácil. Y todavía fue más fácil cuando Zezé me propuso alquilar un apartamento amueblado. Me ayudó a encontrar un piso espectacular en primera línea de playa. Nos habíamos hecho amigas de Peter, un chaval que dirigía la segunda unidad de cámaras en la película, así que le sugerí que viviéramos juntos. Nos dividíamos los gastos del alquiler, y el dinero que me sobraba de las dietas lo invertía en cocaína.

Mis amigos brasileños me conseguían la mejor cocaína del país sin problema. Todo el mundo en Río parecía adicto a la cocaína y al alcohol, excepto yo, lo cual era bastante irónico. No bebía porque sabía que no era capaz de controlarme. Y lo último que quería era volver a perder el control. Reconozco que jamás pensé en los efectos de la cocaína a largo plazo. En mi cabeza, esa droga me hacía sentir alegre, productiva y creativa. ¿Qué podía tener de malo? No me faltaba de nada. Además, como tenía un papel pequeño en la película, disponía de bastante tiempo libre, así que lo disfrutaba al máximo.

Fueron unos meses maravillosos. En Zezé encontré a una amiga para toda la vida (todavía conservamos nuestra amistad). Solíamos pasar mucho tiempo con Peter y con un amigo de Zezé, Paolo, un brasileño guapísimo y muy atrac-

107

tivo. Montábamos fiestas en nuestro apartamento, íbamos a la playa y explorábamos la ciudad. Me resultó muy fácil olvidar que estaba casada, hasta el punto de que una noche Peter y yo acabamos en la cama. (Los dos admitimos que había sido un grave error; solo ocurrió una vez.) Estaba viviendo una aventura. Mi carrera había dado un salto estratosférico. Y nunca antes me había sentido tan libre.

Toda esa libertad (mezclada con mi juventud, por no mencionar la inyección de fanfarronería e imprudencia que supone tomar cocaína) me condujo a una situación límite. En la película, mi personaje tenía que volar en ala delta, pero, por un problema con la compañía de seguros, los productores insistieron en contratar a un especialista en escenas de riesgo. Peter era el asistente de dirección, así que le supliqué:

—Por favor, deja que lo haga yo.

Le podría haber costado su puesto de trabajo. De hecho, mi tozudez podría haber puesto en riesgo el rodaje. Fue una decisión muy peligrosa que tomé drogada, pero al final todo salió bien. Me coloqué el arnés y eché a correr hacia el borde del acantilado sobre el océano Atlántico. Las vistas eran increíbles.

9

*E*l rodaje en Brasil duró varios meses y, en un momento dado, tuve una especie de epifanía sobre la honestidad. La persona que quería ser no mentía. Cuando regresé de Río, estaba decidida a ser totalmente sincera con Freddy, asumir la responsabilidad de lo que había hecho y aceptar lo que quería de la vida. Le conté toda la verdad a mi marido, incluido lo que había ocurrido con Peter, y le confesé que creía que nuestro matrimonio no estaba funcionando.

Se enfadó. Y lo entendí. Le había decepcionado como esposa. Lo último que quería en ese momento era jugar sucio en nuestro divorcio, así que acepté pagarle una pensión conyugal durante un año. Aunque la soltería no le duró mucho tiempo. A principios de nuestra relación, había dado clases de guitarra para ganarse un dinero extra. Una de sus alumnas había sido la hermana de una amiga mía, una chica de catorce años. Enseguida me di cuenta de que Freddy y Renee tenían una conexión especial, a pesar de que él tuviera más del doble de años que ella. Una tarde les dije:

—Si algún día Freddy y yo rompiéramos, estoy segura de que vosotros estaríais juntos.

Renee se puso roja como un tomate y él se molestó muchísimo porque había incomodado a su alumna con un comentario fuera de lugar. Pero la verdad es que, en cuanto Freddy y yo nos separamos, empezaron a salir y todavía siguen juntos.

El divorcio había sido idea mía, pero, aun así, seguía sintiendo que iba a la deriva, sin rumbo. Un amigo me ofreció alquilar su apartamento en Marina del Rey hasta que encontrara un lugar decente, y allí fue donde monté mi campamento. Cumplí los veintiún años en ese piso, sola.

No había hecho amigos de verdad en *Hospital General*, donde seguí trabajando después de regresar de Brasil, pues así lo exigía el contrato que había firmado. Me tomé unas segundas vacaciones de la serie para rodar otra película, pero al final todo quedó en nada. *Hospital General* decidió excluirme de la trama de los siguientes episodios y, de repente, ya no tenía nada con que distraerme.

Así que empecé a beber otra vez. Fue una época muy oscura de mi vida. La persona que mostraba al resto del mundo era la misma de siempre: una mujer invencible, segura de sí misma, atrevida e intrépida. Me compré una moto Kawasaki y me paseaba por Los Ángeles a una velocidad de vértigo y sin casco. De hecho, ni siquiera tenía el carné para conducir esa moto.

Poco a poco, mi curiosidad e interés por la cocaína se transformó en una dependencia. Aunque jamás se me hubiera pasado por la cabeza considerarme una adicta, esa es la palabra perfecta para describir en qué me había convertido. Le compraba la cocaína a un dentista de confianza; si algún día no estaba disponible, recurría a mi gestor financiero. Ahora me parece increíble que la persona que me aconsejaba cómo administrar mis bienes y mis ingresos económicos nunca me comentara que estaba gastando una verdadera fortuna en drogas, aunque, teniendo en cuenta que él también consumía cocaína, no es tan extraño, ¿no?

Al final me armé de valor y rescindí el contrato, aunque lo hice tarde porque, para entonces, ya me había fundido la mayor parte de mis ahorros.

Por suerte, me ofrecieron un papel protagonista en la película *No Small Affair*, una comedia romántica para adolescentes distribuida por Columbia Pictures. Interpretaba a una joven cantante; Jon Cryer era el fotógrafo de diecinueve años que se enamora perdidamente de ella. Era su primer trabajo en una película. Y Jon también se enamoró de mí en la vida real; de hecho, perdió la virginidad conmigo mientras rodábamos la película. Me arrepiento de haber sido tan cruel con él; le arrebaté lo que podría haber sido un momento importante y hermoso de su vida. Estaba tan desatada y descontrolada que no era capaz de preocuparme por nadie más que no fuese yo. Durante ese periodo de mi vida, empecé a hacer cosas graves, cosas que me empujaban al abismo de la autodestrucción; recuerdo despertarme sin siquiera saber dónde estaba y pensar: «¿Empiezo a trabajar dentro de una hora?». Luego tenía que llamar a alguien para pedirle que me viniera a recoger a casa. Es una época que sigue borrosa en mi memoria.

Craig Baumgarten, un ejecutivo de una gran productora de Columbia, se empeñó en hacerse cargo de mí y protegerme durante el rodaje de *No Small Affair*. Iba a pasar una temporada fuera y me ofreció quedarme en su casa. Me invitó a que viera el apartamento antes, lo cual hizo saltar todas mis alarmas. Fui un poco nerviosa, pues no me fiaba de él, pero no me acosté con él. Y él tampoco insistió más de la cuenta. Fue un gran paso para mí. Creo que ese hombre me tenía un enorme cariño. Teniendo en cuenta el estado en el que me encontraba, fue una tremenda torpeza por su parte dejarme las llaves de su casa, una mansión en Beverly Hills.

Sin embargo, lo peor fue que también me dio las llaves del Jaguar de su esposa.

—Puedes coger el coche —dijo—. Está aparcado en el garaje.

Y eso fue lo que hice. Me paseé por todos los barrios de Los Ángeles en ese maravilloso coche. Fue un milagro que no me estrellara y lo abollara. Gracias a Dios no pasó.

Había llegado el momento de buscar una casa para mí. Estar siempre con la maleta a cuestas y mudándome cada dos por tres me traía recuerdos de un pasado que quería olvidar. Anhelaba tener mi propio hogar, uno de verdad. Y no tardé en encontrar el apartamento perfecto en Willoughby: dos habitaciones y una cocina con el suelo de linóleo blanco y negro. La fachada estaba recubierta de hiedra, cosa que le daba un aspecto precioso y privado. Y el interior estaba impecable. Fue amor a primera vista. Nunca compré un sofá para el salón; además, en la segunda habitación tan solo tenía un colchón en el suelo. La casa fue la excusa perfecta para distraerme, pues me dediqué a ella en cuerpo y alma. Me dio estabilidad e independencia. Fue la primera propiedad que adquirí.

Pocas semanas después de haberme trasladado a mi nuevo hogar, mi madre, fiel a su costumbre, se presentó sin avisar en la puerta de mi casa, con su nuevo noviete y con Morgan. Me dijo que necesitaba quedarse unos días, hasta que encontrara un apartamento para su familia. Nunca la había visto tan desmejorada. Se instalaron en mi diminuta casa varias semanas; sabía que si les dejaba quedarse un día más, ya no los sacaría de allí ni con agua caliente. No me habría importado que Morgan se quedara, la verdad. (Y mis amigas tampoco habrían puesto ninguna pega; tenía dieciséis años, pero era un bombón.) Mi hermano ya no era ese niño frágil y desvalido, sino un adolescente hecho y derecho que estudiaba en la Escuela Militar de Roswell; había decidido que necesitaba un poco de disciplina y cordura en su vida. Le entendí perfectamente.

—Se os ha acabado el tiempo —le dije a Ginny—. Tenéis que iros.

Mi agente, Hildy Gottlieb, me llamó por teléfono para comunicarme que Sony quería hacerme una prueba para una película nueva de John Hughes, que se había hecho famoso porque había dirigido varios éxitos adolescentes, como *Dieciséis velas*, *El club de los cinco* y *Una chica explosiva*.

El día de la prueba, madrugué, me monté en la moto y fui directa hacia el estudio donde Hughes había preparado la sesión de *casting*. La prueba fue bien, pero Hughes no parecía muy impresionado, así que asumí que no me darían el papel. Salí de la sala, pero, justo cuando estaba cruzando el vestíbulo, oí unos pasos a mis espaldas.

—Señorita, señorita —decía una voz, pero ni siquiera me giré.

Creía que se estaba dirigiendo a otra «señorita». Empecé a bajar las escaleras y, a medio camino, el tipo por fin me alcanzó. Estaba jadeando.

—¿Eres actriz? —preguntó.

—¿Quién lo pregunta?

—Joel Schumacher —respondió él—, mi jefe.

Durante años, Joel explicó esta anécdota cientos de veces. *Vanity Fair* lo publicó en un artículo de 1991. Según el propio director, «vio ese relámpago bajando las escaleras, con una melena azabache y larga hasta la cintura. Era increíblemente guapa, como un caballo de carreras árabe». Y fue entonces

113

cuando mandó a su asistente a buscarme para que pudiera leer el guion de Jules para su nueva película con Columbia Pictures: *St. Elmo, punto de encuentro.*

El papel me iba como anillo al dedo. Jules era una fiestera empedernida con cierta dependencia a la cocaína. Era una de los siete licenciados por la Universidad de Georgetown que trataban de abrirse camino en el mundo de los adultos y se reunían cada semana en un bar llamado St. Elmo. La película tenía esa energía dinámica que te hace pensar que puede llegar a ser un éxito de taquilla. Además, tras el bombazo que habían sido las anteriores películas de John Hughes, teníamos la impresión de que toda una generación estaba llegando a la pantalla. *St. Elmo, punto de encuentro* la protagonizaron Rob Lowe, Emilio Estevez, Ally Sheedy, Judd Nelson, Mare Winningham, Andrew McCarthy... Y yo también.

Los recuerdos, sobre todo los nublados por las drogas, son algo muy curioso. En sus memorias, Rob da a entender que mantuvimos una tórrida aventura amorosa; a duras penas recuerdo una noche juntos, pero le agradezco todos los cumplidos que me ha dedicado en su libro. A decir verdad, todo el elenco de actores me caía la mar de bien. Aún mantengo relación con varios de ellos. Pero si hay una persona que destacó por encima del resto es, sin lugar a dudas, Emilio.

Conocí a Emilio el día que nos convocaron para la prueba de cámara; empezamos a charlar enseguida. Era un hombre seguro de sí mismo y muy tranquilo, algo que me atrajo de inmediato. Además, parecía tener los pies en el suelo y un gran sentido del humor. Me encantaba cómo era: su tez color arena y esa mirada azul tan penetrante, la estructura de su rostro y sus rasgos perfectos, como si hubieran sido cincelados en mármol. En cuanto empezaron los ensayos, comenzamos a pasar mucho tiempo juntos.

Sin embargo, Emilio era un hombre muy disciplinado; bebía como una persona normal, no fumaba y, por supuesto, no se drogaba. Preferí ocultarle esa parte de mí. Zezé se había trasladado a Los Ángeles y estaba viviendo en mi casa. Esnifábamos cocaína a diario, aunque, si debo ser sincera, yo consumía mucho más que ella: en mi punto más álgido, tres gramos y medio de cocaína me duraban un par de días. Supongo que debían de correr rumores sobre mi afición por la fiesta y el desenfreno, pues un día estaba en el estudio, haciendo una prueba de vestuario, cuando Joel Schumacher apareció en la sala sin siquiera llamar a la puerta.

—Si me entero de que bebes una sola cerveza, estás despedida —anunció en voz alta delante del resto de los trabajadores.

Después se dio media vuelta y se marchó. Sentí que me habían dado una bofetada con la mano abierta. Que el director de la película me reprendiera delante de otras personas fue humillante y denigrante. Pasé tanta vergüenza que, por un momento, pensé que me había puesto enferma.

Poco después de ese incidente recibí una llamada de Craig Baumgarten, que me había prestado su casa y que, al parecer, seguía sin quitarme ojo de encima. Había una parte de interés profesional, pues había invertido dinero en la película y quería que todo saliera bien.

—Esto es lo que vas a hacer —me dijo con tono misterioso pero autoritario—. Hay un sitio en Redondo Beach y, a menos que te estés muriendo o ya hayas muerto, vas a presentarte allí mañana a primera hora. Te estarán esperando.

No estaba muy segura de qué era exactamente ese sitio, pero me facilitó la dirección. Supe que estaba hablando en serio cuando la ayudante que acababa de contratar me dijo que tenía una cita programada a la mañana siguiente. Me

115

llevaría en su propio coche; Craig también la había llamado a ella.

Esa noche había quedado para cenar con mi amigo Tim Van Patten, a quien había conocido rodando el episodio piloto de una serie de televisión que nunca salió a la luz, y con un amigo suyo en un restaurante japonés que había en Melrose. Al principio, me controlé y medí muy bien todo lo que bebía (ni una gota de alcohol fuerte, esa era mi norma), pero al ver que Timmy y su amigo estaban tomándose una ronda de chupitos, pensé: «A la mierda».

Una copa llevó a otra y acabamos en una discoteca. Estaba bromeando con Tim sobre los efectos del alcohol frente a los efectos de la cocaína cuando, entre risas, me oí decir:

—Soy drogadicta.

Lo dije como si fuese un chiste. Pero no lo era. Jamás había pronunciado esas palabras; hasta esa noche, nunca había querido admitir que tenía una dependencia. De repente, dejé de reír y me eché a llorar.

—Hablo en serio. Soy drogadicta —repetí.

Esa era la verdad.

Supongo que mi amigo debió de llevarme a casa, pues terminé tirada en el suelo del cuarto de baño. Allí fue donde me encontró Zezé, borracha y retorciéndome como una histérica.

—Hay un demonio dentro de mí, ¡tengo que sacarlo! —gritaba.

Zezé consiguió calmarme y meterme en la cama, aunque seguro que estaba muerta de miedo.

Lo primero en lo que pensé cuando me desperté al día siguiente fue en la cita que Craig me había pedido en ese sitio. Sin pensármelo dos veces, fui directa al cajón donde guardaba la cocaína, y eso fue lo que desayuné. Mi ayudante me recogió y me llevó hasta Redondo Beach. La dirección era la de un hospital. Recuerdo como si fuese ayer subir por ese ascensor y caminar por un pasillo larguísimo hasta llegar frente a un cartel: CENTRO DE REHABILITACIÓN DE ALCOHÓLICOS.

Mi primera reacción fue:

—No. Eso es para mi madre. Yo soy drogadicta.

Sin embargo, Craig me había dicho que, a menos que estuviera muriéndome, tenía que desintoxicarme. Y mi máximo deseo en ese momento era proteger mi carrera profesional.

En 1984 todavía no había muchos centros de rehabilitación. La clínica Betty Ford, en cierto sentido el prototipo de la industria, había abierto sus puertas tan solo dos años antes. La mayoría de la gente con quien me cruzaba en el hospital de Redondo Beach llevaba toda su vida emborrachándose a diario y su lista de historias de terror era interminable. Yo no tenía el mismo recorrido, pues era una chica de veintiún años que había estado arrastrando problemas con el alcohol durante tres años y que llevaba un par consumiendo cocaína. Con esto no quiero decir que mi dependencia fuese menos importante o grave. Cuando la directora de admisiones me contó que el programa duraba treinta días, me quedé aterrorizada. ¡Treinta días! Eso era imposible.

—Empezamos a grabar una película dentro de dos semanas —le dije.

—¿Qué es más importante, la película o tu vida? —me preguntó.

—¡La película! —respondí, y hablaba en serio.

—Si no estás viva, olvídate de tu película —replicó—. Debería ingresarte ahora mismo.

Estaba que me subía por las paredes. Le dije que necesitaba ir al baño. Cerré con llave y hurgué en todos mis bolsillos en busca de algo de cocaína para meterme un último chute. Cuando volví al despacho de esa mujer, respiré hondo y dije:

—No puedo permitirme el lujo de no grabar esta película. Es todo lo que tengo.

Se quedó mirándome fijamente durante un minuto y, al fin, dijo:

—Déjame que haga un par de llamadas. Pero al menos quédate esta noche.

El personal de la clínica dio por sentado que iba a quedarme ingresada el periodo establecido para rehabilitarme, pues tenía una maleta allí esperándome. Estaba llena de todo lo que podía necesitar para mudarme al centro y sobrevivir un mes. Supuse que mi ayudante se había encargado de todo eso. El protocolo era, sin lugar a dudas, muy inteligente, porque no podías contestar con un «No puedo empezar hoy mismo porque necesito esto y lo otro»: todo lo que pudieras necesitar, ellos te lo proporcionaban. En pocas palabras, no tuve escapatoria.

Al día siguiente me llamaron del despacho de admisiones; allí me encontré a Joel Schumacher y a los dos productores de la película. Ni se me había pasado por la cabeza que estaban detrás de todo eso. ¿Qué les importaba que formara parte del elenco o no? Para empezar, todavía era una desconocida en la industria cinematográfica, una aspirante a actriz que, hasta el momento, solo había rodado tres películas. Pero es que además éramos siete personajes principales, ¿qué más daba uno más o uno menos? Sin embargo, todo apuntaba a que se habían reunido para discutir la situación porque el plan que me presentaron se había negociado y acordado con antelación. Empezaría a rodar la película tras pasar dos semanas completamente sobria, siempre y cuando cumpliera con la lista de requisitos que suelen exigirte después del mes ingresada. Una vez que recibiera el alta, me asignarían un terapeuta que estaría pegado a mí como una lapa durante el resto del rodaje.

Todavía hoy creo que mi ingreso en la clínica fue una especie de intervención divina. Si hubiera tenido que rechazar mi papel en la película y seguir el programa al pie de la letra por mí misma, dudo que lo hubiera logrado. No me valoraba lo suficiente como para hacer algo así. Pero con la película en juego y con el gran apoyo que me estaban brindando hombres de la talla de Craig Baumgarten y Joel Schumacher, a quienes no quería decepcionar, tenía algo más importante por lo que luchar. Y esa batalla, la gané.

Hice todo lo que me pidieron. Taché todos y cada uno de los requisitos que aparecían en esa lista. Puse todo de mi parte. Me dejé la piel. Iba a terapia de grupo y a terapia individual, asistía a todas las reuniones de Alcohólicos Anónimos y acepté los doce pasos en mi vida. Incluso hubo una sesión de terapia familiar, a la que no faltaron ni mi madre ni mi hermano. Me desahogué con Ginny y le solté todo el daño que me había hecho, pero incluso en ese entorno era incapaz de preocuparse por mí. Así pues, hice lo que se esperaba de mí porque deseaba salir de allí. Tuve que pedirle perdón por todos los problemas que mi adicción podía haberle causado. Cuando menos, fue curioso.

Quince días más tarde, salí por la puerta de la clínica escoltada por mi terapeuta, una mujer maravillosa y cariñosa, y fui directa a los ensayos. Cumplió con las condiciones de mi alta y no se separó de mí en ningún momento mientras grabábamos en distintas localizaciones de Washington y en el campus de la Universidad de Maryland, que luego aparecería como Georgetown. Era una mujer encantadora, una presencia maternal de la que no disfrutaba desde el tiempo que pasé en casa de mi abuela, en Roswell. Una vez más pude disfrutar de esa sensación tan magnífica y reconfortante de estar con alguien que velaba y se preocupaba por mí. A favor de Schumacher debo decir que siempre me trató con una profesionalidad increíble, cosa que me ayudó una barbaridad. Tanto Craig como Joel fueron realmente generosos.

En aquella época, todo eso era un tema tabú; nadie quería admitir que iba a rehabilitación, y mucho menos anunciarlo a bombo y platillo. Así pues, hice todo lo posible para pasar desapercibida durante el rodaje. Además de los actores principales, conocí a otros jóvenes actores, tanto en el set de rodaje como en las fiestas que se celebraron después de terminar la película; habían compartido pantalla con otros miembros del elenco, como Molly Ringwald, Matt Dillon, Sean Penn y su hermano Chris. La prensa nos bautizó como los *Brat Pack*, pandilla de mimados, un apodo que odiaba con todas mis fuerzas porque daba a entender que éramos un grupo de jóvenes delincuentes, unos hijos de papá que se pasaban la vida de fiesta. Nunca había sido una niña consentida y, en ese momento, apenas salía de fiesta.

Me había costado muchísimo admitir que tenía un problema y que quería solucionarlo, pero lo cierto es que, una vez que di el paso, mantenerme sobria fue pan comido. La negociación había acabado: no quería volver a vivir ese momento de despertarme y tratar de recordar lo que había pasado la noche anterior. No quería pasar por ese bochorno nunca más. Lo que deseaba era estar presente y en plenas facultades, no nublada por el alcohol o acelerada por la cocaína, así que me dediqué en cuerpo y alma a mi recuperación. Siempre me había interesado el mundo de la espiritualidad, pero la religión institucionalizada nunca me había inspirado. En cuanto me di cuenta de que los principios de Alcohólicos Anónimos se centraban en confiar en Dios «tal y como le entendemos», supe que había encontrado un punto de conexión.

Alcohólicos Anónimos también me ayudó a comprender un poco más a mis padres. El programa tenía varias frases recurrentes. Una que me llamó especialmente la atención fue la de «hacer un geográfico», pues era la descripción perfecta de lo que solían hacer mis padres: meter toda su vida en una maleta y mudarse a otro lugar, en vez de enfrentarse y lidiar con sus problemas. En el fondo, creían que así los dejarían atrás, pero, en realidad, los llevaban allá donde fuesen. «Si haces lo que siempre has hecho, conseguirás lo que siempre has conseguido» fue otra de las frases de Alcohólicos Anónimos que me recordó a mis padres: resumía bastante bien su vida y sus decepciones encadenadas.

St. Elmo, punto de encuentro recibió críticas aceptables. El *New York Times* escribió «una película como tantas otras que se han estrenado este año, perfecta para meterla en una cápsula del tiempo y que demuestra lo que los espectadores más jóvenes quieren ver». No le fue mal en taquilla. Además, me sirvió como trampolín. Fue el empujón que mi carrera profesional necesitaba. Fue un punto de inflexión: *St. Elmo, punto de encuentro* me cambió la vida. De no haber entrado en ese programa de rehabilitación para poder rodar la película, tal vez no estaría viva. Y aunque en ese momento no pensé «Por el amor de Dios, ¡estoy subiendo como la espuma!», sí que me di cuenta de que algo había cambiado.

121

10

*E*milio y yo empezamos una relación de pareja seria y estable justo después de que me dieran el alta de la clínica de rehabilitación. Estuvimos saliendo seis meses, nos comprometimos y me mudé a su piso en Malibú. Era un tipo tierno y muy atento. Con la perspectiva del tiempo, creo que uno de los principales motivos que me empujó a instalarme en su casa tan rápido fue que me moría de ganas de tener una familia, y él mantenía una relación muy estrecha con la suya. Todos vivían bastante cerca; de hecho, cuando conocí a Emilio, todavía estaba viviendo en su casa familiar junto a su madre, Janet (una artista), su padre, Martin Sheen (cuyo nombre real era Ramón Estévez), su hermana pequeña, Renée, y sus hermanos, Ramón Estévez y Charlie Sheen, que había adoptado el nombre artístico de su padre. Todos los miembros de la familia Sheen/Estévez eran actores, salvo Janet. Para mí, la interpretación siempre había sido un trabajo, pero ellos lo consideraban como un arte. No perdía detalle de lo que decían e intentaba absorber algo de su seriedad y de su pasión.

Martin había recuperado su fe en el catolicismo después de sufrir un infarto a los treinta y seis años; también había superado su adicción al alcohol. Era toda una inspiración para mí. Janet era una mujer sensata y muy práctica, además del pilar de la familia. Sentía gran admiración y cariño por Charlie, ya que me parecía un chico brillante, avispado y ocurrente; al mismo tiempo, era un artista con gran sensibilidad. Recuerdo el día que me leyó algunos de sus poemas; la intensidad de los sentimientos que había plasmado en palabras me dejó boquiabierta. Esa era una faceta de Charlie que mucha gente quizá no veía, o que tal vez todavía no ha visto: un hombre amable, frágil y emocional, muy distinto del personaje engreído, arrogante y combativo que siempre ha mostrado en la vida pública. Fijaos en su interpretación en *Platoon*: eso no salió de la nada.

Emilio y yo solíamos pasar por la casa familiar a cenar o de visita los fines de semana. Nunca me sentí parte del clan, pero estoy convencida de que era más bien cosa mía que suya. (He visto a su madre en más de una ocasión y, al charlar con ella, me he dado cuenta de que tenía una perspectiva totalmente distinta de lo que yo creía.) Por supuesto, asumí que no era lo bastante buena para ellos, pues no había recibido una buena educación, no era una chica lista y perspicaz, y tampoco era muy sofisticada. Hasta ese momento, nunca había conocido a gente con tantos principios, sobre todo Martin. Había sido activista político desde su juventud, lo habían arrestado por su actitud pacífica en manifestaciones antinucleares, por haber apoyado a César Chávez, etcétera. Me fascinaba su pasado, pero casi nunca participaba de las discusiones políticas de la familia porque tenía la sensación de que me quedaba mucho que aprender y que apenas podía contribuir en algo.

Emilio y toda su familia fueron, en muchos sentidos, una buena influencia para mí. Él odiaba el tabaco, así que dejé de fumar. Por desgracia, como le ocurre a mucha gente que deja de fumar, empecé a ganar peso, lo cual se convirtió en un grave problema en 1985, cuando me dieron un papel en la película *Un verano loco*, en la que aparecía en traje de baño la mayor parte del tiempo. Grabamos en la playa de Massachusetts, en Cabo Cod y en Nantucket. Las localizaciones eran de ensueño, y el guion de la comedia, muy absurdo y divertido. El elenco de actores no podía ser mejor: John Cusack, Curtis Armstrong y el legendario William Hickey. Yo era la única actriz, por lo que a veces me sentía un poco sola y aislada. Fue así hasta que conocí a una trabajadora social maravillosa y muy poco convencional que habían contratado para trabajar con los niños que aparecían en la película. Se llamaba Patsy Rugg y acabó convirtiéndose en una de las personas más importantes y cruciales de mi vida.

Empezamos a charlar y, cuando salió el tema de que llevaba varias semanas sobria, ella me dijo que había dejado de beber hacía décadas y se ofreció a ser mi madrina. Su generosidad y sus buenos consejos me ayudaron muchísimo y marcaron un antes y un después en mi vida. De repente, tenía un sistema de apoyo fiable y responsable, alguien en quien podía confiar. Patsy no tenía hijos, pero se portó como una madre conmigo. Empecé a tener problemas graves con la comida. Durante el rodaje de *Un verano loco*, ni siquiera me atrevía a mirarme en el espejo, porque odiaba lo que veía y me preocupaba cómo se reflejaría eso en la pantalla. También estaba asustada porque creía que a ningún director le gustaría mi figura y que jamás volvería a tener un papel en una película.

El tema de mi físico me inquietaba muchísimo: no podía dejar de darle vueltas. En ese momento, mi agente, Paula Wagner, de CAA, me comunicó que me habían convocado a una prueba de *casting* para una comedia romántica titulada

125

¿Te acuerdas de anoche? Todavía estábamos en pleno rodaje de *Un verano loco* cuando hice la prueba para el papel de Debbie, la protagonista, aún tenía el pelo recogido en trenzas playeras y tuve que explicarle al director, Ed Zwick, que ese no era mi peinado habitual. Todavía no había elegido a la protagonista, pero Ed me dijo que encajaba muy bien en el personaje de Debbie, así que la reunión fue de maravilla. Estaba nerviosa, pero también emocionada ante la idea: iba a ser mi primer papel protagonista en una película importante. El proceso de *casting* avanzaba a paso de tortuga y la espera se me hizo eterna. Estaba ansiosa, sobre todo después de enterarme de que había contratado a mi viejo amigo Rob Lowe. Lo más lógico habría sido que me hubieran convocado para otra prueba. Pasó todo un mes y, por fin, Ed Zwick llamó por teléfono. Cuando fui a verle a su despacho en Los Ángeles, mi peor pesadilla se hizo realidad. Se sentó y me dijo:

—Eres la persona perfecta para este papel, en serio, pero vas a tener que prometerme que adelgazarás unos kilos.

Recordaré ese momento hasta el último de mis días. Sentí una mezcla de vergüenza y humillación, un vacío en el estómago y pánico en estado puro. Y ahí empezó mi proceso de intentar dominar y controlar mi cuerpo, y de medir mi valía según mi peso, mi talla y mi aspecto físico.

En honor de Ed debo decir que en ese momento no daba el perfil de actriz principal esbelta y sensual. No soy muy alta y tengo una constitución delicada; había ganado peso y, aunque no fuese mucho, saltaba a la vista. De haber tenido una autoestima más alta, las cosas habrían sido muy distintas. Seguramente le habría contestado algo como:

—¿Pues sabes qué? Tienes razón: he engordado unos kilillos, pero los puedo perder.

Y, de cara a la galería, por supuesto, eso fue lo que hice. —Yo también me he dado cuenta —le dije—. Haré lo que tenga que hacer; no quiero echar a perder esta oportunidad.

Y era verdad. Sabía muy bien lo que implicaba tener un papel protagonista en una película de tales características y tenía la corazonada de que iba a ser un éxito en taquilla. Pero no abordé el problema de una forma sana y racional, sino que caí en una espiral de terror y desprecio por mí misma.

Estaba sobria y no quería volver a caer en el alcohol, así que volqué todos mis miedos y ansiedades en la comida. Si me subía a una báscula, corría el riesgo de arruinarme el día entero. Todavía conservo muchos diarios personales de ese periodo de mi vida; las páginas de esas libretas están llenas del dolor y la tortura a los que sometía mi cuerpo. Me despertaba en mitad de la noche, me daba unos atracones de comida y, por la mañana, me levantaba cubierta de migajas. Incluso llegué a poner un candado en la nevera.

En cierto sentido, la comida se convirtió en un arma que podía usar para librar una guerra contra mi cuerpo, contra mi mayor enemigo. Utilizaba la comida como una manera de castigarme por todo lo horripilante y sucio que veía en mí: volcaba todos y cada uno de mis sentimientos negativos en ella, toda mi vergüenza, y después la engullía como si no hubiera un mañana. Con las drogas o el alcohol o el tabaco, todo se resume en un sí o en un no: o lo tomas, o no; o consumes, o no consumes. Fin de la historia. No estoy diciendo que dejar una de esas adicciones sea pan comido, pero, según mi experiencia, tras duras negociaciones con uno mismo, cuando tomas la decisión, ya no hay vuelta atrás. Un no suele ser un no definitivo. Luego te tocará enfrentarte y lidiar con las

127

consecuencias que puedan surgir, claro está. En mi caso, en cuanto caí en la cuenta de que salir de fiesta no iba a solucionar ninguno de los problemas, cambié mi estilo de vida y no volví a pisar una discoteca. Pero con la comida no puedes hacer lo mismo. Tienes que comer. Recuerdo que alguien dijo: «Es como tener un león que debes sacar a pasear tres veces al día».

Me pasé muchos años tratando de averiguar cómo planear y organizar mis comidas. Tampoco me ayudó el hecho de que, por culpa de mi enfermedad renal, había sufrido daños en los intestinos y mi metabolismo se había visto afectado porque había tomado altas dosis de esteroides de pequeña. Me salvaron la vida, pero también me destrozaron el sistema digestivo. Sin embargo, el problema no era solo fisiológico: entonces no lo sabía, pero jamás había aprendido a digerir las cosas emocionalmente. Nadie me había a enseñado a masticar, metabolizar y asimilar una decepción o un rechazo.

En *Un verano loco* exhibí mi cuerpo en un traje de baño, pero *¿Te acuerdas de anoche?* subió todavía más las apuestas. Estaba basada en la obra de teatro *Perversiones sexuales en Chicago*, de David Mamet. Para la época, fue una película muy atrevida: mi personaje, Debbie, y el personaje de Rob, Danny, se conocen en un bar de solteros y tienen un rollo de una noche. A la mañana siguiente, Debbie desaparece sin despedirse. Cabe recordar que esto fue mucho antes de que se estrenara *Sexo en Nueva York*. La idea de que una mujer quisiera acostarse con un hombre para después esfumarse de su apartamento, en lugar de tratar de empezar una relación romántica y estable con él, era muy radical. Había muchísimas escenas de sexo, lo que se traducía en que debía pasar muchas horas desnuda delante de una sala llena de hombres: operadores de cámara, productores, los chicos de sonido y, por supuesto, el director que me había advertido de que estaba demasiado gorda para esa película.

¿Te acuerdas de anoche? fue gran un éxito. Muchos años después, cuando salió la película en DVD, Rob y Ed rememoraron algunas anécdotas del rodaje. Rob aseguró que nunca olvidaría el día en que estuvimos a punto de morir de hipotermia mientras grabábamos una escena al aire libre, en pleno invierno y con un frío helador. Según sus propias palabras, jamás había vuelto a sentir aquel dolor en las piernas mientras cargaba conmigo. En cuanto a mí, tan solo recuerdo la agonía que sentía cada día al tener que mostrar mi cuerpo al mundo.

Por suerte, los actores se portaron de maravilla conmigo y me apoyaron en todo. Nos llevamos muy bien. Nunca había trabajado con Jim Belushi o con Elizabeth Perkins, que hacía su debut como actriz en esa película, pero el ambiente del set de rodaje era inmejorable. Rob y yo éramos viejos amigos, pero también estaba muy unido a Emilio porque habían crecido juntos en Malibú, por lo que establecimos ciertos límites en las escenas de sexo para que fuese mucho más fácil y cómodo grabarlas. Pero estaba tan insegura de mi propio cuerpo que en ocasiones me quedaba paralizada.

¿Te acuerdas de anoche? se estrenó el 2 de julio de 1986 y recaudó más de treinta y ocho millones de dólares. Recibió buenas críticas, igual que yo. Roger Ebert escribió en el *Chicago Sun-Times*: «La interpretación de Moore es impresionante. Su personaje no tiene ninguna nota romántica, y clava el papel de una forma impecable». No se publicó ninguna crítica que mencionara mi horrible

129

cuerpo, lo que debería haber servido para darme cuenta de que aquello estaba solo en mi cabeza.

Después fui a Nueva York a hacer una obra de teatro, *The Early Girl*, en Broadway. Fue la primera y la última. El papel me exigía correr por el escenario totalmente desnuda, noche tras noche, frente al público. La obra iba sobre unas prostitutas que trabajaban en un burdel de Nevada. Era evidente que había algo en mí que estaba atrayendo esa clase de papeles. Podría haber rechazado la oferta, pero en el fondo sabía que necesitaba salir de mi zona de confort. Si pretendía superar mis miedos físicos, no me iba a quedar más remedio que enfrentarme a ellos de frente.

The Early Girl se representaba en el Circle Rep y mis agentes me encontraron un apartamento en uno de los primeros edificios de Trump en la Quinta Avenida. Organicé una fiesta allí para celebrar mi vigesimotercer cumpleaños e incluso me atreví a invitar a Andy Warhol, a quien había conocido una noche en el Indochine, un restaurante vietnamita. Años más tarde, me quedé de piedra al leer en *Diarios*, su biografía, que no solo había ido al teatro a ver la obra, sino que además creyó «haber convencido a Demi Moore a invitarme a su boda».

De hecho, Emilio y yo acabábamos de enviar por correo las invitaciones de nuestra boda cuando, de repente, una amiga me confesó que lo había visto paseando por Los Ángeles del brazo de otra mujer. Él lo negó, desde luego, pero la verdad era que me costaba mucho confiar en él; unos meses antes, habíamos decidido darnos un tiempo, dos semanas que él aprovechó para acostarse con una «exnovia», aunque no lo reconoció de inmediato. En principio, me mintió. Después se vio obligado a contarme la verdad porque ella se había quedado embarazada. La compañía de teatro me daba un día a la semana libre y empecé a ir a Boston para visitar a una terapeuta que me había recomendado mi madrina, Patsy.

Recuerdo que, después de unas sesiones, me dijo:

—En general, prefiero que mis pacientes se den cuenta de las cosas por sí mismos, sin presiones. Pero no tenemos tiempo, así que no me queda otra que advertírtelo: si te casas con ese hombre tal y como está ahora vuestra relación, vas a arruinarte la vida.

Le propuse a Emilio que asistiera a una sesión porque estaba empeñada en que me comunicara sus prioridades a la cara. Al principio, se resistió un poco, pero al final se armó de valor y me acompañó. Sé que no lo vais a creer, pero cuando reveló sus prioridades, yo estaba al final de la lista. Decidí posponer la boda indefinidamente.

Cuando la obra terminó, regresé a California, pero poco después Emilio tuvo que marcharse a Canadá para rodar una película, *Procedimiento ilegal*, junto con Richard Dreyfuss. Recuerdo que siempre que intentaba charlar un rato con él y lo llamaba por teléfono, casi nunca contestaba las llamadas. Empecé a sospechar; intuía que, además de estar ocupado con el rodaje, había algo más. Tampoco quería que cogiera un avión hasta allí para poder hablar en persona. Fue entonces cuando pensé: «¿Sabes qué? Voy a dejar de llamarlo a él y voy a llamar a un agente inmobiliario».

Encontré una adorable casita en la playa, construida en los años cincuenta, al final de una calle sin salida en Malibú. Y después le dije a Emilio que me marchaba de casa. Se presentó rápidamente y con un tatuaje de un corazón roto; se arrodilló para suplicarme que volviera con él. Creo que era

131

uno de esos hombres, o al menos durante su juventud, que te encontraba mucho más interesante y atractiva después de perderte. Pero ya era demasiado tarde: cuando me harto, me harto. Aun así, seguimos siendo amigos. De hecho, acompañé a Emilio al estreno de *Procedimiento ilegal*, a pesar de que hacía meses que habíamos roto. Esa noche resultó ser trascendental en mi vida, pues en ese estreno conocí a un actor que, por aquellos tiempos, estaba en la cresta de la ola. Era el protagonista de una serie de éxito titulada *Luz de luna*. Se llamaba Bruce Willis.

11

«*N*o te quita el ojo de encima. Se ha quedado fascinado.» Eso fue lo que Emilio dijo de ese tipo petulante, misterioso y atractivo que me habían presentado como Bruce Willis. A decir verdad, la primera impresión que tuve de Bruce no fue muy buena, pues me pareció que mostraba una actitud algo desdeñosa.

Por casualidades de la vida, apareció en el estreno al mismo tiempo que yo, acompañado de un amigo mío, el cómico Rick Ducommun. Él fue quien nos presentó. A Bruce ya lo habían nominado a un Emmy por *Luz de luna* en dos ocasiones (ganó el premio el mes siguiente). No obstante, yo no solía ver mucho la televisión: nunca había visto un episodio de la serie. Lo único que sabía de él era que había protagonizado uno de esos anuncios de enfriadores de botellas de Seagrams Golden. (¿Os acordáis? Tocaba unas notas con la armónica, como si fuese una canción de blues, y después aullaba «*It's wet and it's dry! My, my, my*»). Los dos teníamos contratos firmados con TriStar Pictures, así que le dije:

—He oído que tienes el mejor despacho de TriStar.

A lo que él me contestó con algo parecido a:

—Nunca estoy allí.

«Es un capullo»: eso fue lo que pensé tras nuestra primera conversación.

Sin embargo, cuando coincidí otra vez con él en la fiesta que se celebró después en *El Coyote*, Bruce se mostró mucho más simpático e interesado en mí.

—Hola, ¿te puedo invitar a una copa? —me preguntó en cuanto entré en la sala. Le dije que no bebía—. Entonces déjame que te invite a una Perrier —contestó Bruce, que había trabajado como camarero en Nueva York antes de convertirse en una estrella de la televisión.

Estaba detrás de la barra, agitando la coctelera y lanzando cubitos de hielo al aire, un espectáculo que en 1987 era la bomba, aunque ahora parezca lamentable. Emilio tenía toda la razón: Bruce me miraba todo el rato desde el otro lado de la barra. Se mostró tan atento a lo largo de la noche que cuando después me enteré de que esa noche tenía una cita con otra mujer no podía creérmelo.

Se hizo bastante tarde y la gente empezó a marcharse, pues no quería perderse el monólogo que Rick Ducommun iba a hacer en el Improv.

—¡Tienes que venir! ¿Cómo no vas a venir? —me imploraban Bruce y Rick.

Saltaba a la vista que a Emilio no le hacía ni una pizca de gracia toda la atención que estaba recibiendo esa noche; de hecho, ojalá me hubiera hecho menos gracia a mí. Sin embargo, la discoteca quedaba de vuelta a casa, así que no vi nada de malo en hacer una paradita. Cuando llegué ahí, me encontré con todos los amigos de Bruce sentados alrededor de una mesa enorme. Bruce había dispuesto una mesa para dos justo a su lado; ahí me esperaba una Perrier. Al verme, se puso de pie de un brinco y deslizó mi silla hacia atrás para que me sentara.

Nunca me habían tratado con esa caballerosidad. Bruce era todo un galán y, aunque de una forma un tanto descarada y escandalosa, un señor de los pies a la cabeza. Cuando le dije que ya era tarde y que debía volver a casa, se ofreció a acompañarme hasta el coche. Estaba impaciente, casi ansioso, como un niño que no quiere que se le escape el camión de los helados. Cuando me pidió mi número de teléfono, sentí las típicas mariposas en el estómago de una quinceañera.

—¿Tienes un bolígrafo?

Buscó en los bolsillos, pero no encontró nada con qué escribir.

—¡No te vayas! —suplicó, y se marchó a toda prisa en busca de un bolígrafo.

Se anotó mi número de teléfono en el brazo, algo que le vi hacer un millón de veces después; Bruce se apuntaba todo tipo de cosas en el brazo. Pero esa fue la primera vez que le vi hacerlo. Me di cuenta de que le temblaba el pulso. Parecía tan vulnerable; el hombre fanfarrón y bravucón que había conocido horas antes se había esfumado.

Me monté en el coche y rememoré todo lo ocurrido esa noche. «¿Qué ha pasado? ¿Quién es este tío?», me preguntaba. Intenté reunir toda la información que sabía sobre él. (No olvidemos que por aquel entonces no había teléfonos móviles, por lo que no podía empezar a llamar a la gente y hurgar en su pasado.) Aunque resulte difícil creerlo, era la primera vez que un hombre me pedía una cita. Había conocido a Freddy porque habíamos coincidido en un concierto, y a Emilio porque habíamos coincidido en un rodaje; las relaciones amorosas que había tenido hasta el momento habían sido fruto de una cercanía y un coqueteo más que evidente. Bruce no buscaba un ligue de una noche, ni tampoco era el típico chulo que pretendía añadir una mujer más a su lista de conquistas.

Bruce era un hombre muy dinámico. Y nunca le ha costado compartir su espacio, ni tampoco invadir el de otra persona. Por poner un ejemplo, a lo largo de nuestra relación nunca me preguntó: «¿Te importa que esté aquí?». Estaba un pelín preocupada por Emilio; aunque me había invitado al estreno de la película como una «amiga», sabía que albergaba la esperanza de arreglar lo nuestro.

Quince minutos después estaba conduciendo por la autopista que recorre la costa del Pacífico, directa a mi nueva casa en Malibú, justo después de Point Dume. A mi derecha veía las montañas y las estrellas; a mi izquierda, un océano inmenso sobre el que se reflejaba la luz de la luna. El paisaje era como un remanso de paz. Pensé en Emilio. Y pensé en Bruce. Y después habría jurado oír mi nombre resonando en el aire. No, no era mi padre que había resucitado de entre los muertos, sino una limusina larguísima que avanzaba por el carril derecho. Bruce Willis y sus amigos asomaron la cabeza por el techo corredizo del vehículo, mientras hacían aspavientos y gritaban:

—¡Hola, Demi!

Esto fue mucho antes de que se pusieran de moda los todoterrenos de color negro y con cristales tintados que, hoy en día, llevan a los personajes famosos a todos los eventos. Siempre que Bruce salía de fiesta, alquilaba una limusina para él y sus amigos. Me parecía increíble que detrás de la ventanilla de mi coche estuviera el mismo hombre en quien estaba pensando. Fue como si el universo me estuviese diciendo que le prestara atención, que iba a merecer la pena.

Bruce se quitó la gorra de béisbol y empezó a agitarla en cuanto nuestras miradas se entrecruzaron; supongo que se había olvidado de que tenía un porro guardado detrás de cada oreja porque, de repente, se le escapó y echó a volar.

Me llamó por teléfono a primera hora de la mañana. Me preguntó qué iba a hacer ese día y le expliqué que iba al condado de Orange a visitar a George y a DeAnna.

—Iré contigo —contestó.

Debo reconocer que no esperaba esa respuesta. No estaba del todo segura de que fuese una buena idea, porque Mary, la hermana de mi padre, también iba a pasar de visita y sabía que tenía un carácter muy peculiar.

—La chiflada de mi tía también va a estar allí, y la casa es muy pequeña —dije—. ¿Estás seguro?

Él estaba seguro, y yo, impresionada. Ese hombre estaba dispuesto a pasarse dos horas montado en un coche para conocer a mi familia, un puñado de excéntricos. No parecía molestarle tener que salir de su zona de confort, y lo iba a hacer solo por mí. Me pareció todo un detalle, la verdad.

Su casa, que estaba en primera línea mar, quedaba de camino, así que acordamos que lo recogería. Sus amigos, los mismos de la noche anterior, seguían apoltronados en su sofá. Después me confesó que se movían por Los Ángeles como si fuesen un *pack*; se iban de fiesta juntos, mataban las horas libres juntos y conocían a chicas juntos. Eran como la versión de los ochenta de *El séquito*, solo que ellos siempre estaban de buen humor y eran muy simpáticos y divertidos. Se llamaban «la Nueva Pandilla de Ratas» (en referencia al «Rat Pack», el nombre con el que se conoció a un grupo de actores y músicos norteamericanos de Las Vegas, que reunió a estrellas como Humphrey Bogart). Ese día conocí a John Goodman y a Woody Harrelson, que en

137

ese momento actuaba en *Cheers*. Entonces no lo sabía, pero iban a convertirse en grandes amigos.

Bruce se despidió de su panda de amigos y se montó en mi coche. Fue un viaje entretenido. No es difícil sentirse cómoda cuando alguien te dedica tantos cuidados y atenciones. Creo que Bruce vio en mí una especie de ángel salvador cuando nos conocimos en el estreno de la película, aunque todavía no entiendo por qué; quizá fuese porque estaba sobria y no parecía la típica juerguista. Escuchaba cada palabra que decía. Cuando llegamos al condado de Orange y conoció a mi tía, a la que le faltaba un tornillo, ni siquiera pestañeó.

—¡Somos de *Nueeeeeeeeeeevo* México! —Eso fue lo primero que salió de la boca de mi tía.

Bruce le siguió el rollo, como si nada. George y DeAnna quedaron encantados con Bruce; estaba cortado por el mismo patrón que el resto de los hombres de la familia: carismático, travieso y con un brillo pícaro en la mirada. El clásico tipo encantador que encandila a las mujeres con su gran sentido del humor, igual que mi padre y que mi abuelo (mucho más de lo que creía en ese momento).

Al día siguiente, me llevó al centro a ver una obra de Shakespeare en la que actuaba John Goodman (si no me falla la memoria, la mayoría de la Nueva Pandilla de Ratas nos acompañó en esa cita). Y, desde prácticamente ese momento, Bruce y yo no volvimos a separarnos. Me hacía sentir como una princesa; él vivía a lo grande, y yo no tardé en hacer lo mismo. Bruce provenía de una familia pobre, y ahora que había logrado llegar a lo más alto, quería lo mejor de lo mejor, y en cantidad. Si íbamos a un restaurante, pedía tres primeros platos porque podía permitírselo, aunque solo le diera un bocado a cada uno. Le encantaba apostar. Disfrutaba del dinero porque, con él, podía eliminar cualquier

obstáculo. Años más tarde, cuando uno de los bebés se puso
a llorar a las tres de la madrugada, se acercó a mí y me
susurró al oído:

—Te doy mil dólares si le cambias tú el pañal.

Como Bruce había trabajado en Café Centro, un bar en
el corazón de Manhattan que se puso muy de moda, conocía los restaurantes y discotecas más *top* de la ciudad; le
encantaba poder mostrarme un mundo lleno de beneficios
que me era totalmente desconocido. Poco después de conocernos, me llevó en un avión privado para poder asistir a un
concierto de su grupo, que tocaba en un festival de música;
fue la primera vez que volé en un *jet* privado. «Cualquier
chica podría acostumbrarse a esto», pensé para mis adentros.

Unas semanas después, me llevó a Londres. Fue un torbellino de emociones, pues no había pisado suelo europeo
antes. Tampoco había sufrido los efectos del *jetlag*. Cuando
salimos a cenar la primera noche, tenía la sensación de que
me había arrollado un camión. No entendía qué me estaba
pasando. Además, en Londres, los *paparazzi* jugaban en otra
liga. Para empezar, les permitían entrar en el aeropuerto.
Ya nos estaban esperando cuando aterrizamos, y no nos los
quitamos de encima en todo el tiempo que estuvimos en
Inglaterra. Jamás había vivido algo parecido. Nos hostigaban
y nos acosaban como verdaderos depredadores; recuerdo a un
fotógrafo que atropelló literalmente a Bruce mientras lo perseguía en plena calle. Él le quitaba hierro al asunto, pero yo
habría preferido quedarme encerrada en el hotel. No estaba
nada preparada para afrontar ese asedio constante. Cuando
uno ya se lo espera, todo es más fácil, pero no tenía ni idea
de que iban a someternos a ese seguimiento día y noche. Estaba aturdida y conmocionada. Para ser sincera, cuando nos
montamos en el avión para volver a casa, me sentí aliviada.

Fue un pequeño adelanto de lo que estaba por venir. Un día, poco después de nuestro viaje a Londres, estábamos en la playa pasando la jornada con los amigos de Bruce y decidí coger su moto acuática para dar una vuelta. Alguien con un teleobjetivo me tomó varias fotografías en bañador, y en todas salía gorda. Ocuparon las portadas de todas las revistas del corazón, lo cual sirvió para confirmar mis peores miedos y para avivar las llamas de mi trastorno alimenticio. La publicación de esas fotografías me hundió en la miseria, pero Bruce insistía en que era una mujer hermosa, me mirase por donde me mirase: envolvió mi miedo y mi ansiedad en un manto de amor.

Nuestros traumas personales no tardaron en aparecer. Bruce había tenido una infancia muy difícil. De niño era tartamudo, cosa que le fue de maravilla para meterse en el mundo de la interpretación. Por alguna razón, los críos que tartamudean suelen superar ese trastorno del lenguaje cuando se suben a un escenario y recitan versos. Tanto Bruce como yo habíamos crecido actuando, interpretando un papel para poder sobrevivir.

Él era el mayor de cuatro hermanos y el hijo de una madre inmigrante que se había partido la espalda trabajando y a quien su marido apenas había valorado. Se divorciaron y, años más tarde, el padre empezó a ablandarse, como suelen hacer los hombres cuando envejecen. (Ya sabéis a qué clase de hombres me estoy refiriendo: unos capullos arrogantes de jóvenes que se convierten en ancianos tiernos y adorables; en comparación, siempre es la madre la que parece una mujer amargada y desagradable, pero él es quien hizo que fuese así.)

Me imagino que, a menos que lo conozcas tan bien como yo, debe de ser difícil ver a ese niño herido bajo esa apariencia traviesa y simpática de Bruce. Pero creedme: está ahí. Y yo me di cuenta de inmediato. No nos anduvimos por las ramas y enseguida nos confesamos nuestros anhelos más profundos; llevábamos poco tiempo juntos, pero eso no nos impidió hablar de temas bastante serios, como las ganas que teníamos de tener hijos y de formar nuestra propia familia. Nuestra visión del futuro era bastante parecida. Creo que los dos necesitábamos llenar un vacío, porque teníamos la sensación de que nos faltaba algo, algo muy importante.

Bruce se había tomado un descanso de *Luz de luna* y yo acababa de rodar *La séptima profecía*. Teníamos tiempo libre y, por fin, podíamos pasarlo juntos hasta que él empezara su próximo proyecto, una película que le tenía totalmente fascinado: *La jungla de cristal*. La película causó mucho revuelo, en gran parte porque se publicó que Bruce, que era el protagonista, iba a cobrar cinco millones de dólares. Fui a verle al rodaje, que resultó ser peligroso y aterrador. Estuvo a punto de morir tras saltar de un garaje de cinco plantas; aterrizó en esa especie de *airbag* gigante por los pelos, después de que saliera volando por los aires por culpa de una explosión que aparecía en el guion original. (Él se lo tomó a broma. Yo no.)

Cuando por fin le dieron un fin de semana libre, me llevó a Las Vegas en otro *jet* privado para ver una pelea en directo. Le encantaba el boxeo. Chávez contra Rosario. Fue espantoso. El entrenador de Rosario tuvo que parar la pelea. No me importa ver una combate de boxeo, pero no me gustan los baños de sangre. Y justo cuando estábamos a punto de llegar a las mesas de apuestas, Bruce dijo:

—Creo que deberíamos casarnos.

Habíamos estado bromeando sobre el tema durante el combate, pero, de repente, parecía estar hablando en serio.

141

—Creo que deberíamos casarnos —repitió. Me dejó sin palabras. Él, en cambio, no podía dejar de hablar—. ¡Vamos, hagámoslo! ¡Sí, hagámoslo!

Respiré hondo y dije:

—Está bien, hagámoslo.

Me quedé embarazada en la noche de bodas, el 21 de noviembre de 1987, en el Golden Nugget. (Sí: Las Vegas. Embarazada. Puedes sacar a la chica de Roswell, pero, por lo visto, no puedes sacar a Roswell de la chica.)

Decidimos organizar una boda por todo lo alto un mes más tarde; el evento se convirtió en una producción casi cinematográfica. Ese fue el regalo de TriStar; no tenían un pelo de tontos y no iban a dejar pasar esa oportunidad de oro. El potencial publicitario de nuestra boda era incalculable. Bruce estaba a punto de dejar atrás esa imagen de rompecorazones televisivo para convertirse en una estrella de cine internacional. Por otra parte, también tenían grandes expectativas puestas en mí, sobre todo después de que *¿Qué pasó anoche?* se convirtiera en todo un éxito. Nuestra segunda boda podría resumirse en derroche y despilfarro. Se celebró en los estudios de sonido de la Warner Bros y alquilaron una escalinata de la serie *Designing Women* para que pudiera entrar por todo lo alto en la «capilla», donde habían dispuesto los asientos como si fuesen los bancos de una iglesia. Little Richard fue el encargado de oficiar la ceremonia. («*Dahmii*, ¿aceptas a este hombre como tu legítimo esposo, ya viva en un casoplón en lo alto de una montaña o en un apartamento minúsculo?») Annie Leibovitz fue la fotógrafa. Las damas de honor vistieron de negro y entraron junto con los padrinos cantando *Bruno's Getting Married*, escrita y compuesta para la ocasión por un buen amigo de Bruce, Robert Kraft. Después de la ceremonia, nos trasladamos a un segundo estudio de sonido para el banquete; habían decorado aquella inmensa sala con palmeras, al más puro estilo de Copacabana. Debería haber sido un sueño hecho realidad, uno de los días más felices de toda mi vida. Pero lo cierto es que fue abrumador.

Los padres de Bruce asistieron a la boda. Era la primera vez que estaban en la misma habitación desde que se habían divorciado. Tampoco faltaron a la cita George y DeAnna, por supuesto, y mi abuela, que voló desde Nuevo México con su noviete del momento, Harold. Cuando le conté que había empezado a salir con Bruce, se preocupó muchísimo porque había leído en las revistas que era un mujeriego aficionado a las fiestas. Y, para bien o para mal, mi madre también vino. Ginny montó una escena, como siempre. Se iba a quedar varios días en la ciudad, así que le ofrecí mi casa. Era nuestra (segunda) noche de bodas y estábamos en casa de Bruce cuando, de repente, a las dos de la madrugada sonó el teléfono. Era la policía. Llamaban para informar de un altercado. Para ser sincera, no recuerdo muy bien los detalles; ocurrieron tantos incidentes parecidos a ese que mi memoria ya no es capaz de diferenciarlos. Por lo visto, Ginny estaba como una cuba y se había enzarzado en una discusión con mis vecinos; supongo que las cosas debieron de ponerse feas y bastante dramáticas como para que la policía se viera obligada a intervenir. Me enfadé muchísimo con ella porque no había sido capaz de mantener la compostura.

Bruce enseguida se dio cuenta de que mi madre iba a ser una fuente de problemas. Sabía que, en todo lo referente a Ginny, lo mejor que podíamos hacer era establecer ciertos límites. Al cabo de pocos meses, iba a necesitar un referente, un ejemplo que seguir para ser buena madre. Nunca perdí la esperanza de que algún día Ginny se convirtiera en la

143

madre que nunca había tenido, pero, en ese momento, resultaba evidente que no podía contar con ella.

Rumer Glenn Willis nació puntual como un reloj, el mismo día que los médicos habían calculado, es decir, el 16 de agosto de 1988. Nació en Paducah, Kentucky, donde Bruce estaba rodando una película titulada *Cenizas de guerra*. Deseaba tener un parto totalmente distinto al que había tenido mi madre: no quería perderme ninguna sensación y deseaba estar presente y consciente durante cada minuto del proceso, aunque eso implicara un dolor insoportable. Tuve que cambiar de médico en el último momento y encontrar uno que valorara y respetara mi decisión.

—Lo mismo les pasa a mis vacas —me aseguró—. Nunca han necesitado una episiotomía.

Rumer pasó su primera media hora de vida a solas con Bruce y conmigo, en una cama de hospital. Ambos nos enamoramos perdidamente de nuestra hija. Después me levanté, me di una ducha y nos marchamos de la clínica.

Se llama así en honor de la autora británica Rumer Godden; me topé con su nombre en una librería, mientras hurgaba entre las estanterías en busca del nombre perfecto para mi primera hija. Me encantaba estar embarazada. La experiencia fue maravillosa, desde el principio hasta el final. Supongo que también ayudó que Bruce se pasara todo el día, durante nueve meses, dedicándome todo tipo de halagos y diciéndome lo guapa que estaba. Ser madre no me suponía ningún trabajo, sino que me salía de forma natural e innata. Es una de las pocas cosas que se me daba de maravilla, y me siento orgullosa de ello. Criar y educar a Rumer, tener alguien a quien querer, alguien que me necesitaba y me quería de forma incondicional tal y como era, sin caretas ni disfraces, fue mágico. Tardé más de dos años en dejar a Rumer sola una noche, pues seguía dándole el pecho. El nacimiento de mi primera hija incluso pareció cambiar mi desastrosa relación con mi madre; Ginny vino a conocerla después del parto y se quedó en casa una semana entera. Fue una semana fabulosa de la que guardo un gran recuerdo. Fue como si hubiese enterrado todos los problemas que le impedían llevar una vida normal y se entregara en cuerpo y alma a esa experiencia. Se preocupaba muchísimo por mi hija y le hacía fotos cada dos por tres. En resumidas cuentas, hacía todo lo que una abuela normal habría hecho. Cuando se marchó, sentí que nuestra relación de madre e hija se había fortalecido. A veces me pregunto si debería haberle pedido que se mudara con nosotros y asumiera el papel de abuela a tiempo completo, porque tal vez así su vida hubiese tomado un rumbo distinto, habría tenido un objetivo que alcanzar y cumplir, y se habría sentido más segura y satisfecha. Tal vez fuera eso lo que estaba pidiéndome a gritos.

Yo tenía veinticinco años y, sin lugar a dudas, era mucho más madura y sensata que mi madre a sus dieciocho, cuando me había tenido. Pero, aun así, era joven. Había vivido grandes cosas en muy poco tiempo. Un día estaba planeando una boda y al siguiente ya estaba mirando ropita de bebé. Bruce y yo nos habíamos convertido en la pareja del momento; la vida nos había bendecido con una hija hermosa y sana, y teníamos mucho más dinero de lo que jamás habríamos imaginado.

Sé que parece que tenía la vida perfecta. Pero no tardé en darme en cuenta de que, si cargas en la espalda con una mochila llena de vergüenza y traumas sin resolver, no hay dinero, éxito o fama que pueda aliviarte ese peso.

12

Poco después de conocernos, Bruce había comprado una propiedad en el valle Wood River, en un pueblecito llamado Hailey. Se había roto la clavícula esquiando, en Sun Valley, que estaba muy cerca. Mientras se recuperaba del accidente, se enamoró de aquel cielo inmenso, de la paz que transmitía el paisaje y de la indiferencia que mostraban los locales hacia cualquier cosa relacionada con Hollywood. Fue amor a primera vista y, a decir verdad, a mí también me enamoró. Reformamos la casa original, de la que solo mantuvimos intacta la puerta principal. Desde ese momento, siempre que puedo me escapo a Idaho, sobre todo si estoy con mis hijas. Se convirtió en mi oasis. Allí me sentía «como en casa», y todavía sigue siendo así. Hay algo en ese lugar, envuelto entre montañas, donde el aire es limpio y fresco y donde no se oye ningún tipo de ruido, excepto la corriente del río Big Wood, que me relaja, me tranquiliza y me transmite serenidad. Tan solo habían pasado doce días del parto, por lo que Rumer era una recién nacida, pero aun así la llevamos a Hailey. Pasó las primeras semanas y meses de su vida allí: fue una época maravillosa. Sin embargo, cuatro meses después de la visita de mi madre, recibí una llamada de la policía: Ginny había sufrido una sobredosis de pastillas y

habían tenido que ingresarla en el hospital. Se recuperó
y le dieron el alta enseguida, pero unos meses más tarde,
recibí otra llamada: la habían detenido por conducir bajo
los efectos del alcohol. Estaba desatada y había perdido el
control, así que la ingresé en un centro de desintoxicación.

Lo primero que hizo cuando salió del centro fue llamar
a la prensa sensacionalista y vender su recuperación..., y
nuestra turbulenta relación. Me enfadé muchísimo. Tenéis
que entenderme, odiaba todas esas revistas del corazón.
Sé que a primera vista puede parecer exagerado. Que te per-
sigan un puñado de *paparazzi* no es para tanto, pensaréis.
De hecho, antes de que la prensa amarilla entrara a formar
parte de mi vida, si una actriz me hubiera contado el horror,
el pánico y la rabia que sentía cada vez que salía a la calle y
se topaba con reporteros que solo querían hacerle una fotografía, yo también me habría encogido de hombros y habría
dicho: «¿Qué más da?». Pero intentad poneros en mi lugar:
¿sabéis esa maravillosa sensación de tener una hora solo para
ti, sin las exigencias de un hijo o de un cliente, sin el sonido
del teléfono martilleándote el oído, y salir por la puerta de
tu casa, o de tu coche, y perderte por las callejuelas de una
ciudad o dar un paseo sin rumbo fijo, solo por el placer de
pasear? Pues bien, cuando la prensa amarilla te acosa, eso
nunca pasa. Tener a un puñado de *paparazzi* esperando a
abalanzarse sobre ti como si fuesen perros salvajes (irracio-
nales, amenazadores y con el único objetivo de conseguir
una instantánea tuya) puede resultar agresivo e invasivo a
un nivel casi existencial.

Esa es la explicación, un poco larga, lo sé, de por qué le
pedí a Ginny que no volviera a hacerlo. Intenté explicarle
que compartir detalles (y falsedades) sobre mi infancia con
esa clase de prensa, cuyo negocio se basa en la mentira y

el sensacionalismo, había sido una traición y un abuso de confianza por su parte. Ginny lo comprendió a la primera, pero luego se dedicó a vender fotografías mías.

Es evidente que no había entendido mi postura. Todavía conservo una copia de una de las cartas que me envió su «agente», en la que me informaba que estaba tratando de vender los derechos de varias fotografías mías a revistas de Italia, Australia, Alemania, España, Gran Bretaña y Francia. «¡La madre de Demi Moore por fin ha abierto el álbum de fotos familiar para destapar los secretos de su hija!», decía en la carta. Había incluido dieciocho fotografías jamás publicadas, entre ellas una de mi boda con Freddy y que, según la carta, «había intentado ocultar». También había una fotografía del día que me casé con Bruce, otra de Bruce y yo chapoteando en una bañera de hidromasaje, y otra de cuando era niña, tumbada en la cama de un hospital, cuyo pie de foto decía «el día que estuvo a punto de morir». Ginny y su agente exigían diez mil dólares a cada país a cambio de las fotografías.

Logré convencerla de que no incluyera una fotografía de Rumer ni tampoco la de Bruce en el *jacuzzi*, pero no de que no vendiera el resto. Me sentó como una patada en el estómago. Lo que mi madre hacía por dinero estaba alimentando algo que yo había intentado alejar de nuestras vidas, para lo cual había invertido mucho tiempo y esfuerzo.

Hoy en día, cada vez que tengo que ir a un sitio, medito bien por dónde entrar o por dónde salir, para así poder esquivar a los *paparazzi*. Pues bien, cuando Rumer y sus hermanas eran pequeñas, toda esa antelación y esa cautela la multiplicaba por cien. Quería proteger a mis hijas de ese mundo horrible de asedio e invasión; fue una de los motivos principales por el que acabamos criando a nuestras hijas en

149

Idaho, y no en California. Y creo que fue una de las mejores decisiones que Bruce y yo tomamos.

Ginny se negaba a reconocer que lo que había hecho era una traición en toda regla; sabía muy bien que la prensa rosa no era santo de mi devoción, sobre todo después de que hubieran publicado un sinfín de mentiras sobre mí.

Lo sé: lo más sorprendente de todo es que no lo hubiera visto venir (otra vez). A los niños se les inculca que deben confiar ciegamente en sus padres. Es curioso todo lo que tiene que pasar para que uno se dé cuenta de que estaba equivocado.

Había decidido que, después del embarazo, recuperaría mi figura y tendría mejor aspecto que nunca. Lo vi como una oportunidad de apretar el botón de «reiniciar». En tan solo tres meses, había perdido todo el peso ganado durante el embarazo, y cuatro kilos más. Justo entonces me invitaron a participar en el programa *Saturday Night Live*, pero los guionistas basaron todo mi monólogo inicial alrededor de la idea: «He tenido un bebé hace tan solo doce semanas, ¡y mírame!». No me sentía muy cómoda con la idea, pero en aquel momento no tenía la seguridad y confianza en mí misma como para decirlo en voz alta. Los guionistas me decían: «Confía en nosotros, ¡funcionará!». Y podría haber funcionado si hubiera creído en cada una de las palabras que iba a decir. Por mucho que le diese vueltas a la idea, no tenía ni la más mínima idea de cómo decir «¿No estoy genial?» de una manera cómica y divertida. Interpretar ese monólogo fue una tortura. Me aterrorizaba plantarme delante de un público en directo y soltarles un monólogo humorístico. Además, para ser sincera, tenía miedo de que, al final, se rieran de mí… y no de mis chistes. Toda esa negatividad y ese pesimismo me arrebataron la experiencia y me impidieron disfrutar de la compañía de los maravillosos artistas que participaron esa temporada, como Dana Carvey, Jon Lovitz, Phil Hartman, Nora Dunn y Al Franken. *Saturday Night Live* es un programa muy rápido; recuerdo que, al terminar, cuando nos despedíamos del público y les dábamos las buenas noches, pensaba: «Ya ha acabado, ¡por fin puedo volver a ser yo!».

Poco después de *Saturday Night Live*, me ofrecieron un papel en una película junto con Robert De Niro y Sean Pean. Se llamaba *Nunca fuimos ángeles*, una comedia. El director sería Neil Jordan, un irlandés por el que sentía gran admiración gracias a películas como *Mona Lisa* y *El hotel de los fantasmas*. La idea de compartir pantalla con actores de esa talla me parecía fascinante. «Si me consideran lo bastante buena como para trabajar con gente de este calibre, quizás es que no lo hago tan mal», pensé para mis adentros.

Fue un punto de inflexión, una señal que me estaba mandando el destino para que confiara más en mi faceta como actriz. Sin embargo, la reacción de Bruce a la oportunidad que se me había presentado no fue la que había imaginado. Recuerdo que estábamos en la habitación, cambiándole el pañal a Rumer, cuando le expliqué el maravilloso proyecto que me habían ofrecido y lo entusiasmada que estaba por rodar una película en Canadá junto con Robert De Niro, nada más y nada menos. La expresión de Bruce era de indiferencia absoluta.

—Esto nunca funcionará.

Estaba confundida, desconcertada.

—¿Qué quieres decir con que nunca funcionará? —pregunté, porque la verdad es que no entendí a qué se refería.

—Esto nunca va a funcionar si estás fuera de casa, rodando una película —añadió.

Se refería a nuestra vida, a nuestra familia. Creía que las cosas entre nosotros no irían bien si estaba pendiente de algo externo a nosotros. Me quedé atónita. Ambos sabíamos a qué nos dedicábamos antes de formar una familia, no era ningún secreto. Bruce sabía perfectamente lo que implicaba mi trabajo como actriz y asumí que no supondría un problema para él. Sin embargo, durante los pocos meses que estuvimos saliendo antes de casarnos, solo había hecho algún trabajo ocasional en prensa y otros medios de comunicación, en lugar de pasarme jornadas enteras fuera de casa rodando una película. Hasta el momento, mi trabajo no me había exigido separarme de él. En ese momento, mientras cambiaba el pañal, sentí que, por primera vez, nuestras prioridades ya no eran las mismas. Y empecé a asustarme.

152

—Bueno, pues haremos que funcione —contesté, dispuesta a encontrar una solución al problema.

Le aseguré que habían estructurado el horario de rodaje de manera que pudiera llevarme a Rumer, y le prometí que volvería a casa siempre que pudiese, para pasar tiempo con él. Me sentía tan nerviosa que no quería mantener una conversación real, adulta y madura con Bruce sobre nuestras ideas y aspiraciones en relación con el trabajo, los roles de género y la crianza y educación de nuestros hijos. No quería abordar esos temas tan importantes, a pesar de que era más que evidente que necesitábamos discutirlos para que el matrimonio no fracasara. Así pues, en lugar de hacer eso, opté por el «¿Cómo puedo arreglar esto?», y empecé a hacer malabarismos para adaptarme al horario laboral de Bruce y para satisfacer sus expectativas.

Mi abuela Marie y mi abuelo Bill King.

Danny de niño; fijaos en el ojo vago.

Mi madre, Ginny, de adolescente.

Mi padre, Danny Guynes, arriba a la izquierda, con sus ocho hermanos.

Danny en la foto del anuario del instituto.

Ginny y Danny en un baile del instituto.

Ginny en la foto del anuario del instituto.

La boda de Ginny y Charlie Harmon, en 1962.

La boda de Ginny y Danny pocos meses después, en febrero de 1963.

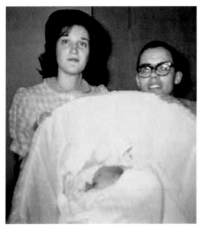

Cuatro generaciones de mujeres: mi bisabuela Metealf, Ginny (acunándome) y mi abuela Marie.

Ginny, Danny y yo, después de que naciera; eran un par de adolescentes.

Danny, la abuela Marie y yo. No tengo palabras para describir lo importante que fue mi abuela materna para mí y la estabilidad que me proporcionó.

Yo, con un año de edad.

Esta preciosa foto me la
tomó mi padre cuando
tenía tres años. A la
derecha, vestida de
cowboy.

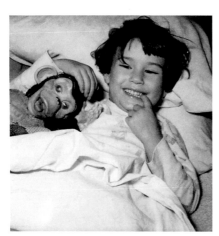

Con mi querido monito.
Es mi animal favorito.

Con Danny, justo antes de que
me dieran el alta del hospital y
pudiera pasar la Navidad en casa.

Recién salida del hospital. Le estoy dando el biberón a mi hermanito.

Mi primer par de gafas.

Con Ginny, Morgan, Danny y la tía Betty.

Hora del baño con Morgan.

Mi primera actuación en público, disfrazada de hormiga y bailando «Sugar, Sugar», de The Archies.

Compañeros de habitación: mi segunda infección de riñón, a los once años, que coincidió con la operación de hernia de Morgan.

Con mi madre en Navidad, su época favorita.

La mascota crece: de animadora en Roswell, 1975.

Con papá, Morgan y mis primos un año antes del divorcio de mis padres.

Con Freddy en 1980, un año antes de casarnos.

Mi primer «retrato» después de la operación ocular.

Mi tío George me llevó hasta el altar. Me casé cuatro meses después del suicidio de Danny. Tenía dieciocho años.

En Brasil durante el rodaje de *Lío en Río*, mi primera película comercial, en 1982.

Con DeAnna en el banquete. Mis tíos fueron mi salvavidas, y lo siguen siendo.

Tiempos felices junto a Emilio. Posponer nuestra boda fue una de las decisiones más difíciles que he tomado.

Con Patsy Rugg en 1996. Patsy fue mucho más que una madrina, fue como una madre.

Con Morgan, celebrando mi vigesimotercer cumpleaños en Nueva York, donde me estrenaba en el mundo del teatro con *The Early Girl*, en Broadway.

Lo mío con Bruce fue un flechazo: nos conocimos, nos
casamos y me quedé embarazada en menos de cuatro meses.

Nuestra «segunda» foto de boda, tomada por la maravillosa Annie
Leibovitz en diciembre de 1987 (ya nos habíamos casado en Las Vegas
el 21 de noviembre).

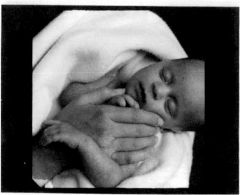

Una de las grandes
ventajas de trabajar
con Annie es que
conservamos fotografías
de la evolución de la
familia a lo largo de los
años.

Una década llena de trabajo y diversión, desde *Ghost* hasta *La teniente O'Neil*. Hunter Reinking (en la imagen del centro, a la derecha) entró en mi vida justo cuando nació Tallulah y no se ha bajado de esta montaña rusa desde entonces, y ya han pasado más de veinticinco años.

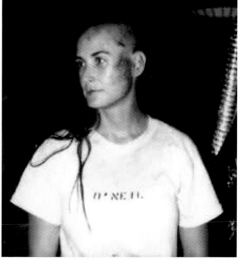

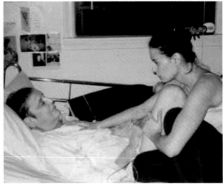

No me cansaré
de agradecerle
a la vida haber
podido cuidar de
mi madre en los
últimos meses de
su existencia.

El amor y la conexión que compartía con Ashton eran mágicos: a pesar de que nuestras pérdidas fuesen difíciles de superar, los buenos momentos que pasamos juntos eran inolvidables. (La fotografía de arriba a la izquierda la tomó Mario Testino.)

El verdadero hogar está donde esté tu corazón, ya sea en la cima de una montaña con Ariel Levy y Sherie Slater o entre esa tropa tan dispar y desigual en Navidad, Jacqui, Gia, Linda, Masha, Patrick, Rumi Lou, Eric, Greta, Sarah Jane y Sheri-O. Y, como siempre, mis tres monitos.

Rumer tenía cinco meses cuando empezó el rodaje de *Nunca fuimos ángeles*. Cada fin de semana tomaba un avión y volvíamos a casa. Creo que Bruce vino a vernos una vez. Fue una época complicada. Me sentía insegura en el trabajo y no tenía el apoyo de alguien que, al llegar a casa, me dijera: «Vamos, tú puedes con esto». Tenía que darme ánimos a mí misma.

Trabajar al lado de Sean Penn y Robert de Niro fue inspirador, pero el ambiente que se respiraba en el *set* de rodaje era bastante tenso, pues Sean y el director chocaban constantemente. La película no fue un éxito comercial. Pero, gracias a Dios, el siguiente proyecto que me propusieron lo iba a compensar.

El guion de *Ghost* era distinto a todo lo que había leído hasta entonces. Por un lado, el amor que se profesaban los dos protagonistas, que era tan profundo y romántico que incluso trascendía a la muerte. Por otro, un homicidio y la investigación para averiguar el motivo real del asesino. Y, para terminar, una trama secundaria muy divertida en la que aparecía una vidente que tenía la mala costumbre de estafar a sus clientes. En realidad, eran tres películas en una: una romántica, un *thriller* y una comedia. Y con un añadido perfecto, el director Jerry Zucker. La película *¡Aterriza como puedas!* había sido un gran éxito, pero jamás se había atrevido con algo así.

Me interesaba muchísimo el aspecto espiritual de la historia, la conexión que todos tenemos con el más allá, con todo aquello que escapa de la lógica, así que por esa parte no me podía quejar. Pero sabía que, con tantos elementos en juego, iba a ser un proyecto arriesgado. Cuando leí el guion de *Ghost*, pensé: «Esto puede ser maravilloso o un desastre absoluto».

No tuve que pasar una prueba de *casting* para el papel de Molly Jensen, la protagonista de la historia, porque me habían visto actuar en otras películas y me querían sí o sí. Reconozco que me sentí halagada. Me reuní con Jerry y los productores en dos ocasiones, la primera en Los Ángeles y la segunda en Nueva York, cuando Bruce, Rumer y yo íbamos de camino a París a pasar nuestras primeras vacaciones en familia. Estaba decidida a cortarme el pelo allí, por lo que metí en el bolso una fotografía de Isabella Rossellini, en la que aparecía con ese corte masculino tan atrevido y tan *chic*, para poder mostrarle a mi peluquera parisina lo que quería. Todavía dudaba en si aceptar el papel de *Ghost* o no, así que tenía plena libertad para hacer lo que se me antojara con mi pelo. Nunca había estado en París y, por supuesto, no hablaba ni una sola palabra de francés. Pero tenía una misión: doblé la esquina del apartamento que habíamos alquilado en la Rive Gauche, entré en la primera peluquería que vi y les mostré la fotografía de Isabella con ese corte de pelo tan sofisticado. «Al fin y al cabo, esto es París, la ciudad de la moda y el buen gusto. Seguro que lo harán bien», pensé.

154

Pero me equivoqué. El corte que me dejaron no era lo que tenía en mente. Lo más curioso del asunto fue que cuando volvimos a casa, pasé a ver a un peluquero que una amiga me había recomendado: echó un vistazo a la fotografía de Isabella Rossellini y dijo:

—Yo le corté el pelo.

Y replicó esa obra de arte. Me encantó el resultado. Ese corte de pelo cumplió todas mis expectativas: me daba un aspecto totalmente distinto y me hizo sentir más valiente. Y había algo fresco e inesperado en él. Nunca me arrepentí.

Jerry Zucker se quedó de piedra (y estoy segura de que horrorizado) cuando volvimos a reunirnos después de las vacaciones y le comuniqué que había decidido hacer la película. Patrick Swayze había sido su apuesta para interpretar al otro protagonista, Sam Wheat; para su novia, había buscado a una actriz con una melena larga, oscura y sedosa. Y ahora tenía a una actriz con muy poco pelo. Sin embargo, Jerry siguió adelante con su propuesta de actores y no me obligó a llevar peluca. En mi opinión, ese corte de pelo encajaba a la perfección con el carácter del personaje.

Se suponía que Molly era una artista que llevaba una vida bohemia en Tribeca, el antiguo Tribeca de los ochenta, el barrio de artistas que vivían en *lofts*, aunque su novio, Sam, trabajaba en finanzas, igual que la mayoría de la gente que hoy en día vive en ese barrio (en eso, la visión del director resultó clarividente). Jerry tenía una idea muy clara de lo que quería. Nos llevó a Patrick y a mí a Nueva York para que pudiéramos ver en persona el *loft* que tenía pensado, porque, según él, ese diminuto apartamento era un fiel reflejo de la relación que mantenía la pareja y de su estilo. Los decoradores de Paramount recrearon ese *loft* hasta el último detalle. En mi opinión, esa siempre ha sido una de las cosas más maravillosas y fascinantes de la industria cinematográfica: que un director pueda enseñarle a los miembros de su equipo la cocina de su madre, por ejemplo, que les diga «Esto es lo que quiero» y que ellos sean capaces de crear una copia idéntica como por arte de magia. Cuando entramos en el *set* de rodaje y vimos el *loft* que habían construido, me quedé boquiabierta. Era clavadito al que Jerry había encontrado en Tribeca, desde los suelos de madera, que crujían al pisarlos, hasta los inmensos ventanales.

Molly se ganaba la vida con la cerámica, así que contrata-

155

ron a una alfarera para que me enseñara a utilizar un torno manual. Fui a su taller varias veces para aprender a moldear esas diminutas jarras y tarros que todavía conservo en casa. Las vasijas que hice son un poco chapuceras, pero son un recuerdo de aquella experiencia única en la que pude conocer a una artista que se dedicaba a lo mismo que mi personaje. Le ponía tanta pasión a cada pieza que creaba que daba la sensación de que moldear el barro no le supusiera ningún esfuerzo. Enseguida descubrí que la más mínima presión podía transformar, y también echar a perder, la pieza que estabas haciendo en el torno. Y ahí estaba yo, tratando de hacer lo mismo en una película. La famosa escena en la que Patrick y yo moldeábamos un pedazo de barro haciéndolo cada vez más alto, hasta que se derrumba sobre el torno, fue todo un desafío.

156

El otro aspecto de la película que me inquietaba era mucho más profundo. Mientras leía el guion me di cuenta del nivel emocional que requería: no había escenas de llorera histérica, sino más bien escenas emotivas intensas y silenciosas, las más difíciles. Recordé una conversación con Emilio y su familia sobre los actores cuando lloran; todos tendían a arrugar la cara o a estrujársela; eso hacía que las lágrimas parecieran un poco forzadas y falsas. No sabía si sería capaz de llorar, y no me refiero únicamente a mi faceta como actriz. No era de lágrima fácil, ni dentro ni fuera de la pantalla. De hecho, jamás lloraba. Había aprendido a reprimir el llanto y no estaba segura de que, de la noche a la mañana, pudiese desenterrar esa emoción y saber expresarla. ¿Cómo iba a derramar lágrimas por exigencias del guion si ni siquiera sabía llorar en la intimidad? Me preocupaba muchísimo que no fuese capaz de hacerlo, pero mi propia ansiedad me decía: tienes que conquistar este terreno.

Ese fue el valioso e incalculable regalo que me dio la película; me obligó a indagar en mis propias emociones, a hurgar en mi corazón y, sobre todo, a desenterrar mi dolor. Trabajaba con un profesor de interpretación llamado Harold Guskin, que me habló de la importancia de la respiración, a través de la cual controlamos nuestros sentimientos. Preparó varios ejercicios que imitaban lo que solemos hacer de forma natural cuando nos emocionamos: en pocas palabras, contenemos la respiración. El objetivo de esos ejercicios era ayudarme a comprender la emoción que la escena pretendía conseguir y conectarla con mi cuerpo, con mi ser físico. Allí, sentada frente a él, fui consciente de que tendía a contener la respiración. Una exhalación rápida, una inhalación y esperaba unos segundos a soltar el aire: llevaba muchos años haciendo eso, sobre todo cuando sentía miedo, pena o rabia. Silenciaba todas mis emociones a través de la respiración para mantenerlas encerradas en mi interior, literalmente.

Esa revelación ya resultó, en sí misma, liberadora. Fue como si me hubiera quitado una venda de los ojos. Por fin era consciente de que esas emociones estaban ahí, en mí. Gracias a *Ghost* aprendí a respirar. Eso, a su vez, me ayudó a abrir mis sentimientos y a analizarlos desde una perspectiva mucho más sana y madura. Marcó un antes y un después en mi vida, pues ahora me miraba a mí misma con otros ojos. Sufrí algún que otro bloqueo (y los sigo teniendo), pero fue uno de esos grandes momentos en los que abrí mi corazón sin tapujos. Creo que eso quedó reflejado en la película. Hace poco, mientras promocionaba *Corporate Animals* en el Festival de Sundance, un joven periodista me confesó que su escena favorita de todos los tiempos era cuando una única lágrima rodaba por mi mejilla, en *Los ángeles de Charlie: al*

límite, mientras decía «Yo nunca fui buena: yo fui la mejor».
Después mencionó *Ghost* y me preguntó:

—¿Qué se siente al ser la llorona más icónica de la historia del cine?

Debo admitir que la pregunta me hizo gracia. Resulta curioso pensar que pasé de no llorar nunca a ser famosa por mi forma de llorar.

En mi opinión, uno de los factores que más encandiló al público de *Ghost* fue el nivel de vulnerabilidad que conseguí transmitir, algo que también sentí en mi propia piel. La experiencia fue fantástica, sobre todo porque rodamos en Los Ángeles, así que el conflicto con Bruce por pasar tantos meses fuera de casa desapareció. Además, había muy buena química entre el elenco de actores y actrices y el equipo que trabajó en la película. A veces, cuando estás en un *set* de rodaje en el que tienes la sensación de que nada sale bien, te cuesta una barbaridad pasar a otra escena. Pero en *Ghost* todo fluía con naturalidad y las cosas salían rodadas, sin tener que forzarlas en lo más mínimo. Hace poco me entrevistaron para un documental sobre la vida de Patrick. Me mostraron material de archivo que jamás había salido a la luz y vídeos que se habían grabado durante los descansos. El inmenso cariño y la ternura con los que nos tratábamos saltaba a la vista. Así era Patrick.

Después de la primera proyección de la película, todo el mundo, desde mis agentes hasta los productores ejecutivos, estaba eufórico. Y yo también. Me tomaba muy en serio sus valoraciones, pues eran personas con gran experiencia en el mundillo. Si tenían la corazonada de que iba a ser un éxito, entonces yo también. Todos estábamos ansiosos por leer las críticas. Sin embargo, cuando se publicó la primera, fue una pesadilla. Al crítico no le había gustado nada *Ghost*. Nada de nada. Y eso fue un punto de inflexión para mí: ese día decidí que dejaría de leer críticas, por mi propio bien y porque, si tu bienestar depende solo del poder y las palabras bonitas, también lo hará cuando recibas rechazo y palabras groseras: siempre estarás a merced de otras personas.

La película fue un bombazo y tuvo un éxito aplastante en todas las salas de cine. Se estrenó en el verano de 1990 y recaudó más de doscientos millones de dólares. Y el impacto no fue efímero: duró varios años. Actualmente, todavía me llegan historias de gente de todo el mundo a quienes la película les afectó profundamente, sobre todo a aquellos que habían perdido a un ser querido: la historia les había dado esperanza.

Ghost también fue mi primera película «adulta». Con esto quiero decir que me incluyeron en todas y cada una de las etapas del proceso creativo, desde el diseño de producción hasta la banda sonora. Cada día, durante el almuerzo, repasábamos el metraje sin editar del día anterior, con minuciosidad y con gran profesionalidad. El ambiente de *¿Te acuerdas de anoche?* era bastante parecido, pero *Ghost* fue distinto, pues ya no era una cría, sino una mujer más madura y menos insegura. Pero también creo que había algo de magia y que el público también se dio cuenta.

Los detractores de la película quedaron en evidencia cuando *Ghost* obtuvo cinco nominaciones a los Óscar. Me alegré cuando Bruce Joel Rubin ganó el premio al mejor guion original y Whoopi se llevó su estatuilla a la mejor actriz de reparto. A mí tampoco me fue mal, ya que me nominaron a mejor actriz en los Globos de Oro, aunque Julia Roberts me lo arrebató por su papel en *Pretty Woman*, otra película que ha perdurado a lo largo del tiempo. Hoy en día, si enciendes la televisión y están emitiendo *Ghost*

159

o *Pretty Woman*, es muy posible que te parezcan películas un poco viejas y con una trama bastante estrambótica, pero estoy convencida de que no vas a cambiar de canal. Porque en esas dos películas, a pesar de tener más de treinta años, hay algo muy valioso e importante: corazón.

Mi vida profesional estaba subiendo como la espuma. Mi vida personal, en cambio, estaba de capa caída. Justo antes del segundo cumpleaños de Rumer, Bruce estaba preparándose para una película que se iba a rodar en Europa, *El gran halcón*. Todavía no había empezado el rodaje, pero estaba en boca de todo el mundo, sobre todo porque el presupuesto era altísimo. Bruce había participado en el guion, había escrito algunas de las canciones y había invertido bastante dinero en la producción de la película. Justo antes de irse, dejó caer una bomba.

—No sé si quiero estar casado.

Fue como si me hubiera dado un puñetazo en el pecho y me hubiera quedado sin aire en los pulmones.

—Pues estás casado y tienes una hija —repliqué—. ¿Qué quieres hacer?

Bruce y yo nos conocimos, nos casamos, tuvimos una hija y muchas otras cosas más en muy poco tiempo; fue como si, de repente, se hubiera despertado de un sueño y hubiera pensado: «Un momento, ¿esto es realmente lo que quiero? ¿O prefiero ser un hombre libre, sin ataduras ni compromisos?». Creo que, como buen piscis, estaba entre dos aguas; le estaba costando muchísimo resolver ese conflicto interior: por un lado, anhelaba tener una familia y echar raíces en un sitio; por otro, quería una vida llena de emoción y novedades. En resumen, quería hacer lo que le saliera de las narices, algo bastante habitual en hombres de esa edad (tenía treinta y seis años en ese momento). Y después súmale fama y dinero, y haz los cálculos.

La parte fuerte y firme de mí pensó: «Si esto no es cien por cien lo que quieres en tu vida, vete y no vuelvas. Necesito un marido al que no tenga que convencer de que este matrimonio merece la pena». Pero Bruce no quería ser de esa clase de hombres que deja tirada a su familia y que abandona a sus hijos. Aunque estaba muerta de miedo y me costaba asimilar lo que estaba ocurriendo, no dejaba de repetirle que se marchase. Seguimos juntos, aunque nos distanciamos muchísimo. Cuando hizo las maletas para rodar *El gran halcón*, nuestra relación estaba muy tocada. Fui a visitarlo en una ocasión y, francamente, tuve la impresión de que me había sido infiel. Fueron unos días tensos y raros, y pasaron cosas que no me parecieron correctas ni aceptables.

En medio de la batalla que estaba librando contra esa sensación de rechazo e incertidumbre, me ofrecieron un papel en una película llamada *Una bruja en Nueva York*. No debería haber aceptado el proyecto, pero por razones que nada tenían que ver con Bruce. Mi agente de entonces me convenció de que hiciera la película por dinero, para subir mi caché. Jamás volví a protagonizar una película solo por dinero. No era mi forma de trabajar: fue una experiencia tan desastrosa que decidí que no se repetiría. No estaba segura de que encajase en mi perfil, no me sentí cómoda durante el rodaje; además, el director no me daba buena espina. La película giraba en torno a mí, pero trabajaba con actores que tenían mucho más recorrido y experiencia que yo, actores de la talla de Jeff Daniels, Frances McDormand y Mary Steenburgen. Me sentí intimidada y, lo peor de todo, no me atreví a pedirles ayuda. En lugar de eso, di por sentado que todos me habían juzgado, que me consideraban un fraude y que los había decepcionado. Tenía que utilizar un acento sureño, y me preocupaba que sonara ridículo.

Interpretaba a una vidente que visualiza el futuro de su marido, un carnicero afincado en Nueva York; para ayudarnos a entender mejor el mundo de la adivinación y el espiritismo, los productores trajeron a una experta al set de rodaje. Lo primero que me soltó durante la sesión fue:

—Tu hija está pidiendo un hermanito.

Acertó de lleno: Rumer llevaba meses pidiéndome que tuviésemos más hijos; se moría de ganas por tener un hermanito, pero eso era bastante difícil que ocurriese. Bruce seguía rodando en Europa y estaba furioso conmigo por haber vuelto a trabajar, sin hablar de las dudas que ya tenía sobre nuestro matrimonio. Pactamos que nunca pasaríamos más de dos semanas separados y que siempre que nos viéramos estaríamos cuatro días juntos. Sin embargo, rompí ese acuerdo al aceptar la película. En general, puedo decir que me revelé contra Bruce. Me negaba a comprar la idea de «Tú eres el rey», una idea que él se empeñaba en inculcarme. Además, aquel «no sé si quiero estar casado» no me había ablandado el corazón precisamente, sino más bien todo lo contrario.

Sin embargo, cuando volvió a casa, la primera vez que mantuvimos relaciones sexuales, me quedé embarazada. Él estaba eufórico y no cabía en sí de contento. De repente, fue como si aquella conversación en las que expresó sus dudas sobre nuestro matrimonio no hubiera tenido lugar.

13

Y entonces *Vanity Fair* me ofreció ser la portada de su revista. Mi publicista y yo estábamos eufóricos y muy entusiasmados con la oferta: después del estreno de *Ghost*, había captado la atención y el interés de los medios de comunicación, pero aparecer en la portada de *Vanity Fair* era el sueño de cualquier actriz en aquellos tiempos. Annie Leibovitz y yo organizamos una sesión de fotos, pero el resultado no fue el esperado; había tenido que teñirme de rubia para *Una bruja en Nueva York*, y los editores de la revista dijeron que la mujer que aparecía en esas instantáneas no parecía yo, así que no pensaban publicarlas. Tuvimos que repetir la sesión.

Annie y yo teníamos un sinfín de compromisos, por lo que tardamos varios meses en encontrar una fecha para la sesión, lo que significa que mi embarazo había seguido adelante, igual que mi panza.

—Si voy a salir con este barrigón, quiero que las fotografías muestren una mujer embarazada que se siente atractiva y hermosa —le dije.

Me parecía ridículo y absurdo que, al menos en esa época, las embarazadas siempre se retratasen como mujeres sin atractivo sexual. La mayoría prefería disimular o incluso esconder su incipiente barriguita bajo prendas anchas y fluidas, en lugar de presumir de curvas tal y como se hace hoy en día. Sí, todos se alegraban cuando una amiga o una hermana anunciaba que se había quedado embarazada y, por supuesto, cuando nacía el bebé se celebraba una fiesta para darle la bienvenida a este mundo, pero entre una cosa y la otra no había nada, era un desierto estéril. Yo quería cambiar eso y hacer algo para realzar y embellecer el embarazo, en lugar de restarle importancia. Ese fue el tono que Annie y yo pretendíamos conseguir con esas instantáneas. De esa sesión salieron fotografías maravillosas, sensuales y provocativas. Cuidamos todos los detalles (peluquería, maquillaje, joyas) como si fuese un reportaje de moda en el que la modelo era una mujer embarazada de casi nueve meses. En una imagen llevaba un vestido de seda verde que se abría por la mitad y dejaba al descubierto mi tripa; en otra aparecía con un sujetador negro y unos tacones de aguja.

La fotografía que ocupó la portada de *Vanity Fair* en agosto de 1991, en la que aparecía muy desnuda y muy embarazada, era, en realidad, un retrato que Annie había tomado para después regalárnoslo a Bruce y a mí, a modo de recuerdo. Era una imagen sutil y conmovedora que nada tenía que ver con el *glamour* y la ostentación que creímos que la revista querría para sus páginas. Annie tomó esa fotografía al final de la sesión, cuando ya habíamos «terminado», o eso fue lo que pensamos. Esa instantánea, en la que me tapaba el pecho con un brazo y me abrazaba la barriga con el otro, se convirtió en una imagen icónica. Recuerdo decirle:

—Sería increíble que tuvieran el valor de utilizar esta para la portada.

Y, contra todo pronóstico, eso fue lo que hicieron.

Sin embargo, eso no fue lo único trascendental e inesperado que ocurrió durante mi segundo embarazo. Mi agente llamó para comunicarme que era una de las «candidatas» para un papel en *Algunos hombres buenos,* una película protagonizada por Jack Nicholson y Tom Cruise.

—Pero tendrás que hacer una prueba de *casting* —me advirtió—. ¿Estás dispuesta a eso?

Ambos sabíamos que el director, Rob Reiner, podría haberme dado el papel sin someterme a esa prueba, pues en ese punto de mi carrera ya había aparecido en muchas películas: Rob sabía cómo era en pantalla. Además, había alcanzado cierto nivel de éxito y fama. Cuando un actor ha protagonizado grandes películas, ya no se le exige que pase una prueba de *casting*. Sin embargo, nunca me había supuesto un problema ganarme un papel, ya que me ayudaba a apaciguar mi inseguridad y acallaba esa vocecita de mi cabeza que no dejaba de preguntarse: «¿Me merezco estar aquí? ¿Lo haré bien?».

Estaba embarazada de siete meses, es decir, enorme y andando como un pato, cuando acudí al estudio para leer, junto con Tom Cruise, los diálogos de la teniente coronel Joanne Galloway delante de Rob Reiner. Me sentía muy nerviosa: Rob era un director muy respetado, Aaron Sorki había escrito un guion fantástico y tenía en un pedestal a Jack Nicholson y a Tom Cruise, con quien había coincidido cuatro años antes en la prueba para un papel en *Top Gun: ídolos del aire*. La prueba de cámara fue un desastre total y absoluto; estaba demasiado nerviosa y, al final, le dieron el papel a Kelly McGillis. Estaba decidida a hacerlo mejor esta vez. Y supongo que funcionó, pues poco después me ofrecieron el papel.

Lo primero que pensé fue: «Voy a tener que ponerme en

forma muy rápido». En teoría, no había problema. El bebé nacería en agosto y los ensayos de *Algunos hombres buenos* arrancarían en septiembre. Era un poco justo, pero tendría un mes para recuperar la silueta después del parto.

Sabía que tenía que ponerme (y mantenerme) en plena forma durante el embarazo para poder bordar mi personaje, así que decidí contratar a un entrenador personal. Acabó instalándose en nuestra casa de invitados de Idaho junto con su familia; tenía un hijo de la misma edad que Rumer, y se pasaron todo el verano jugando juntos. Mi sobrino Nathan, el hijo mayor de George y DeAnna, ya había cumplido los trece y también vino a pasar el verano con nosotros, junto con Morgan, que se estaba labrando un futuro en el mundo de los efectos especiales después de haber cumplido como marine en la guerra del Golfo. Fue un mes en familia del que conservo un gran recuerdo, y eso que hacía ejercicio con mi entrenador cada día. Al principio, dábamos largos paseos, que más tarde se convirtieron en caminatas de varias horas por un terreno desigual. Después empezamos a ir en bicicleta por la montaña. Verme montada sobre una bicicleta debía de ser todo un espectáculo, pues tenía que abrir bastante las rodillas para que me cupiera la barriga.

Estábamos en un concierto solidario de Carole King la noche en que rompí aguas. Faltaba un mes para el parto. Fue una rotura parcial, pero los pies me quedaron empapados. Todo el mundo entró en pánico. El hospital estaba al lado de la sala de conciertos y el médico que estaba de guardia resultó ser tan maravilloso y amable como el que me había acompañado durante el parto de Rumer, en Kentucky. Había trabajado como voluntario en Sudamérica y en África, y había tenido que lidiar con muchísimas situaciones de emergencia como para saber que esta no era una de ellas.

—Creo que estás bien —dijo—. Puedes volver a casa.

Muy pocos médicos me habrían permitido volver a casa, por miedo a una infección, pero él mantuvo la calma y la serenidad.

—Vigila la fiebre y, sobre todo, no te des un baño.

Me puse de parto dos días después, aunque las contracciones eran intermitentes. Acudí al hospital cuando se volvieron más fuertes y seguidas. Me acompañaron todos: Bruce, mi sobrino, mi hermano, Rumer, una niñera y una amiga de Hailey. Intenté acelerar el proceso, así que me puse a pedalear como una loca en la bicicleta estática que tenían en una sala; todo mi equipo de animadores se instaló en la sala de espera. Pidieron pizza y trajeron juegos de mesa para entretenerse. El médico opinaba que no rompería aguas sin un poco de ayuda (lo mismo había ocurrido con Rumer), y en cuanto él me echó un cable, me puse de parto.

Scout LaRue Willis nació el 20 de julio de 1991, tres semanas y media antes de lo esperado. Había leído *Matar a un ruiseñor* durante mi embarazo y elegí el nombre de su valiente y joven heroína para mi segunda hija.

La revista *Vanity Fair* llegó a los kioscos poco después de que Scout naciera. Hubo muchas críticas. Ese tremendo huracán me pilló desprevenida, pero no sorprendió en absoluto a la editora de la publicación, Tina Brown, que se había anticipado a la controversia que causaría el reportaje principal del mes y había encargado una funda blanca para meter la revista. Esa funda ocultaba mi cuerpo embarazado desde el cuello hasta abajo. Tan solo se veía mi cara, junto con el titular «*More* Demi Moore» (Más Demi Moore).

Pero incluso con la funda, muchos kioscos se negaron a

vender la revista. La gente se volvió loca. Los más extremistas tacharon la publicación de pornografía asquerosa y me acusaron de ser una exhibicionista. También hubo quien vio esa portada como un avance liberador para las mujeres. Mi única intención con aquellas fotografías había sido demostrar que una mujer embarazada también puede ser hermosa y sofisticada, y que debíamos aprender a relacionar palabras como «sensual» y «madre», sobre todo teniendo en cuenta que solo a través del sexo puedes convertirte en madre. Nunca creí que estaba haciendo una declaración política, sino mostrando el embarazo tal y como yo lo había sentido y vivido, como algo precioso, natural y empoderador.

Recibí muchísimas cartas de mujeres que se describían a sí mismas como feministas y que me daban las gracias por sacar el embarazo del armario y mostrarlo como una parte espléndida y gloriosa de ser mujer. Sé que parece increíble, sobre todo ahora que no hay famosa que no muestre con gran orgullo su «barriguita de embarazada» en la portada de alguna revista, pero en ese momento fue revolucionario para muchísima gente y la reacción fue abrumadora, tanto de quienes lo criticaron como de quienes lo defendieron. Hoy en día, creo que me identifico mucho más con esa fotografía que con cualquier película que haya hecho. Es algo de lo que me siento muy orgullosa, pues realmente sirvió para cambiar ciertos prejuicios culturales, aunque esa nunca fuese mi intención. La American Society of Magazine Editors la eligió como la segunda mejor portada de los últimos cincuenta años. El primer puesto se lo llevó otra fotografía de Annie, en la que aparecía un John Lennon desnudo y acurrucado junto a una Yoko Ono vestida: la tomó cinco horas antes de que dispararan a Lennon.

En 2011, veinte años después de la famosa portada, el director de arte George Lois, encargado del diseño de aquellas portadas legendarias de la revista *Esquire* durante los sesenta (Muhammad Alí retratado como el mártir san Sebastián con varias flechas clavadas, Andy Warhol ahogándose en una lata de tomate de Campbell), publicó esto en la página web de *Vanity Fair*:

> Una buena portada de revista sorprende, incluso desconcierta, y conecta con el lector en un nanosegundo. Bastaba un fugaz vistazo a la imagen de la fotógrafa Annie Leibovitz que protagonizó la edición de agosto de 1991 de *Vanity Fair*, en la que aparecía una famosa estrella del cine rebosante de vida y presumiendo con orgullo de su cuerpo, para darse cuenta de que marcaría un antes y un después en la cultura del momento. Por supuesto, también sirvió para que un sector de la población pusiese el grito en el cielo, como críticos estreñidos, suscriptores cascarrabias y lectores remirados y escrupulosos; tanto redactores como editores sabían que todos ellos contemplarían el cuerpo de una embarazada como algo «grotesco y obsceno». Esa fotografía, en la que Demi Moore se cubría el pecho con el brazo, sirvió para conceder, con suma elegancia y sofisticación, toda la atención e importancia a ese símbolo del empoderamiento femenino. Para mí fue una imagen valiente que apareció en la portada de una gran revista, una asombrosa obra de arte que transmitía un mensaje muy potente que desafiaba a la sociedad reprimida del momento.

169

Me siento muy orgullosa de haber contribuido a que las mujeres se acepten y se quieran tal y como son. Aporté mi granito de arena y resultó muy gratificante, sobre todo para alguien como yo, que se había pasado muchísimos años en guerra contra su propio cuerpo.

Υ

Ni en mis mejores sueños habría imaginado la repercusión que tendría esa portada. Sin embargo, el artículo que acompañaba las fotografías fue una auténtica pesadilla. El retrato de la portada, el de una mujer independiente y fuerte, nada tenía que ver con la devastadora descripción que habían escrito sobre mí. Me tacharon de egoísta, egocéntrica y consentida. Varias personas, todas anónimas, aseguraron que me habían dado el papel protagonista de *Ghost* porque «me había casado bien». Además, aseguraban que «ser la señora de Bruce Willis» se me había subido a la cabeza. También había quien se quejaba del «séquito» que llevaba a todas partes y quien aseguraba que, durante el rodaje de *Una bruja en Nueva York*, había impuesto «una larga lista de exigencias». Me dejaban como si fuese una diva rodeada de aduladores, entre ellos la canguro de Rumer. ¡Pero si todavía le daba el pecho! «¡Intentad rodar una película sin ninguna ayuda y con un bebé recién nacido en brazos!», quería gritarles. Nancy Collins, la periodista encargada de escribir el artículo, también aseguraba que «había exigido» que me pusieran una experta en temas paranormales solo para mí, cuando, en realidad, fueron los productores quienes contrataron a aquella vidente para que nos ayudara a todos. Durante la entrevista le dije a Collins:

—Es mucho más interesante describirme como una zorra que como una mujer amable, aunque no sea verdad.

Por desgracia, eso fue justo lo que hizo. Y me demostró que tenía razón.

Tal vez mi reacción ante la negatividad del artículo fuese un poco exagerada. Pero me hizo mucho daño. A partir de ese momento, todas las entrevistas se basaron única y exclusivamente en eso. Ese retrato tan distorsionado de mí (que me pintaba como una diva con aires de grandeza) me persiguió durante muchísimos años. Cada vez que alguien escribía un artículo sobre mí o acerca de la última película que había protagonizado, lo primero que hacía era leer la exclusiva de *Vanity Fair* para después basar la entrevista en todas esas falsedades que se habían escrito sobre mí. Todo aquello también tuvo un impacto negativo en mi carrera, aunque fue más sutil, pues introdujo en la industria cinematográfica la idea de que era una actriz «difícil».

En realidad, el artículo fue realmente dañino en todos los sentidos, aunque también supuso un golpe de realidad y un baño de humildad. Si estaba mostrando una imagen pública opuesta y contraria a cómo me veía a mí misma y a quién quería ser, entonces tenía que cambiar algo. Por otro lado, Collins sí dio en el clavo en algo. Recuerdo que este fragmento de la entrevista me afectó más de la cuenta:

171

> Willis, que ha acusado a la prensa amarilla de intentar romper su matrimonio, entra en cólera cada vez que un periodista le pregunta sobre su relación, pues corren rumores de que no pasa por el mejor momento. Mientras la prensa sigue librando su batalla para relacionar a Willis con otras mujeres, Moore se muestra tranquila e impasible:
>
> —¿Si me pongo celosa? Por supuesto. Pero él no hace nada para provocar esos celos, por lo que, si me siento así, es que algo ocurre en mi cabecita.
>
> —¿Confía en su marido?
>
> —¿Puedo confiar en alguien? —pregunta Moore después de un largo silencio—. Esa es la pregunta. A lo largo de mi vida, muchas personas me han dicho que debo confiar en la gente, y

eso es lo que hago. Cierro los ojos y corro el riesgo. Pero, en el fondo, ¿confío en alguien plena y ciegamente? Creo que no.

Moore asegura que confía en su marido «seguramente más que en cualquier otra persona. Pero si existe alguien en quien confío, esa es mi hija».

Ginny empeoró todavía más las cosas, como solía hacer. Las revistas del corazón empezaron a publicar un sinfín de fotografías suyas desnuda. Necesitaba llamar la atención y estaba tan desesperada por conseguirlo que dejó que esas revistas de pacotilla la convencieran para que posara como Dios la trajo el mundo, imitando varias fotografías que yo había hecho para revistas, incluida la de la famosa portada de *Vanity Fair*. Fue lamentable.

—¡Te estás poniendo en evidencia! —le grité, pero fue inútil.

En su mente ilusoria y perturbada, creía que la gente que le ofrecía dinero a cambio de su intimidad eran sus amigos. Intenté explicarle por todos los medios que esos supuestos amigos estaban aprovechándose de ella, pero no quiso escucharme.

—Tú has ganado dinero posando en revistas —replicó—. Y no quieres que tu madre haga lo mismo.

Fue la gota que colmó el vaso. Sé que puede parecer extraño, sobre todo teniendo en cuenta las cosas tan horribles que había hecho durante mi infancia y mi adolescencia, pero su comportamiento respecto de la prensa amarilla me pareció imperdonable. Creo que fue porque me asusté, porque vi que esa fase de locura transitoria que estaba sufriendo mi madre podía hacer mucho daño a mis hijas. Y no estaba dispuesta a permitirlo. De haber estado sola, lo más seguro es que hubiera dejado que continuara su ciclo de traición y decepción *ad infinitum*. Pero mi familia era intocable, incluso para Ginny.

Rompí todo contacto con mi madre poco después de que Scout naciera. Parte de mi familia criticó la decisión, pero era lo más sano y sensato para mí, para mis hijas, e incluso también para Ginny. Todo el dinero que había dejado en clínicas de rehabilitación, todos los billetes de avión que le había comprado cada vez que me llamaba diciéndome que se sentía sola y desamparada… Aquello no había servido para nada. Todo lo que había hecho no la había ayudado, sino que más bien le había dado más alas para seguir arruinándome la vida. Perdí toda esperanza de que, algún día, se portara como una madre. Y decidí que no me responsabilizaría de ella nunca más. En definitiva, yo no era su madre.

No volví a dirigirle la palabra hasta ocho años después.

173

14

*E*l día después de que Scout naciera, la sujeté bien a un portabebés y salí a dar una vuelta por el barrio. Terminó siendo un paseo más largo de lo planeado; me alejé bastante de las casitas que formaban nuestro vecindario en Hailey, rodeado de árboles y ciervos canadienses. Al cabo de menos de una semana, ya había retomado mi rutina: montaba en bici, daba largas caminatas por montañas y hacía ejercicio en el gimnasio cinco veces a la semana. Crie a Scout igual que había hecho con Rumer; mi primera hija enseguida había empezado a coger peso y a crecer, pero Scout seguía tan minúscula y menuda como el primer día. Cinco semanas después del parto empecé a asustarme, pues creía que algo andaba muy mal. Fui corriendo al pediatra y mi preocupación se convirtió en pánico cuando la colocó sobre la báscula y nos dimos cuenta de que apenas había engordado desde el parto, y eso que había nacido con muy poco peso porque se había adelantado varias semanas.

El médico salió de la consulta y volvió con un biberón lleno de leche de fórmula, es decir, un sustituto artificial de la leche materna. Le metió la tetina en su diminuta boquita y Scout se bebió hasta la última gota de aquel líquido. El problema de que no cogiera peso era culpa mía. El médico no utilizó esas palabras, por supuesto, pero fue la conclusión a la que llegué cuando me explicó los motivos de aquel estancamiento: estaba haciendo tantísimo deporte que estaba creando demasiada lipasa (una enzima que reduce la grasa) en mi leche materna. Aunque amamantaba a Scout durante horas, no crecía, así que la única solución iba a ser añadir algo de leche de fórmula a su dieta. Me quedé hundida. Dar el pecho a tus hijos es una de las cosas más gratificantes y bonitas de la maternidad.

Sin embargo, ni siquiera consideré la opción de dejar de hacer deporte. Mi trabajo consistía en caber en el uniforme militar que llevaba mi personaje en *Algunos hombres buenos*. Y debía lograrlo en menos de dos meses. Ponerme en forma para esa película marcó el inicio de mi obsesión con el deporte, una obsesión que me perseguiría durante los siguientes cinco años. Nunca me atreví a aflojar lo más mínimo, ni mucho menos a dejarlo.

Regresamos a Los Ángeles, donde se iba a grabar *Algunos hombres buenos* y donde Bruce enseguida empezaría el rodaje de *La muerte os sienta tan bien*, con Goldie Hawn y Meryl Streep. Fue un golpe de buena suerte: las dos películas se iban a rodar en el mismo estudio de Culver City, que más bien terminó pareciéndose a una guardería. Meryl acababa de tener un bebé. Como yo. Rob Reiner y su esposa habían sido padres hacía nada. Y la cómica británica Tracey Ullman, que estaba rodando su programa de televisión en ese mismo plató, también acababa de ser madre. Recuerdo que paseábamos entre las caravanas y los remolques con nuestros hijos en brazos. Todavía conservo una fotografía en la que todos los miembros de lo que en broma bautizamos como «los bebés de las estrellas» estamos apoyados sobre la fachada de nuestra casa en Idaho. Casualidades de la vida,

176

tres de esos bebés, Scout, Jake Reiner y Johnny, el hijo de Tracey Ullman, coincidieron en el mismo instituto de Los Ángeles.

Cuando empezamos los ensayos de *Algunos hombres buenos*, logré enfundarme ese uniforme tan estrecho, aunque me costó Dios y ayuda. Me levantaba a primera hora de la mañana para salir a correr unos cuantos kilómetros, después iba al set de rodaje y, cuando acababa la jornada laboral, me encerraba en el gimnasio. Por otro lado, en cuanto llegaba a casa, amamantaba a Scout. Fue una auténtica tortura. Durante el embarazo tan solo había engordado unos doce kilos; ahora, gracias a esa rutina tan estricta y frenética, ya me había deshecho de todo ese peso; sin embargo, había una parte de mi cuerpo que seguía enorme, casi desproporcionada. Scout alternaba el pecho y el biberón, así que durante la mitad del día tenía las tetas llenas de leche, lo cual, por cierto, es muy doloroso. En resumidas cuentas, tenía un pecho exagerado. (Dado que casi siempre tenía un pecho mucho más grande que el otro, el equipo de vestuario tenía que añadir relleno al sujetador para que los dos parecieran iguales.)

Siempre había sentido gran admiración por Jack Nicholson, y trabajar a su lado aumentó todavía más esa fascinación. La frase más célebre de la película, que cuenta la historia de dos jóvenes marines a quienes los acusan de asesinato en un consejo de guerra, y que se convirtió en todo un clásico del cine, llegó a última hora, después de una larga jornada de rodaje. Jack, que interpretaba a un coronel de los marines, se vuelve en contra de mi compañero abogado, interpretado por Tom Cruise, y gruñe: «Tú no puedes soportar la verdad». Tuvimos que pasarnos el día en el set de rodaje mientras grababan el «lado opuesto», lo que significaba que la cámara estaba enfocando siempre a Tom en la sala donde se celebraba el juicio. Jack estuvo recitando su diálogo en voz alta, delante de todos. A veces oyes hablar de actores que guardan silencio cuando no están delante de la cámara y reservan su interpretación para los primeros planos, pero Jack no era así. Estaba sentada en el estudio y no le quitaba ojo de encima. Ese hombre era un actor entregado que daba el cien por cien de sí todo el día; por un momento, pensé que iba a quedarse afónico. Me impresionó su generosidad: estaba entregando a sus compañeros lo mismo que después regalaría a la cámara, lo cual es muy muy difícil cuando se está ante una escena crucial y emocional.

No fue tan amable y elegante unos días más tarde, cuando estuvimos esperando a que se presentara para poder grabar una escena en una localización que era una copia exacta de Guantánamo, el lugar donde ocurre parte de la historia. El sol tenía que estar a una altura en particular para conseguir la luz perfecta de la escena, pero ya había empezado a anochecer. Rob Reiner no dejaba de murmurar que todo iba a ser un desastre y nadie parecía entender por qué no podíamos sacar a Jack de su caravana, ni que fuese a la fuerza. Jack apareció en el último momento, justo antes de que el sol se pusiera. Es un fiel seguidor de los Lakers y ese día había estado pegado a la televisión, esperando a que Magic Johnson anunciara que era portador del VIH. Jack sabía que se anunciaría esa tarde, a pesar de que era un secreto.

Lo que más me fascinó de *Algunos hombres buenos* fue la originalidad que Aaron Sorkin y Rob Reiner, pues no involucraron a mi personaje y al de Tom en una relación romántica, o poco profesional. En aquella época, todo el mundo, tanto los equipos de rodaje como el público que pagaba una entrada de cine, daba por sentado que si en una película aparecía una mujer atractiva, era cuestión de tiempo que la vieras metida en la cama con el actor protagonista o, como mínimo, medio desnuda. Pero Rob y Aaron tuvieron el coraje de rebelarse contra tal convención: pensaban que esa historia iba sobre algo más, y tenían razón. Años más tarde, Aaron dijo delante de un aula atiborrada de alumnos de cine: «La idea de la película era que esos jóvenes abogados se habían metido en una camisa de once varas sin saberlo y que dos marines estaban siendo juzgados por un tribunal militar, por lo que, si Tom Cruise y Demi Moore se tomaban un descanso para darse un revolcón, creo que sus personajes se habrían percibido de otra forma y no nos hubiesen gustado tanto». Sorkin aseguró que escribió a un ejecutivo que le había presionado muchísimo para que hubiera una escena de sexo. «Nunca olvidaré la respuesta de ese ejecutivo: "Bien, pues si Tom y Demi no van a acostarse juntos, ¿por qué Demi es una mujer?". Esa respuesta me dejó sin palabras.»

Me encantaba que mi personaje no dependiera únicamente de su atractivo sexual, algo que no solía ocurrirme muy a menudo, la verdad. Me presentaron como una mujer a la que sus compañeros valoraban y respetaban porque era competente. La película recibió cuatro nominaciones a los Óscar y cinco nominaciones a los Globos de Oro.

Se me encogió el corazón al leer el guion de la siguiente película que me ofrecieron: conté el número de escenas de sexo que iba a tener que hacer. Quería aceptar el proyecto porque el argumento me pareció buenísimo: una joven pareja viaja a Las Vegas con la esperanza de ganar suficiente dinero como para pagarse la casa de sus sueños, una casa que el marido, un arquitecto, anhela construir. Pero, en lugar de eso, pierden todos sus ahorros. Sin embargo, un millonario se fija en la esposa, Diana, y les hace una oferta: les dará un millón de dólares a cambio de pasar una noche con ella. Al principio discrepan, discuten, pero acaban aceptando. Y la historia continúa, obviamente. Se tituló *Una proposición indecente* y la iba a dirigir un gran profesional. Adrian Lyne era conocido por sus películas emotivas, pero con una gran carga sexual, como *Atracción fatal*, *Flashdance* o *Alucinaciones del pasado*.

Insistió en que todos los actores pasaran la prueba de *casting*, sin excepción. De hecho, había coincidido con él en varias ocasiones porque me había presentado al *casting* de todas las películas que él había dirigido, incluida una titulada *Zorras* (era menor de edad y Jodie Foster se llevó el papel). Pero esta vez sí que estuve a la altura.

Woody Harrelson iba a interpretar el papel de mi marido. Woody era uno de los mejores amigos de Bruce; además de conocernos bastante bien, nos llevábamos de maravilla. En un primer momento, pensé que algunas escenas podrían resultar incómodas; besarle a él sería como besar a mi hermano. Pero, por otro lado, me tranquilizó saber que iba a compartir esas escenas con un amigo en quien confiaba plenamente. Y cuando Adrian contrató a Robert Redford para el papel de millonario, todas mis dudas se disiparon. Iba a ser una película única, memorable.

Hice un trato con Adrian: le daba total libertad para grabar las escenas de sexo tal y como quisiera, pero con una condición: que me permitiera revisar el metraje sin editar; si creía que alguna imagen era demasiado invasiva o gratuita o innecesaria, la borraría. Fue un acuerdo que exigía mucha confianza por ambas partes, y agradecí que estuviera dispuesto a trabajar de ese modo.

Aun así, iba a tener que exhibirme en la pantalla, y lo único en lo que podía pensar era en mi cuerpo, mi cuerpo y mi cuerpo. Decidí aumentar la intensidad de mi rutina de ejercicios diaria, que ya de por sí era desmesurada. Eliminé de mi dieta cualquier carbohidrato, salía a correr, montaba en bici y utilizaba todas las máquinas del gimnasio que habíamos instalado en la casa de Hailey. Un mes más tarde, cuando por fin empezaba a aceptarme y a sentirme cómoda con mi cuerpo, fui a ver a Adrian para hablar del vestuario. Y me presenté con el cuerpo que llevaba meses anhelando.

—Has perdido mucho peso —comentó Adrian en cuanto entré en la sala de reuniones.

Al principio me lo tomé como un cumplido. Le expliqué que no quería sentirme cohibida o insegura durante las escenas íntimas que íbamos a grabar y que, para evitarlo, había estado haciendo muchísimo deporte y dedicando casi todo el tiempo del día a mi cuerpo. Creo que no escuchó ni una sola palabra de lo que le dije. Tan solo me miraba con detenimiento y con una expresión de asombro y desconcierto en su rostro.

—¡No quiero que parezcas un tío, joder! —soltó al final.

Salí de su despacho confundida. Mi agente me llamó por la noche para darme una mala noticia. Y entonces sí que se me cayó el alma a los pies.

—Adrian va a despedirte…, a menos que ganes unos cuatro o cinco kilos.

Tuvimos una segunda reunión, aunque esta vez también asistieron mi agente y el director del estudio.

—No tienes ni idea de lo que me estás pidiendo —traté de explicarle—. Es como decirle a un heroinómano: «Venga, métete un chute».

Intenté hacerle entrar en razón, que comprendiera mi

181

problema, que se diera cuenta de lo importante que era sentirse cómoda y segura durante las escenas de alto contenido sexual; si quería que estuviera desnuda delante de la cámara, tenía que verme delgada y esbelta. Aunque de mala gana y a regañadientes, Adrian dio su brazo a torcer. Para ser justos, era su película y quería que la protagonista fuese sensual y a la vez tierna, pero para mí el cuerpo ideal era el de una bailarina de ballet, delicado y esbelto. Por un lado, era mi cuerpo. Pero, por otro, era su película. Después de eso, hubo un poco de tensión y hostilidad entre nosotros; no quería dejarle ganar, pero sabía que había plantado una semilla y que era cuestión de tiempo que mi necesidad de complacer chocara con mi deseo de permanecer delgada. En la primera escena que grabamos para *Una proposición indecente* tenía que rodar sobre una cama cubierta de dinero en ropa interior.

Conocía a Glenn Close y ya me había advertido de que Adrian era un director un poco raro y excéntrico, sobre todo cuando se trataba de escenas de amor: me contó que se había puesto a gritar obscenidades como un energúmeno mientras se tiraba a Michael Douglas en todos los rincones de su apartamento, en *Atracción fatal*. Glenn no había exagerado en lo más mínimo. Adrian es un *voyeur* de manual, y seguramente por eso todas sus películas son tan interesantes y potentes. Pero en el set de rodaje parece un auténtico chiflado: no cerró el pico ni un solo segundo mientras rodamos las escenas de alto contenido sexual.

—¡Joder, esto es una obscenidad, pero de las buenas! Por el amor de Dios, ¡me he empalmado! —gritaba—. ¡Vamos, tócale la polla!

Al principio me resultaba muy desagradable, casi repugnante. El director, un tipo con pelo largo y aspecto de *roc-*

kero británico, nos observaba empapado en sudor y parecía alterado. Y, para colmo, no dejaba de gritar que estaba empalmado. Sin embargo, en cuanto me acostumbré, empecé a ver las ventajas: tener a Adrian chillando guarrerías como un desalmado era más incómodo que desnudarme frente a una cámara. Además, me ponía por las nubes. En cuanto aprendí a no tomarme sus arrebatos como algo personal, resultó bastante divertido oírle desgañitarse desde el otro lado del estudio mientras Woody y yo fingíamos lujuria y pasión.

Y el hecho es que cuando vi con mis propios ojos lo que Adrian había editado, pensé que era hermoso. No tuve que recurrir al pacto que habíamos acordado, pues no había ninguna imagen que me incomodara, o que me pareciese lasciva o excesiva. Sus películas son eróticas, pero no son sórdidas.

El rodaje de la película fue durísimo. El horario era una locura: empezábamos a grabar a las cuatro de la mañana y acabábamos a las cuatro de la tarde. Me despertaba a la una y media de la madrugada para empezar a entrenar a las dos. Salía a correr o montaba en bici o iba al gimnasio del Mirage. Acababa justo a tiempo para meterme en la ducha y pasar por peluquería y maquillaje. Por la noche me dedicaba a cuidar de mis dos pequeñas, que me había llevado a Las Vegas, junto con su niñera y mi entrenador personal. Al día siguiente sonaba el despertador a la una y media y vuelta a empezar.

Ese ritmo vertiginoso y estresante tuvo secuelas, por supuesto. En mitad del rodaje empecé a sentirme débil y febril, como si tuviera la gripe. Adrian se empeñó en darme un día libre por enfermedad, pero me negué en rotundo; no quería que la gente empezara a comentar que la producción de la película se había tenido que suspender por mi culpa;

183

seguía con la paranoia de que el mundillo del cine me viera como una actriz «difícil». A pesar de mis objeciones, Adrian llamó a un médico para que viniera y me hiciera una revisión. Resultó que no tenía gripe, sino neumonía. Esta vez no tuve opción, y Adrian tampoco. Tuvo que darme un día libre por baja médica, algo que los actores nunca queremos que figure en nuestro currículum.

Un equipo médico enseguida acudió al estudio y me suministró antibióticos intravenosos. Mejoré de inmediato, pero la verdad es que me asusté bastante, así que aflojé un poco con el deporte, aunque no lo suficiente para Adrian. Cada vez que me veía con deportivas o montada en una bicicleta, me miraba con desaprobación, casi con asco. Y por mucho que intentaba ignorar esa mirada, empezó a afectarme. Cuando terminamos el rodaje de la película, Adrian había conseguido meterse en mi cabeza, hasta el punto de que había cogido esos kilos de más que tanto me había exigido al principio. No me sentía cómoda con ese aumento de peso. Saltaba a la vista, al menos para mí, en las últimas escenas que grabamos: llevaba ese vestido color crema y se intuía una «tripita». Recuerdo que Adrian se acercó a mí mientras visualizábamos la cinta porque él también se había dado cuenta.

—No vuelvas a decir una sola palabra sobre mi cuerpo —le dije.

Adrian me ponía de los nervios, y yo a él. Aun así, debo reconocer que tenía un don. En cámara aparecía hermosa, resplandeciente. Todo el elenco de actores brillábamos en *Una proposición indecente,* como si tuviésemos luz propia. El director de fotografía se encargaba de la iluminación, pero Adrian siempre aportaba su granito de arena y la mejoraba. Prestaba mucha atención a la luz y a la narración de la pe-

lícula, cuidaba hasta el último detalle, incluido el vestuario.
Recuerdo que le sugerí ponerme un vestido de seda negro
para la primera «cita» entre mi personaje y el millonario: a
Adrian le encantó la idea. Quería que ese primer encuentro
entre los dos protagonistas fuese elegante (a pesar de que
mi personaje había aceptado ser una chica de compañía por
una noche), pero que también fuese romántico, con clase y
seductor, y que no quedara reducido a un acuerdo econó-
mico. Adrian incluso contrató a Herbie Hanock para que
tocara el piano en el yate del personaje de Redford mientras
bailábamos. (No dejaba de pensar en ese momento icónico
en *Tal como éramos*, cuando Barbra Streisand le retira un
mechón de pelo a Redford de los ojos. No es fácil ser espontáneo cuando estás frente a una leyenda del cine, pero él fue
muy atento y caballeroso durante todo el rodaje.) Adrian el
Guarro se transformó en Adrian el Romántico.

Era un perfeccionista que tenía las cosas muy claras.
Aunque nuestra opinión sobre mi cuerpo chocaba casi de
forma violenta, creo que su intención nunca fue ser cruel
conmigo. Sabía muy bien qué quería, igual que todos los
buenos directores.

La película, que se estrenó en abril de 1993, recaudó más
de veinticuatro millones de dólares en tan solo cinco días.
Nos llovieron críticas por todos lados, sobre todo por parte
de expertos en cine y por grupos feministas, que pusieron
el grito en el cielo y se quejaron de que se utilizaba a mi
personaje como a un «objeto de trueque». Aun así, la película acabó recaudando más de doscientos sesenta millones
de dólares en todo el mundo. La polémica con las feministas
fue bastante interesante. La escritora Susan Faludi acusó al
personaje de Robert Redford de «haber violado a una mujer
con dinero». Un crítico de *Los Angeles Times* escribió: «Tal

vez en Hollywood sea el Año de la Mujer, pero este año cada mujer tiene un precio». *The Washington Post* publicó: «Vender a un hombre se llama "esclavitud". En Hollywood, vender a una mujer se llama "romance"». Me pareció una burda simplificación de una historia que se había contado con sutileza y elegancia, una historia que tal vez había avivado el miedo colectivo sobre los problemas que surgen en un matrimonio. Da igual si eres hombre o mujer, por muy feliz que seas, siempre queda ese miedo de que alguien mejor, más rico, más guapo o más inteligente (todo depende de las inseguridades de cada uno), pueda robarle el corazón a tu pareja. También es una película sobre el poder del dinero. La pregunta que plantea es: ¿por cuánto dinero estarías dispuesto a venderte, a vender a tu esposa, a vender tu vida?

186   Nunca me planteé todas estas cuestiones mientras rodábamos la película, pero estoy segura de que en lo más profundo de mi inconsciente había empezado a hacerme la pregunta más horrenda del mundo: «¿Qué se siente cuando tu madre te prostituye por quinientos dólares?». Esa sí había sido una proposición indecente. La película, en cambio, contaba la historia de una mujer preciosa y de un millonario dispuesto a hacer cualquier cosa por ella. Y la de su marido, a quien destroza el miedo a perderla, aunque fuese solo una noche. Era una mujer amada y respetada, con una buena carrera profesional y dueña de su propia vida, pues tomaba sus propias decisiones y en su mano estaba lo que iba o no iba a ocurrir.

Volví a quedarme embarazada. Pero esta vez fue distinto. Vomitaba cada día. Me retorcía de dolor en la cama, me arrastraba hasta el cuarto de baño casi a gatas, me aferraba a la taza, vomitaba y me arrastraba de nuevo hasta la cama.

Fue una auténtica pesadilla. Llegó un punto en el que estaba tan harta de devolverlo todo que opté por dejar de comer. Me pasé una semana subsistiendo a base de agua.

Bruce y yo siempre intentábamos cuadrar nuestros horarios de rodaje para poder pasar todo nuestro tiempo libre juntos. Durante esas primeras semanas de embarazo, de las que solo recuerdo náuseas, arcadas y vómitos, Bruce se encargó de cuidar de las niñas. Rumer tenía cinco años y Scout todavía no había cumplido los dos. Las llevaba de excursión por el bosque y chapoteaba con ellas en la piscina del jardín. Era un padre maravilloso, protector e implicado. Estaba muy emocionado: íbamos a ser padres por tercera vez. De la noche a la mañana, el malestar desapareció, lo cual Bruce agradeció, y yo también. Hicimos las maletas y nos llevamos a nuestras hijas, a las niñeras y a las mascotas (nuestro particular circo familiar) a Hawái, donde Bruce iba a empezar a grabar una película dirigida por Rob Reiner cuyo título era *Un muchacho llamado Norte*.

187

Aunque no fuese el momento más oportuno (por fin me había recuperado del segundo embarazo y mi carrera profesional había vuelto a arrancar) nunca dudé, ni por un segundo, de si debía tener otro hijo o no. El nombre idóneo para el bebé surgió durante un viaje de chicas a Fisher Island, cerca de la playa de Miami. Nos pasábamos los días bromeando sobre el nombre del bebé. Meg Ryan también estaba allí; con el paso de los años, nos hicimos muy amigas. Encontré en ella a una mujer abierta, cariñosa y generosa, sin ánimos de competir. Además, teníamos más o menos la misma edad y un estilo de vida bastante parecido. Me encantaba su forma de trabajar y me sentía una afortunada por haber tenido la oportunidad de conocerla en persona. Ella me propuso Tallulah, porque los nombres de mis otras dos hijas tenían el sonido «u»: Rumer, por supuesto, y LaRue, el segundo nombre de Scout.

—Tallulah sería la guinda perfecta para tu trío de «us» —me dijo Meg.

Ese nombre me fascinaba. Pero a Bruce le horrorizaba. Y fue entonces cuando empecé una campaña para convencerle. Comencé mencionando a la famosa Tallulah Bankhead, pero no fue suficiente; tuve que insistir un poco más. Busqué el significado de Tallulah en un diccionario de nombres propios y descubrí que provenía del término que utilizaban los nativos americanos para referirse a «salto de agua». Eso pareció gustarle un poco más. Y para rematar mi jugada maestra, le comenté que el personaje que Jodie Foster había interpretado (a los trece años) en el musical *Bugsy Malone, nieto de Al Capone* también se llamaba Tallulah. Al final no le quedó más remedio que dar su brazo a torcer.

Bruce estaba en Nueva York grabando la película *Ni un pelo de tonto*, junto con Paul Newman, cuando decidimos hacerle una visita, las niñas, yo y mi barriga de ocho meses. Scout se había adelantado un mes, por lo que había contactado con unos médicos en Nueva York por si acaso ocurría lo mismo, aunque la verdad era que me encontraba de maravilla. Sin embargo, en una de las revisiones detectaron un problema mientras me hacían una ecografía. Según el ginecólogo, el bebé era demasiado pequeño como para nacer en febrero; según nuestros cálculos, era cuando le tocaba.

—No puedes hacer ejercicio —me dijeron—. Tienes que parar.

Querían asegurarse de que no había nada que le impidiera crecer en mi barriga. De repente, lo que había sido un embarazo normal y corriente se convirtió en uno de riesgo. Estaba tan asustada que incluso me daba miedo ir hasta la

188

cocina para servirme un vaso de agua. Reconozco que me volví un poco loca. Me pasaba el día encerrada en casa y despatarrada sobre el sofá. Aun así, seguía con el corazón en un puño porque los médicos venían a examinarme casi cada día. Las constantes vitales del bebé eran normales y seguían sin saber por qué narices no estaba ganando peso.

Después de que Bruce terminara la película, regresamos a Hailey. Nada más llegar, me presenté en la consulta de mi ginecólogo de confianza. Me examinó y comparó la ecografía con la retahíla de ecografías que había traído de Nueva York.

—La verdad es que apenas ha crecido en cinco días —dijo—. Es un embarazo a término. En mi opinión, debemos provocarte el parto. No podemos negar lo evidente: ahí dentro está pasando algo y no sabemos de qué se trata.

Me provocó el parto en nuestro diminuto hospital de Hailey. Tallulah Belle Bruce Willis llegó a este mundo a la velocidad de la luz. Nació el 3 de febrero de 1994. El ginecólogo casi se pierde el parto porque se había marchado a cambiarse los zapatos. Pesó dos kilos y pico y era idéntica a su padre, por eso quise ponerle también el nombre de Bruce. Era una cría escuálida y muy pequeñita, como si alguien hubiera clavado una cabecita en un alambre, pero le administraron oxígeno y, tras una exhaustiva revisión, nos informaron de que estaba en perfectas condiciones, tan solo por debajo del peso adecuado.

Estoy convencida de que la experiencia y el buen hacer del ginecólogo le salvaron la vida. Jamás me cansaré de darle las gracias por haberme ayudado a traer al mundo a mi tercera hija, a mi pequeña y dulce Lulah.

$\mathcal{H}$abría hecho cualquier cosa por mis hijas. Mi necesidad de protección era casi instintiva, primitiva. Por ellas me habría tirado por un puente, habría robado un banco, cualquier cosa que os podáis imaginar. Eso fue lo que pensé cuando leí un guion basado en la novela de Carl Hiaasen, *Striptease*. No imagino nada más bochornoso e incómodo que quitarme la ropa y exhibir mi cuerpo y sensualidad a un público de desconocidos cada noche de mi vida, pero por alimentar y criar a mis tres hijas lo habría hecho sin pensármelo dos veces, igual que la protagonista de la novela. La película narra la historia de Erin Grant, una mujer que, después de años trabajando como secretaria del FBI, pierde el empleo. En cuanto se le acaba el poco dinero que había logrado ahorrar, también pierde la custodia de su hija. Se convierte en bailarina y estríper porque sabe que es una forma infalible de ganar dinero rápido y recuperar a su hija.

Y, hablando de dinero, me ofrecieron una auténtica fortuna por ese papel: más de doce millones de dólares. Ninguna otra actriz de Hollywood había cobrado esa astronómica cantidad por protagonizar una película. Pero, por casualidades del destino, los productores de *Striptease* estaban librando una especie de guerra de pujas y promesas y sueldos con los productores de *La teniente O'Neil*, otra historia sobre una mujer dispuesta a lo que fuese con tal de alcanzar sus metas. Sin embargo, era una mujer totalmente distinta y con metas también completamente diferentes. (De hecho, fui una de las productoras de *La teniente O'Neil*; le presenté el guion a mi director preferido de todos los tiempos, el brillante Ridley Scott, y aceptó la propuesta, algo que casi nunca ocurre.) Ya había firmado el contrato para ser la actriz principal de *La teniente O'Neil*, por lo que los productores de *Striptease* tuvieron que hacerme una oferta muy suculenta, una que no pudiese rechazar. Y eso fue lo que hicieron. De un día para otro, me convertí en la actriz mejor pagada de Hollywood.

A Bruce también le iban bien las cosas. Le habían pagado más de veinte millones de dólares por la tercera parte de la *Jungla de cristal*. Supongo que os habréis fijado en la diferencia, porque salta a la vista. En el Hollywood de aquella época (por desgracia, sigue pasando), por algún motivo que no logro entender, un actor vale el doble que una actriz, cosa que se refleja en su sueldo. Sin embargo, la crítica no se tomó mis honorarios como un gran paso hacia la igualdad de género, ni tampoco puso mucho empeño en entenderlo así. Se les ocurrió un mote muy ingenioso que añadieron a la larga lista de mis motes: *Gimme Moore* (Dame Más).

Bruce y yo formábamos una pareja de éxito. Sabía que eso también influía en mi imagen. Pero nadie se inventó un mote para él. Tan solo era un hombre que hacía lo que se supone que debía hacer: ganar todo el dinero del mundo para mantener y cuidar a su familia. Las mujeres, en cambio, están destinadas a ganar menos dinero en cualquier trabajo, ya sea bueno o malo. Y ni siquiera tienen derecho a quejarse. Nunca he estado de acuerdo con esa diferencia tan abismal. No fui a la universidad. No me crie en una familia adinerada. Pero sabía que todo el mundo quiere cobrar un sueldo digno por un trabajo bien hecho. No había utilizado las artimañas turbias e inmorales de mis padres para abrirme camino en el mundo de la interpretación, sino que me había dejado la piel en cada proyecto y me había portado como una auténtica profesional. Me sentía orgullosa de mi trayectoria, de mi constancia, de mi empeño y de mi esfuerzo. Había aportado mi granito de arena en películas que se convirtieron en éxitos de taquilla (mi última película, *Acoso*, que protagonice junto con Michael Douglas, había sido un bombazo comercial) y exigía que me pagaran de acuerdo con ello. Eso era lo único que pedía.

Es curioso porque ese odio que se levantó en torno a mí por *Striptease* y por lo que iba a cobrar por rodarla, era un fiel reflejo de la condena y el rechazo que tenía que afrontar la protagonista, Erin, al empezar a trabajar como bailarina erótica. Comencé a frecuentar bares de *striptease* para poder acercarme a las mujeres que trabajaban allí y oír sus historias personales. Fue fascinante. Algunas bailaban sobre el escenario para pagarse los estudios. Otras tenían problemas con las drogas y trabajaban para costearse su adicción. Recuerdo que conocí a una madre soltera muy jovencita y guapísima que bailaba toda la noche para poder estar con sus hijos durante el día; conté su historia durante la entrevista que concedí a Barbara Walters para promocionar le película y dije que nadie debería juzgar a esa madre soltera por trabajar para ayudar a su familia, de la misma forma que no juzgaríamos a una camarera o a una secretaria. Hablaba en serio.

Una vez más me tildaron de exhibicionista. Hay una parte que entiendo, por supuesto: bailaba y me contoneaba alre-

193

dedor de una barra metálica y solo con un tanga. Está bien, lo acepto. Pero la crueldad con la que muchísima gente reaccionó a la película tenía un matiz de maldad y misoginia, o al menos así lo percibí yo.

Una de las mayores ventajas de hacer *Striptease* fue que me permitió pasar mucho tiempo con Rumer, que entonces tenía siete años. Me suplicó que le dejara presentarse al *casting* para el papel de la hija de Erin. Bordó la prueba y le dieron el papel. No voy a negar que creo que influí un poco en la decisión del director, pero su carisma ante la cámara no pasó desapercibido. Además, al director le encantó la idea: era una forma de asegurarse de que nuestro vínculo madre-hija se viera real. Y Rumer le robó el corazón desde el primer día. Le pareció una niña adorable (sé que no soy imparcial, pero creo que tenía razón). Me lo pasé en grande trabajando con ella. No podía estar más orgullosa de mi hija: era trabajadora y exigente, y aprendía rápido. Mis detractores me sentenciaron y me acusaron de ser una mala madre por haber dejado que mi hija me viera bailar en *topless*. Me pareció descabellado: me había visto desnuda muchísimas veces. A pesar de todos los conflictos que tenía con mi cuerpo (o quizá gracias a ellos, pues no quería que mis hijas heredaran esa clase de conflictos), las había criado y educado para que consideraran la desnudez como algo natural y no algo de lo que avergonzarse.

Como ya he dicho, lo que decantó la balanza para que aceptara el papel en *Striptease* fue la historia madre-hija. Sin embargo, tanto esa película como *La teniente O'Neil* exigían que trabajara mi cuerpo, que lo ejercitara e invirtiera todos mis esfuerzos en él. Ahora me doy cuenta de que elegía esa clase de papeles por otros motivos.

Durante el rodaje de *Striptease* seguí una dieta muy es-

194

tricta y restrictiva; para desayunar tomaba media taza de avena y la mezclaba con agua; el resto del día m   mentaba a base de proteína y de un poco de verdura.   a más. Resulta increíble que, incluso comiendo así, inc   cien- do deporte seis veces a la semana, no estuviese   no un palillo. Estoy segura de que era una especie d   e emocional, algo mental. Me estaba aferrando con to fuerzas a todo lo que tenía (a mi matrimonio, a mi ca a mis rutinas de ejercicio y alimentación) y, por lo visto, cuerpo estaba haciendo lo mismo y no quería desprenderse nada. Lo único que me hacía sentir cómoda era mi papel d madre, que, en mi opinión, era el tema principal de la película.

Toda esta obsesión con mi cuerpo y mi silueta os puede parecer una locura, y no andáis desencaminados: los tras- tornos alimenticios son una locura, una enfermedad. Pero eso no los convierte en algo irreal. Cuando uno padece una enfermedad, no puede hacerla desaparecer con tan solo chas- quear los dedos.

195

Sin tener en cuenta a atletas y a miembros de las fuerzas armadas, creo que muy poca gente puede llegar a imaginarse el calvario que tuve que pasar para llegar a transformarme en la protagonista de *La teniente O'Neil*. Es la película de la que más orgullosa estoy, porque fue la que más esfuerzo y sacrificio me costó, emocional, física y mentalmente. Tuve que dejarme la piel para encarnar a ese personaje, la teniente Jordan O'Neil, igual que ella tuvo para poder convertirse en la primera mujer que conseguía hacerse un hueco en los Navy SEAL, el cuerpo de élite de la Marina de Estados Unidos.

El argumento me pareció cautivador: las presiones de una senadora de Estados Unidos llevan a la teniente Jordan

O'Neil a convertirse en la primera mujer que va a someterse al riguroso entrenamiento de los Navy Seal; claro que ella no tiene ni la más mínima sospecha de que la senadora la está utilizando como moneda de cambio. No solo le tiende una trampa, sino que está segura de que no sobrevivirá a esa tortura. A O'Neil la golpean, la ridiculizan e incluso casi la ahogan; sin embargo, contra todo pronóstico, supera la prueba. Ese coraje, esa insumisión y ese no rendirse me llegaron al alma.

Además, el tema principal estaba a la orden del día: la guerra del Golfo había suscitado el debate en relación con las mujeres en combate. Sobre el papel, la ley no permitía a las mujeres alistarse en el ejército; sin embargo, en los conflictos armados del momento, ya no había un frente, una primera línea de combate como las de antes. En una guerra, nadie estaba a salvo, ni siquiera las mujeres. Sin embargo, no tenían las mismas oportunidades que los hombres, y menos de ascender de rango militar. Las fuerzas armadas de la Marina y del Aire estadounidenses se volvieron «mixtas» en 1993, pero los cuerpos del ejército se mantuvieron en sus trece y no aceptaron la inclusión de la mujer, igual que las unidades de élite, como los Navy SEAL. Se escudaron en que las mujeres nunca podrían ser tan fuertes como los hombres.

Ponerme en forma para alcanzar el objetivo que se había marcado la protagonista y superar las pruebas y castigos físicos para acceder al famoso cuerpo de élite dio un nuevo significado a la palabra «extremo». Si pretendía ser realista y clavar el papel, tendría que enfrentarme a los mismos retos físicos que la teniente O'Neil. Tuvimos que someternos a un riguroso entrenamiento de dos semanas bastante parecido al de los SEAL. Éramos cuarenta hombres y yo.

El primer día, me levanté a las cinco de la mañana y

196

me tomé un puñado de vitaminas. Nos hicieron correr un kilómetro y medio en una carrera contrarreloj. Vomité todas las pastillas. Al final del día, cuando me descalcé las botas, tenía unas ampollas horrorosas en los pies y apenas podía caminar. Contrataron a un miembro de los Navy SEAL para que supervisara los entrenamientos y aportara toda clase de detalles para la película. Se llamaba Harry Humphries y un día me llevó aparte y en voz baja me dijo:

—Escúchame, no tienes que hacer todo esto.

«Estoy interpretando el papel de una teniente. De una líder. Si me quedo atrás, nunca me ganaré el respeto de mis compañeros», pensé. Le pedí a Harry que me consiguiera un par de tiritas para los pies. Fue muy *hard-core*. Sam Rockwell estaba entre el elenco de actores, pero no soportó la dureza extrema del entrenamiento. Años más tarde, le confesó a Carson Daly que le había aterrorizado la idea de grabar escenas de buceo en plena noche y en aguas gélidas.

El segundo día llegué un par de minutos tarde a la sesión de entrenamiento. Los chicos ya estaban en formación e intenté colarme al final de la fila y pasar desapercibida.

—¡Jordan! ¡Al frente y al centro! —gritó uno de los comandantes SEAL del equipo. (Nunca me llamaban por mi nombre real durante los entrenamientos.) Salí disparada de la fila y me planté delante de él, erguí la espalda y cuadré los hombros—. ¿Quién coño te crees que eres? ¡Baja tu maldito culo al suelo!

No hizo falta que me explicara lo que eso significaba: ponerme en posición de flexión y quedarme quieta como una estatua. Y el resto de mis compañeros tuvo que hacer lo mismo. Debo decir que, después de esas dos semanas de entrenamiento militar, era la soldado más tenaz e incansable del grupo. Recuerdo que les gritaba:

—¿Vais a dejar que os gane una madre de tres hijas?

En lo que a fuerza se refiere, solo me superaban en una cosa: por mucho que entrenara y lo intentara, jamás logré pasar de las tres flexiones, cuatro a lo sumo. Era mi cruz. La escena en la que aparezco haciendo flexiones está trucada. Tan solo completaba dos o tres, y a veces incluso tenían que ayudarme para que me salieran perfectas.

No se lo conté a nadie, pero me puse en contacto con un almirante de alto rango en Colorado y me reuní con él como parte de mi investigación. Él me confirmó que la única diferencia entre los hombres y las mujeres que se presentaban como candidatos a los Navy SEAL estaba en la fuerza del tronco superior.

—Aparte de eso —dijo—, el resto es todo mental.

Esa conversación despejó todas mis dudas y me dio la seguridad que necesitaba para bordar el personaje de la teniente O'Neil. Sí, gracias a mi espíritu de superación lograría imitar su fortaleza física, pero lo más importante era la resiliencia mental, no rendirse, pasara lo que pasase.

Necesitaba ganar ese estoicismo antes de empezar el rodaje de la película. Fue agotador, tanto física como mentalmente. Para mí, la escena más dura fue en la que O'Neil es una de las aspirantes a SEAL que «captura» un enemigo falso e inventado; como prisioneros de guerra, debemos aprender el programa SERE, acrónimo de «supervivencia, evasión, resistencia, escape». Durante la resistencia, se tortura a los prisioneros y cautivos para extraerles información, así que tuve que soportar una brutal paliza del sargento, interpretado de una forma brillante por Viggo Mortensen. El sargento, además de fingir ser enemigo y de no ocultar su total desprecio por la mujer, quiere demostrar a los candidatos hombres la responsabilidad y el peligro de tener a una mujer en el campo de batalla. Además de los golpes, el sargento también sumergió la cabeza de la teniente en el agua y no volvió a sacarla hasta pasados unos segundos. En cuanto tomaba una bocanada de aire, volvía a meterme la cabeza en el agua. Era tan realista que a uno de los ayudantes de dirección le preocupaba que fuese a ahogarme de verdad. Debo admitir que hubo momentos en los que incluso yo temí quedarme sin una gota de aire en los pulmones.

Hace poco leí un artículo escrito por el querido y respetado crítico de cine Roger Ebert. Había asistido a la proyección de *La teniente O'Neil* y en su columna escribió: «Resulta intrigante ver cómo trabaja con la imagen de su cuerpo. La embarazada que aparecía en la famosa portada de *Vanity Fair* contrasta con su personaje de bailarina en *Striptease*, pero también con la alta ejecutiva de *Acoso* y con la joven inocente de *Una proposición indecente*, que debe decidir qué se puede comprar con un millón de dólares y qué no; todas esas mujeres, y ahora también O'Neil, ponen a prueba el cuerpo de una mujer, pero también su ambición y su fuerza de voluntad. Eso sí, la teniente O'Neil lo hace de una forma más evidente y efectiva». Me gustó ver que alguien tan listo e inteligente como Ebert lo había entendido.

Por desgracia, su opinión de la película fue un caso aislado. Incluso antes de haberse estrenado en las salas de cine, gente que no la había visto ya estaba destruyéndola sin miramientos ni compasión. Tenía la sensación de que había una especie de confabulación cuyo único interés era destrozarme la vida y convertirme en el hazmerreír de la industria cinematográfica. Ese siempre había sido mi gran miedo.

No encajé bien las críticas porque *La teniente O'Neil* era

199

una película de amor y porque me había dejado la piel para interpretar al personaje. Me había implicado mucho en la historia, en el mensaje y en las cuestiones controvertidas que planteaba. Además, estaba convencida de que era una película muy buena.

Era el primer largometraje que abordaba el tema de las mujeres en combate; para ser más exactos, de una mujer que mostraba con pelos y señales el entrenamiento físico al que se veían sometidos y que dejaba una pregunta en el aire: si tienes los requisitos necesarios, ¿no debería ser una opción? El golpe fue doble: era la actriz mejor pagada del momento, con un sueldo muy parecido al de muchos hombres de mi gremio, y además interpretaba a una mujer tan fuerte y resistente como un hombre. Mucha gente no fue capaz de asimilar ambas cosas.

Recibí muchísimas críticas y comentarios negativos por mis papeles en *La teniente O'Neil* y en *Striptease*. No fue fácil digerirlo todo, la verdad. La excusa era que, por lo visto, había traicionado a las mujeres en *Striptease* y a los hombres en *La teniente O'Neil* y que, para colmo, me habían pagado una fortuna por hacerlo. Eso no iban a perdonármelo. Digerí toda esa negatividad sin darle demasiadas vueltas.

Bruce trabajaba a tiempo completo, igual que yo. Entonces, sin querer, empezamos a alejarnos, a desconectarnos emocionalmente. Nuestra vida se basaba en la logística de las niñas. Y aunque Bruce siempre se mostraba orgulloso de los proyectos en los que participaba, no sé si siempre se sintió cómodo con la atención que esos proyectos ponían en mí y en nuestra familia.

Nunca se me pasó por la cabeza charlar con alguien para desahogarme y explicarle todo lo que estaba sufriendo. De hecho, ni siquiera pensé que se me permitía sufrir, o que podía decir en voz alta que tenía un problema. Creía que debía gestionar todo eso yo sola y en silencio.

Había ganado muchísimo músculo haciendo *La teniente O'Neil* y pesaba casi sesenta y tres kilos cuando terminó el rodaje. (Dudo de que a Bruce le gustara mi nueva silueta.) Mi cuello y mi espalda eran gigantes. Tenía un montón de pantalones que ya no me podía poner porque los muslos no me cabían. Me gustaba estar tan fuerte y tan en forma, pero no quería mantenerme así, como no quería seguir teniendo la cabeza afeitada.

Mi reacción lógica y normal habría sido empezar a pasar hambre otra vez y diseñar un plan de entrenamiento para reducir músculo. Pero no hice ninguna de esas dos cosas. Había llegado al límite. Volví a mi casa de Idaho. Cierto día, mientras me estaba duchando, tuve una epifanía: quiero naturalidad y volver a ser como soy. Ya no quería morirme de hambre. Ya no quería tasar mi valía como ser humano basándome en lo delgada que podía estar. Y sentía curiosidad por averiguar cómo sería al natural, sin manipular ninguna parte de mi cuerpo. Por fin estaba dispuesta a aceptarme tal y como era. Ni siquiera lograba recordar cómo era antes de controlar cada centímetro de mi cuerpo, pues, durante mucho tiempo, eso había sido lo único que había podido controlar. Me di cuenta de que aferrarme a los kilos era una forma de protegerme. Así pues, añadí un nuevo mantra a mi oración diaria: tener el valor de mostrarme tal como era, sin engaños ni protección. No podía seguir luchando contra mi cuerpo ni contra la báscula; iba a hacer las paces con mi cuerpo: estaba decidido.

Empecé dejando mi estricta rutina de ejercicio. No volví a pisar el gimnasio que había instalado en casa. Nunca. Me había pasado seis dolorosos y largos años ahí encerrada, desde el nacimiento de Scout, en 1991, hasta terminar el rodaje de *La teniente O'Neil*. Me sentía agotada, consumida. Esa sala ahora es mi despacho.

También cambié la dieta y mi relación con la comida. Ya no era un reto. Comía cuando tenía hambre y paraba cuando estaba saciada. Establecí una serie de normas, normas que no incluían desayunar, comer o cenar, porque, como ya he dicho, solo comía cuando tenía hambre. Y si eso significaba que no ingería ni una sola caloría hasta la hora del almuerzo, pues eso hacía. Sabía que necesitaba más proteínas que carbohidratos. Y también sabía que si comía pequeñas cantidades, digería mejor la comida. Me sentaba con mis hijas en la mesa cuando ellas comían, pero mi dieta no seguía esos horarios tan establecidos. Evitaba organizar reuniones para comer o para cenar, y solo asistía a comidas si sabía que estaría rodeada de gente conocida y de confianza, con la que podía relajarme.

Y así fue como empecé a adelgazar. Esa pérdida de peso se hizo evidente en la primavera de 1997, durante los preparativos para el festival de cine de Cannes. Elizabeth Taylor se estaba recuperando de una operación en la que le habían extraído un tumor cerebral y me pidió que presentara la gala benéfica Cinema Against AIDS, en Cannes. Acepté encantada. La película de Bruce *El quinto elemento* fue la seleccionada para abrir el festival. Estaba organizando la ropa que llevaría en todos aquellos actos. Escogí los distintos modelitos que luciría e hice las pruebas de vestuario pertinentes. Sin hacer dieta ni deporte extremo, había perdido alrededor de trece kilos en solo tres meses.

Por fin había firmado una tregua con mi propio cuerpo. Necesitaba esa paz y esa tranquilidad para soportar lo que iba a venir después.

Acababa de volver de la gira promocional de *La teniente O'Neil* cuando recibí una llamada de DeAnna: mi madre estaba muriéndose. Tenía cáncer de pulmón con metástasis y, por si eso fuera poco, también le habían diagnosticado un tumor cerebral.

Si quería reconciliarme con ella en esta vida, tenía que ser ahora o nunca.

203

PARTE III

Rendición

16

*A*l principio creí que me había tendido una trampa. Ya me imaginaba la escena: yo presentándome en la puerta del hospital, mi madre en perfecto estado de salud y con los bolsillos llenos de dinero porque me había vendido a los *paparazzi*. Así que decidí no contarle que iría a verla. Sin embargo, cuando llegué a Farmington, Nuevo México, no había cámaras ni reporteros acosándome. Mi madre se había mudado a casa de mi tía Carolyn y yacía sobre una cama de hospital que habían instalado en su habitación. A Ginny se le había caído el pelo por la quimioterapia. Solo había resistido un mechón rojo. Estaba muy grave.

No había vuelto a saber nada de ella desde hacía ocho años. En ese tiempo, se había casado de nuevo. Pero no una vez, sino tres. Uno de sus exmaridos había sido tan violento que incluso habían tenido que ingresarla después de una tremenda paliza. Morgan creía que se casaba para poder cambiarse el apellido y deshacerse de sus deudas bancarias. DeAnna está convencida de que mi padre y ella nunca firmaron el divorcio y de que, por lo tanto, todos esos matrimonios no fueron muy legales. Nunca sabremos la verdad, pero hay un detalle que resulta curioso: después de que mi padre muriera, fuese quien fuese el marido de turno, Ginny siempre tenía una fotografía de Danny sobre la mesita de noche.

Creo que nunca superó su muerte. Se aferraba tanto a él que jamás supo desprenderse y vivir sola. No estoy diciendo que fuese una relación sana, pero esa rivalidad constante para ver quién podía hacer más daño al otro, ese tira y afloja para saber quién tenía más poder, había servido para que Ginny canalizara toda su energía en esa dirección. Sin él, estaba totalmente perdida y a merced de sus adicciones y su bipolaridad, un trastorno que por fin le habían diagnosticado. Y ahora su cuerpo había empezado a apagarse y marchitarse.

Reconozco que, cuando me hacía daño y me rompía el corazón, no podía ver más allá. Me sentía insegura y traicionada; en lo más profundo de mi ser, estaba destrozada, pues me convencía de que no me quería lo suficiente como para comportarse como una buena madre. Como para no explotarme a cambio de dinero. Como para comportarse como debía el día de mi boda. Como para recogerme de la escuela cuando había prometido que lo haría. Como para protegerme de Val. Y la lista es interminable. Sin embargo, con el tiempo, he comprendido que no existe nadie «que te quiera lo suficiente» como para ser mejor persona. La gente no cambia, por mucho que te quiera.

Esa es la mala noticia. La buena es que en tus manos está aprender a gestionar tus emociones. Eres tú quien decide cómo te afectan las cosas, tanto mental como emocionalmente. Puedes aprender a quererte, pues tu valía, tu talento y tu bondad residen en ti, solo en ti. Cómo tu madre te trataba habla de ella, no de ti. Por otro lado, puedes culparte y creer que la negligencia y el abandono de tu madre se deben a que eres una persona que no se merece el amor

208

ni el cariño de nadie. Sea como sea, hasta que no cures esa herida, siempre permanecerá abierta. Cuando decidí que iba a cuidar de mi madre durante el tiempo que le quedaba de vida, esa herida empezó a cerrarse.

La primera vez que viajé hasta Farmington, DeAnna y Morgan me acompañaron a ver a Ginny a casa de Carolyn. Solo nos quedamos unos pocos días. La segunda vez me llamaron para informarme de que quizá Ginny no vería otro amanecer, así que volví deprisa y corriendo a Nuevo México, pero en esta ocasión con Bruce y las niñas. Mi madre no había vuelto a ver a Rumer. La última imagen que tenía de ella era la de una cría de dos años que gateaba por la casa; ahora tenía diez años. No había conocido a Scout, que ya había cumplido los siete años, ni a Lulah, de cuatro. Creo que la visita de toda mi familia y la energía que desprendían ayudaron a mantenerla a flote, pues se las ingenió para vivir otros tres meses y medio.

209

No me separé de ella ni un solo día. Me instalé en casa de mi tía. Bruce, que me brindó todo su apoyo y comprensión durante esos meses, regresó a Idaho con las niñas. No quería que se perdieran un solo día de colegio. En honor a la verdad, vinieron a verme a Farmington muchísimas veces. Fue hermoso poder disfrutar de la compañía de mis hijas, que estaban en el comienzo de sus vidas, mientras compartía muchas horas con mi madre, que estaba en el final de la suya.

Hunter Reinking, que había sido mi ayudante desde el rodaje de *Amigas para siempre*, vino a Nuevo México para echarme una mano. Entre los dos, cubríamos el turno de noche; durante el día, echábamos alguna que otra cabezadita mientras la tía Carolyn se encargaba de mi madre. La musculatura que había desarrollado para encarnar a la teniente O'Neil seguía ahí, por lo que era lo bastante fuerte para levantar a Ginny y meterla en la bañera y asearla. Mi madre estaba tan débil que ni siquiera era capaz de sujetar la botella de Coca-Cola *light* que solía llevar consigo a todas partes o de llevarse un cigarrillo a los labios (nunca quiso dejar ese vicio).

Por mi parte, no quería privarle del placer de fumarse un cigarrillo llegado ese momento de su vida: el daño ya estaba hecho. Así pues, le encendía un cigarrillo y lo sujetaba cerca de su boca mientras ella aspiraba sin parar. A veces daba una calada larga y orgásmica.

—Oh, eso me ha sentado genial —suspiraba.

Tal vez fuese por pura solidaridad, o quizá porque creía que así podía gestionar el estrés, pero al final caí en la tentación. Volví a fumar.

Una de las cosas que siempre me había exasperado de mi madre era su insistencia en hacerse la víctima. Pero ahora lo era. En cierto modo, creo que le allanó el terreno para que fuese ella misma. Y, desde luego, eso hizo más fácil que pudiera perdonarla, compadecerme de ella y darle la clase de amor y atención que siempre había anhelado. Por fin había conseguido lo que había deseado durante toda su vida: que alguien la cuidara y velara por ella. ¿Y acaso no es eso lo que todos queremos?

Es una lástima que no tuviera la oportunidad de aprender que la seguridad y la confianza pueden crearse en nuestro interior. Soy consciente de que mi madre no fue capaz de sobreponerse a esa sensación de que nadie la quería como se merecía y que cargó con el peso del rechazo y la culpa hasta el último suspiro. Mientras cuidaba de ella, me pareció ver un alma inocente. Y descubrí que su vida había empezado igual que la de todo el mundo: Ginny quería alcanzar la felicidad, sentirse amada y encajar. Nunca pretendió convertirse en una mujer hiriente, dañina y negligente, pero no disponía de las herramientas necesarias para controlar su dolor y superarlo. Cuando recuerdo lo joven que era cuando se quedó embarazada de mí, pienso: «Dios mío, no era más que una cría. Mis hijas son más mayores de lo que era Ginny cuando me tuvo. Y justo ahora están empezando a descubrir quiénes son».

Mi madre se comportaba como una niña pequeña, sobre todo en las últimas semanas; sufría alucinaciones y actuaba como una cría de seis años que se empeñaba en que le regalara una bicicleta por Navidad. A veces olvidaba que su padre había muerto y no paraba de preguntar por él, porque tenía que llevarla «a la fiesta». Aprovechaba los pocos momentos que estaba lúcida para hablarle de mis tormentos y ansiedades, pues albergaba la esperanza de que así pudiera por fin pasar página.

Mi niña interior quería respuestas. Pero Ginny nunca quiso escucharla ni asumir su responsabilidad como madre. O tal vez nunca fue capaz de hacerlo. Lo único que logré sacarle fue un «Ojalá las cosas hubiesen sido distintas». Y, en realidad, ya fue mucho. Mucho más que nada. Con eso me daba a entender que, en el fondo, era consciente de que no había tenido una infancia fácil y de que había sufrido episodios que una niña nunca debería vivir en primera persona.

Empecé a fijarme en las cosas buenas de mi madre. Era una mujer muy creativa. Y con muchos recursos. En más de una ocasión había demostrado ser cariñosa y generosa; siempre recibía a la gente en su casa con los brazos abiertos. Tenía mucho que ofrecer, mucho más que lo que había demostrado durante sus cincuenta y cuatro años. Falleció el 2 de julio de 1998.

Bruce y las niñas habían venido a pasar unos días con nosotras, por lo que estábamos instalados en una habitación de hotel. El teléfono sonó a las seis de la madrugada; me incorporé en la cama sabiendo lo que iban a decirme:

—Por favor, acércale el auricular del teléfono al oído —le pedí a la tía Carolyn. Y susurré las palabras que necesitaba decirle a mi madre—. Te quiero.

Y la quería. Y todavía la quiero.

Después fui hasta casa de Carolyn, donde Ginny había dejado de respirar en su cama de hospital. Estuve unos minutos a solas con ella, sujetándole la mano. No derramé ni una sola lágrima. Y tampoco lloré cuando me encerré en el diminuto baño de su habitación. Sentada en la taza del váter, inmóvil, tuve un momento de claridad. Todas las emociones que me despertaba Ginny (rabia, dolor, ira, indignación) eran mías. Y la embarcación que las cargaba y transportaba ya había zarpado. Fueran cuales fueran sus problemas y preocupaciones (y Dios sabe eran muchísimos), se los había llevado a la tumba. Fue un momento de liberación. Me invadió una sensación de profunda compasión; me apenaba que mi madre hubiera tenido que soportar tanto dolor y sufrimiento a lo largo de su vida, y que no hubiera podido superarlos. Sentía pena por esa niña herida que jamás había querido madurar y que había sido para siempre una adolescente. Comprender a mi madre me permitió ser más indulgente y más bondadosa conmigo. A partir de ese día, dejé de invertir esfuerzo y tiempo en intentar no parecerme a ella.

Solo estuve en ese cuarto de baño tres o cuatro minutos, pero cuando abrí la puerta me sentía serena y en paz. Estaba a punto de empezar una nueva fase de mi vida. No tenía ni la más remota idea de qué ocurriría, pero tampoco me preocupaba. Por fin me había quitado ese insoportable peso de encima, el peso del rencor.

Por lo que me han contado otras mujeres, es bastante normal pasar de ser la mejor amiga y amante de tu marido a ser, simple y llanamente, la persona con quien negocias la logística familiar. Eso fue lo que nos ocurrió a Bruce y a mí. Nuestro noviazgo había durado muy poco, ya que enseguida tuvimos a nuestra primera hija. Nuestra pasión, desenfrenada e ininterrumpida, y nuestro amor infinito dieron lugar a una familia. Y todo ocurrió en cuestión de meses. Luego, cuando todo empezó a estabilizarse y nos topamos con la realidad de frente, no sé si realmente nos conocíamos. Al menos es como ahora lo veo. Llevábamos una vida que se basaba en coordinar detalles y en tratar de sincronizar nuestros calendarios laborales.

213

En cierto modo, nuestro matrimonio duró tantos años gracias a nuestras continuas y prolongadas separaciones. Durante los dos primeros años de vida de Tallulah, rodé ocho películas, igual que Bruce. Mi empresa de producción, Moving Pictures, estaba en su mejor momento. Y teníamos tres hijas, la mayor de diez años. Ellas eran nuestra prioridad. Así pues, no es ninguna sorpresa que apenas tuviéramos tiempo para dedicarnos el uno al otro.

Ambos estábamos muy centrados en nuestra carrera profesional, que en ese momento estaba en la cresta de la ola. A ella le dedicábamos toda nuestra energía. Nuestro trabajo se convirtió en una distracción perfecta. Cuando estábamos juntos, disfrutábamos de la compañía de nuestras hijas y aprovechábamos cada minuto que pasábamos con ellas. Creo que a Bruce le atormentaba su ambivalencia sobre el matrimonio, o al menos eso es lo que sentí durante los años que estuvimos casados. Su constante incertidumbre hacía que sintiera pena por él, pero, al mismo tiempo, me frustraba. Estaba dolida, muy dolida. Todos queremos que nos quieran, que nos deseen, que nos respalden, pero Bruce no podía ofrecerme todo eso porque, en realidad, no sabía lo que quería. Ahora que ha pasado el tiempo, creo que tanto a él como a mí nos ilusionaba más la idea de formar una familia y de tener hijos que la idea del matrimonio. Con los años, las niñas eran lo único que nos unía... y que nos mantendrá unidos para siempre.

Su ambivalencia no fue el único problema en la relación, por supuesto. Había rasgos en la personalidad de Bruce que me recordaban a mi madre: ambos eran personas impredecibles y, en ocasiones, impulsivas, lo cual me hacía sentir tremendamente insegura. Nunca sabía de qué humor estaría o si lo que sentía por mí había cambiado desde el día anterior. Estaba acostumbrada a eso porque me había criado con Ginny. Así pues, desempolvé mis mecanismos de defensa y los empecé a utilizar con Bruce. Trabajé duro para ser autosuficiente. Mismo baile, distinta pareja.

Construí una especie de muro emocional, como un foso alrededor de un castillo, porque no quería depender de él y que no me afectaran ni me hicieran daño sus cambios de humor. Jamás se me pasó por la cabeza que esa coraza, que me hacía una mujer fuerte e independiente, podría ser una debilidad hasta que un día Bruce entró en mi despacho, el antiguo gimnasio de Hailey, y me dijo:

—¿Sabes? Me da la sensación de que, si no estuviera aquí, seguirías con tu vida como si nada. Creo que ni siquiera notarías la diferencia.

«Tiene razón», pensé. Esa armadura defensiva que me había acostumbrado a llevar era como una puerta blindada que nadie, salvo yo, podía abrir. Nunca le permití la entrada a ese espacio tan íntimo y privado. Y me di cuenta, quizá demasiado tarde, de que, además de una protección, también suponía una limitación. Fue entonces cuando admití que la incapacidad de expresar mis necesidades había hecho que Bruce no pudiera ayudarme, por mucho que quisiera, y que mantener mi infancia en secreto por miedo a que fuese una carga pesada para los demás había sido una excusa para no exponer mi vulnerabilidad. Cuando Bruce me preguntaba: «¿Te importa que me vaya a hacer esto?» (que podía ser una excursión a Las Vegas con sus amigos, o un concierto con su banda de música) yo siempre le respondía, sin vacilar un solo segundo: «Claro, ve. Estaremos bien». Una parte de él se alegraba de haberse casado con alguien tan fácil y complaciente; sin embargo, otra parte, sospechaba que, en el fondo, su presencia no importaba. Intuía que no le necesitaba.

Bruce y yo estábamos atrapados en nuestro baile. Mi autonomía e independencia le habían dejado fuera de juego, lo cual le producía un dolor que no era capaz de afrontar y que alimentaba, todavía más, sus dudas sobre el matrimonio. Mi respuesta a esa incertidumbre también fue dolor, un dolor que tampoco era capaz de afrontar y que alimentaba, todavía más, mi independencia autoprotectora. Y así, hasta el infinito.

Mientras cuidaba de mi madre, Bruce y yo decidimos separarnos. Fue una decisión de mutuo acuerdo. La tomamos un fin de semana que estábamos juntos porque había venido a Nuevo México a verme, con las niñas. Queríamos esperar a que mi madre falleciera para anunciar la separación a los medios de comunicación: Ginny se merecía ser la protagonista de su funeral, tal y como marca la tradición, sin cámaras y reporteros al acecho bombardeándonos a pre-

215

guntas sobre la ruptura. Sabíamos que la prensa amarilla se nos echaría encima en cuanto se filtrara la noticia, pero imaginamos que, si contábamos lo sucedido en primera persona, juntos, como una familia, la energía que se crearía sería distinta.

Por desgracia, no ocurrió así. Pocos días después de tomar la decisión, recibimos una llamada de nuestro abogado. Por lo visto, «un pajarito» había avisado a la prensa de lo ocurrido e iban a publicar un artículo informando de la ruptura al día siguiente. Me quedé destrozada, como le pasaría a cualquier persona que se entera de que alguien de su círculo de confianza (¿quién más iba a saberlo, si no se lo habíamos contado a casi nadie?) te vende, literalmente. En general, todas las noticias de la prensa amarilla tienen una diminuta parte de verdad y una gran parte de mentira, pero esa parte de verdad, por minúscula que sea, te hace sentir que estás expuesta, sobre todo cuando juran y perjuran que su fuente es «alguien cercano a ti».

Ese «alguien» podría ser cualquiera. Por ejemplo, un tipo que escuchó a una persona de tu entorno comentar el tema en un restaurante, pero también puede ser alguien que consideras un amigo de verdad y que acepta dinero a cambio de revelar tus secretos. Empiezas a dudar de la lealtad de quien te rodea, cosa que te deja con un nudo en el estómago. Sea como sea, cuando descolgué el teléfono y me enteré de todo, esa era una sensación que ya tenía, con una madre moribunda y un matrimonio a punto de romperse. No queríamos darles la satisfacción de dar la exclusiva de nuestra ruptura, así que la anunciamos nosotros mismos ese día.

Por suerte, nuestra defensa preventiva consiguió el efecto deseado. «La pareja confirmó la ruptura el miércoles a última hora de la tarde a través de un breve comunicado de prensa que, para decepción de muchos [es decir, mentes fisgonas] no incluye muchos detalles», escribió un periodista en *E! News*. «La nota de prensa decía que Bruce y Demi habían "terminado" su unión. Y punto.»

Habríamos preferido tener un poco más de tiempo para digerir y asumir la decisión y para sentarnos con nuestras hijas y poder contarles de la forma más cariñosa y sincera posible lo que iba a ocurrir a partir de entonces. Sin embargo, en lugar de eso, tuvimos que precipitarnos y explicárselo deprisa y corriendo. Cuando te encuentras en una situación como esta (o en cualquier otra situación), lo que quieres es trabajarla desde dentro hacia fuera, no al revés. Sin embargo, no tuvimos la oportunidad de hacerlo. Quisimos ser honestos y tomamos la que creímos que sería la mejor decisión para todos. Nuestras hijas todavía eran unas niñas cuando nos separamos, por lo que no entendieron muy bien qué implicaba o significaba. Quien peor lo pasó fue Rumer, por supuesto, porque tenía diez años y sí podía imaginarse lo que estaba a punto de cambiar; también lo que estábamos a punto de perder.

217

17

$\mathcal{H}$ace poco concedí una entrevista de televisión a un joven periodista y gran aficionado al cine. Me confesó que
le había fascinado *La teniente O'Neil*; la había visto hacía
apenas unas semanas y le había parecido una película muy
entretenida. Y entonces me dijo:

—La prensa fue muy dura y muy crítica contigo por
aquel entonces, ¡pero era una película magnífica! ¿Qué pasó?

—No te imaginas cuánto me alegra oírte decir eso —le
contesté.

En mi opinión, *La teniente O'Neil* nunca recibió el re-
conocimiento que merecía, sino más bien todo lo contrario.
Entre la mala acogida, la ruptura con Bruce y mi madre al
borde de la muerte, a finales de 1998 me quedé hecha polvo.
Me sentía fatal.

Y, como guinda del pastel, había firmado un contrato para
protagonizar una película en Francia, *Passion of Mind*. Había
aceptado el papel mucho antes de que Bruce y yo anunciára-
mos nuestra separación, y antes de que supiera que mi madre
se estaba muriendo. Estaba en París, pero me sentía triste y
abatida. Me había llevado a las niñas y las había matriculado
en una escuela francesa para que siguieran estudiando los
cuatro meses que iba a durar el rodaje. Para llegar a tiem-

po a la localización de la película, tenía que irme de casa a las cinco de la madrugada, mucho antes de que ellas se despertaran. Cuando llegaba a casa después de una larguísima jornada laboral, ya estaban en la cama, durmiendo. No tenía ninguna lógica que estuviesen conmigo. Era absurdo que viviésemos así, sobre todo porque nuestra familia estaba sufriendo un cambio radical que puede ser traumático en la vida de cualquier niño.

Necesitaban a su madre y, para ser sincera, yo también necesitaba a mis hijas. Tomé una decisión: nada de películas, nada de viajar por el mundo por trabajo. Quería estar en casa, en Hailey, con mis niñas. Si no podía darles una madre y un padre casados, lo mínimo que podía hacer era ofrecerles un hogar estable y una rutina coherente. Y cumplí con mi palabra, porque durante los cinco siguientes años me transformé en algo que nunca había hecho: una madre a tiempo completo.

Bruce y yo pusimos todo de nuestra parte para que la ruptura no fuese traumática para las niñas, pero, como cabía esperar, se nos presentaron varios desafíos. De repente, a Scout, que siempre había sido la más independiente y extrovertida, la personificación de la confianza en uno mismo, le aterrorizaba pasar una noche fuera de casa. Supongo que temía que, si dormía en otra casa, algo más pudiese cambiar. Por otro lado, Tallulah, que entonces tenía solo cinco años, empezó a comer únicamente alimentos blancos. Tratamos de encauzarla y guiarla hacia una dieta más sana y equilibrada, y dejamos de comprar *bagels* y crema de queso, a lo que ella respondió cerrando la boca. No comió nada... durante varios días. Esa fue su reacción al ver que algunas cosas estaban cambiando y descontrolándose. Quizá fuera su forma de reivindicarse y de ejercer algo de poder. Y, para colmo, era más tozuda que una mula. (Al final no me quedó otra que rendirme y darle los *bagels*. Sé que no fue lo más educativo ni lo más inteligente, pero no iba a dejar que mi hija se muriera de hambre.) Me inquietaba que estuviera utilizando la comida como una forma de control, pues conocía muy bien las consecuencias de esa actitud. Aquellos problemas entraban dentro de la normalidad, teniendo en cuenta las circunstancias. Pero sé que, si no hubiera estado ahí para gestionarlos y solucionarlos, habrían ido a peor.

Mudarnos a Idaho fue, sin lugar a dudas, todo un acierto, sobre todo para mis hijas. Pero para mí no fue tan fácil, pues iba a vivir en esa casa sola y sin la distracción del trabajo. No quería compadecerme, ni sentir lástima por la situación que me había tocado vivir ni utilizar mecanismos destructivos para hacer desaparecer esas sensaciones. Me hice una promesa a mí misma: no iba a utilizar el alcohol o las drogas para superar el divorcio, ni tampoco la comida. Recordé el calvario que había pasado años atrás, cuando me obsesioné por controlar mi cuerpo y mis emociones; estaba segura de que, si volvía a cometer el mismo error, me destruiría.

Aunque rompimos el matrimonio, Bruce se instaló en la casita de invitados que construimos en el jardín, en Hailey. Poco después, alquiló una casa, a unos quince kilómetros en dirección a Ketchum, y se mudó allí. No obstante, en cuanto nos enteramos de que la casa que teníamos enfrente se había puesto a la venta, Bruce no se lo pensó dos veces y la compró. Se podía decir que vivíamos en una especie de recinto familiar, en el que las niñas podían moverse libremente y pasar el tiempo que quisieran con sus padres. Bruce tenía una lujosa piscina climatizada en casa que, incluso en pleno invierno, era una auténtica maravilla.

221

Es curioso, pero debo decir que estoy muy orgullosa de nuestro divorcio. Creo que, en un principio, Bruce tenía miedo de que le pusiera las cosas difíciles después de separarnos y de que le impidiera ver a las niñas, como venganza. Sí, le asustaba que pudiera recurrir a la clase de estratagemas que la mayoría de las parejas tienden a utilizar como armas cuando se divorcian. Pero yo no iba a hacerlo, y él tampoco. No tenía ninguna intención de repetir el error de mis padres, que nos habían utilizado a Morgan y a mí como peones para destruirse mutuamente. Había visto con mis propios ojos en qué se convertía la gente y sabía, por experiencia propia, qué sentía un niño al encontrarse día y noche entre la espada y la pared.

No fue un camino de rosas, no os voy a engañar, pero los dos pusimos de nuestra parte para convertir el amor que nos habíamos profesado durante todos esos años, el amor con el que habíamos formado una familia, en un amor distinto, un amor que creaba un ambiente cariñoso y comprensivo y sano para nuestras hijas. Jamás las pusimos en la disyuntiva de tener que elegir entre el uno y el otro para unas vacaciones o para un cumpleaños; éramos capaces de dejar nuestros reproches a un lado y compartir esos momentos de felicidad con ellas. Estoy convencida de que mis hijas serían totalmente distintas si hubiéramos gestionado la ruptura de otra manera.

Se estableció una dinámica familiar estable y dentro de los parámetros convencionales, algo que no habíamos tenido nunca. No trabajaba, lo que significaba que estaba siempre en casa y podía dedicarme en cuerpo y alma a mis hijas, a sus actividades, a sus momentos de ocio y de descanso, a sus estudios. Bruce era el que trabajaba, el sostén de la familia. Que no fuese mi marido resultaba irrelevante, porque seguía siendo el padre de mis hijas. En realidad, creo que nos sentíamos más conectados que antes del divorcio.

Nuestra casa en Hailey es un rancho enorme; las habitaciones de Rumer y Scout estaban en la planta baja, al final de un pasillo larguísimo. La habitación principal, es decir, la mía, quedaba justo en la otra punta de la casa. Cuando eran pequeñas y se despertaban en mitad de la noche, les asustaba cruzar toda la casa hasta mi habitación. Así pues, durante años, dormimos todos juntos. Nos acurrucábamos los cuatro en la misma cama, cosa que no es lo más recomendable para una vida marital, pero estábamos tan a gusto y cómodos que lo aceptamos sin problemas. Las niñas y yo seguimos un año y pico durmiendo así, pero entonces me di cuenta de que no podía plantearme la posibilidad de pasar una noche acompañada en mi propia casa. Tenía que ingeniármelas para conseguir que las niñas no durmieran conmigo. No podía pedirles a Scout y a Rumer que, de repente, se acostaran cada noche en su habitación. Además, Tallulah solo conciliaba el sueño si estaba a su lado, por lo que se me ocurrió la idea de montar un «dormitorio» cerca de mi habitación: había tres colchones en el suelo y algunas cosas básicas para antes de irse a dormir, como cepillos de dientes, libros, pijamas o una cajita de música. Solo utilizábamos ese cuarto por la noche. Durante el día se entretenían la habitación de juegos que construimos y diseñamos cuando reformamos la casa de arriba abajo. Admito que fue un capricho mío; habíamos tenido una casita para pájaros en una de las estanterías del comedor y se me ocurrió la brillante idea de intentar recrearla y construir un nido de juegos para mis hijas. El carpintero que se encargó del proyecto hizo una réplica perfecta, con el tejadito repleto de guijarros, paredes forradas de tablones

223

de madera y unas diminutas puertas de estilo holandés. Quedó muy bonita.

Tenía muchos proyectos en mente para la casa y sus alrededores. Y ahora, por fin, disponía de tiempo libre para hacerlos realidad. Construimos un parque infantil cerca de casa. A media que las niñas fueron creciendo, añadí más columpios y toboganes. Sus compañeros de clase solían venir en tropel a jugar en el parque. Detrás de la casa fluye un arroyo del río Big Wood, así que coloqué varias rocas a lo largo de la orilla para evitar la erosión. En época seca, cuando el caudal del río era escaso, se transformaba en un charco de lodo. Mis hijas se lo pasaban en grande revolcándose en el barro. Y en época de más lluvia chapoteaban y nadaban en una piscina que teníamos en la parte trasera del jardín y que se llenaba del agua del río gracias a una canalización subterránea. Cuando vives en lo alto de las montañas, el invierno llega enseguida. Las niñas siempre invitaban a sus amigos a casa para patinar sobre el río helado o para construir cuevas de hielo junto a la plataforma de casa.

Yo también hice buenos amigos en Hailey, que me veían como una vecina y una madre entregada. Nada más. La mejor amiga de Scout desde los dieciocho meses se llama Sarah Jane y es la hija de Sheri, aunque la llamamos Sheri-O, una mujer muy graciosa y divertidísima, sensata e irreverente. Se convirtió en una de mis mayores confidentes, y lo sigue siendo. Fue mi cómplice y mi compañera de batallas. Es una golfista excelente. A Bruce le encantaba pasar tardes enteras con ella en el campo. Nuestras hijas les bautizaron como Hámster Jane y Apestoso LaRue.

Hailey era un hogar, nuestro hogar.

Mis hijas me dieron permiso para jugar con ellas. Cuando no estaba ocupada con las tareas típicas de la casa, me dedicaba a montar y a desmontar casitas de muñecas y a construir fuertes para ositos de peluche. Tenía la excusa perfecta para comprar toda clase de juguetes.

De niña apenas había tenido tiempo para jugar, pero había llegado el momento de compensarlo. El entusiasmo que ponía rozaba la obsesión. Recuerdo ir a unos grandes almacenes, en Twin Falls, con las niñas. Hunter era como un hada madrina y solía concedernos el deseo de quedarnos cuando las tiendas hubiesen cerrado sus puertas al púbico. Campar por esos pasillos a nuestras anchas resultaba maravilloso; era como estar en la fábrica de chocolate de Willy Wonka. Tardábamos segundos en vaciar las estanterías de la sección de juguetería.

Tenía una especial fijación por las muñecas Cabbage Patch. Recuerdo que sacaron una edición especial con pequeñas variaciones; para cualquier otra persona, todas esas muñecas eran idénticas, simples réplicas. Yo elegí tres y empecé a examinarlas con detenimiento, tratando de reconocer algún detalle distinto, comprobando cuál tenía la expresión más tierna, qué ojos eran los más bonitos; las revisé durante varios minutos, buscando... ¿qué? ¿Qué estaba buscando?

No fui a terapia después de que Bruce y yo nos separáramos. Preferí llenar la casa de juguetes. Se convirtió en una adicción, pero también en mi salvavidas: a lo largo de los últimos años, he vaciado armarios llenos de juguetes y muñecas que acumulé durante esa época. Me he dado cuenta de que estaban cargados de dolor. Ahora sé que mi obsesión por coleccionarlos evitó que hiciera algo mucho peor. Sin embargo, en ese momento, te habría dicho que todo iba sobre ruedas: Bruce y yo nos llevábamos de maravilla. Las

225

niñas crecían sanas y fuertes. Estaba saliendo con un artista marcial que había conocido en la fiesta de cumpleaños de Scout, pues le contratamos para que hiciese una demostración. Oliver me dio la oportunidad de redescubrirme como mujer, no como esposa ni como madre. Por primera vez, descarté cualquier expectativa de mantener una relación romántica.

Hunter siempre estuvo ahí, a mi lado. Era mucho más que mi ayudante; era un miembro más de la familia. Con él había compartido los momentos más intensos de mi carrera profesional. Me había acompañado en el duelo por mi madre. Y ahora, ahí estaba, apoyándome y ayudándome a digerir el divorcio, viendo cómo compraba juguetes sin ton ni son. Y sin juzgarme. Pero lo que más me gustaba era su sentido del humor: «Seré más amable cuando seas más lista», es uno de mis *hunterismos* favoritos. Utilizaba sus sarcasmos para soltarme las verdades que necesitaba oír, pero de una forma divertida y cariñosa.

Y eso era precisamente lo que perseguía: la verdad. Durante los años que pasé en Idaho, cuando me aparté de la vida pública y me alejé de los focos de Hollywood, justo cuando estaba en la cima del éxito, traté de encontrarme, de comprenderme. No tenía ningún interés en volver a trabajar. El único proyecto que acepté fue un anuncio para Chevrolet. Solo querían mi voz en *off* y el estudio de grabación estaba cerca de Ketchum, así que podía llegar a tiempo para recoger a mis hijas del colegio. Había momentos en los que pensaba: «¿Y si no vuelvo a trabajar? ¿Estaré bien? ¿Me conformaré con esto o necesitaré otros alicientes?».

Estaba buscando una respuesta, pero no sabía dónde encontrarla. Leí todos los libros de autoayuda que encontré en la biblioteca. Me reuní con un monje tibetano. Trabajé con un chamán de Nuevo México. Hice venir a una mujer experta en medicina cheroqui para que oficiara una ceremonia en mi casa. Viajé hasta Bután con Oliver para recorrer montañas y contemplar paisajes increíbles. Organicé un fin de semana en casa con diversos talleres para explorar el poder de la intuición y la intención con mi vieja amiga Laura Day. Estaba abierta a encontrar la verdad se ocultara donde se ocultara, y busqué debajo de todas las piedras espirituales que encontré en mi camino. Mi trabajo consistía en conocerme, en entenderme, en encontrarme.

A pesar de todas las ventajas inherentes a vivir en un pueblecito, esto también tiene sus contras. Rumer, que estaba a punto de terminar primaria cuando Bruce y yo nos divorciamos, lo pasó bastante mal, no solo con la ruptura de sus padres, sino también porque le costó integrarse con sus compañeros de clase. Aquello no mejoró en los dos años siguientes. Y, de repente, justo cuando estaba a punto de matricularla en el instituto, decidió que quería probar algo nuevo. En 2002 empezó su primer año de instituto en Interlochen, un internado especializado en el mundo de las artes ubicado en Michigan. Por lo visto, es como el Juilliard (el famoso conservatorio artístico de Nueva York) de los institutos. Fue la cantante más joven en formar parte de él.

Más o menos por aquel entonces, se me presentó la oportunidad de expandir mis horizontes. Drew Barrymore me llamó. Iba a producir una secuela de la película *Los ángeles de Charlie*, que había sido un exitazo hacía un par de años con Cameron Diaz, Drew y Lucy Liu como protagonistas. Quería saber si me interesaba interpretar un nuevo personaje. Se llamaba Madison Lee, un antiguo ángel que había extraviado el camino; en definitiva, una buena chica convertida en villana.

—El papel te viene como anillo al dedo —me dijo Drew.

Drew me caía de maravilla. De hecho, toda la gente que participó en la película era genial. Pero no me apetecía marcharme de Hailey y del nido familiar que había creado allí, así que me mostré bastante reticente. Sin embargo, Drew no se rindió y siguió insistiendo.

—Piénsatelo —dijo—. El rodaje solo va a durar veinte días.

Volé hasta Los Ángeles para reunirme con ella.

—Por favor, confía en nosotros —me pidió—. Este papel es perfecto para ti. Y solo van a ser tres semanas.

Por primera vez, no encontré ninguna excusa para rechazar la oferta y para enumerar todos los inconvenientes que conllevaba. Drew me estaba suplicando que me uniera al elenco de actrices y mis agentes me aseguraron que era una oportunidad de oro. No era el proyecto que había imaginado para regresar a la gran pantalla y, a decir verdad, no me sentía del todo cómoda en el papel de villana. Lo que realmente me empujó a aceptar la oferta fue la emoción que mostraron mis hijas cuando les conté la propuesta: habían visto *Los ángeles de Charlie* y la idea de que apareciera en la segunda parte las enloqueció. Al parecer, todas estábamos preparadas para un cambio de escenario.

18

Estaba en una sala de prensa de Nueva York presentando *Los ángeles de Charlie*. Aquella película había sido una experiencia totalmente distinta y nueva para mí: muy física, muy femenina, muy divertida. Era primavera de 2003 y acababa de hacer una sesión de fotos con Mario Testino para la portada de *Vogue*. Mi amiga Sara Foster me llamó para invitarme a cenar con algunos amigos suyos. Mencionó que Ashton Kutcher, un actor que había aparecido en televisión en la serie *Aquellos maravillosos 70* y cuya carrera empezaba a despuntar, también iba a asistir a la cena. Tenía un programa de cámara oculta que él mismo producía y presentaba llamado *Punk'd* que estaba siendo todo un éxito en televisión. En resumen, Ashton Kutcher estaba que se salía. Y ese fin de semana también estaba en Nueva York porque iba a grabar el programa *Saturday Night Live*.

Nos reunimos en la habitación de hotel de Ashton a última hora de la tarde; acababa de terminar los ensayos y necesitaba darse una ducha rápida. Él estaba pavoneándose en su *suite* con una toalla como única prenda de ropa y decidí salir un momento al pasillo para llamar a mis hijas. Y justo cuando estaba despidiéndome y deseándoles buenas noches, la puerta de la habitación se abrió y Ashton, esta vez vestido de pies a cabeza, asomó la cabeza al pasillo. Me miró con una expresión seria, casi tímida.

—Es lo más bonito que he oído nunca —dijo, y luego se apresuró en cerrar la puerta.

En ese instante, Ashton pasó de ser un atractivo donjuán a un tipo realmente interesante.

Esa noche fue como si no hubiera nadie más. Me contó que se había criado rodeado de campos de maíz, en Iowa. Por cómo hablaba de sus objetivos y metas en la vida, parecía un actor con una ética profesional muy seria y clara. Me recordaba a esa mentalidad de antes en la que, para conseguir lo que querías, tenías que esforzarte y trabajar a destajo. Era alto y llevaba el pelo algo alborotado. Además, como yo, había empezado su carrera como modelo. Era guapo, eso saltaba a la vista, pero no parecía un adonis griego, pues se había roto la nariz varias veces durante su infancia. Ashton era extrovertido, cariñoso y muy divertido. A su lado sentía una alegría chispeante.

Terminamos de cenar y todo el mundo empezó a recoger sus cosas, pero nosotros no podíamos dejar de parlotear. Me había instalado en mi apartamento, en el edificio San Remo; fue una de las propiedades que me quedó tras el divorcio de Bruce. Había decidido venderlo, así que apenas había muebles, tan solo mucho espacio (¡tres plantas!) y unas magníficas vistas de Central Park. Invité a Ashton al apartamento y no pegamos ojo en toda la noche; nos pasamos horas charlando, explicándonos todas nuestras batallitas y escuchándonos. Me daba la sensación de que lo conocía desde hacía años: conversábamos como dos amigos de toda la vida. Nos entendíamos. Estábamos cómodos y había complicidad entre nosotros. Pero también se palpaba tensión, una tensión de alta intensidad. Conocer a un hombre que te hace sentir segura desde el primer minuto y que, además, enciende toda tu pasión, no es algo que ocurra todos los días. En un momento dado, nos quedamos dormidos, el uno al lado del otro.

Al día siguiente, Ashton tenía que volver a ensayar su monólogo de *Saturday Night Live* y yo tenía que coger un vuelo de regreso a casa para llegar a tiempo a una actuación de Scout en el colegio. Proseguimos nuestra conversación, pero de forma digital: Ashton y yo no podíamos parar de mandarnos mensajes. Aprovechaba cada cambio de vestuario para escribirme un mensaje, y yo no podía contenerme y le respondía de inmediato: ese era el nivel de interés y atención. Nos enviábamos mensajes constantemente, como ese juego en el que el globo debe estar siempre en el aire y de ti depende que se caiga o siga flotando.

Hacía un día soleado y despejado, pero por la tarde, cuando llegué al aeropuerto, todos los vuelos habían sido cancelados; aseguraban que se acercaba una tormenta eléctrica de nivel cuatro. Me costaba creer lo que decía la seguridad del aeropuerto porque, fuera, el sol brillaba y no se advertía nube alguna en el horizonte. Sin embargo, no podía irme de Nueva York. Fue como si el universo estuviese concediéndonos esa oportunidad y nos pidiera que pasáramos juntos unas horas más. Por supuesto, lo primero que hice fue mandar un mensaje a Ashton: «No te lo vas a creer, pero mi avión no va a despegar. ¿Te apetece que nos veamos un rato?».

Esa noche, entre escena y escena, mientras le quitaban una peluca para ponerle otra, me enviaba un mensaje. En cuanto terminó el programa, vino a mi apartamento a toda prisa.

Después de ese breve pero intenso encuentro, no pudimos vernos en varias semanas. Vivíamos pegados al telé-

231

fono y estábamos conectados casi las veinticuatro horas del día; vibrábamos de deseo y de emoción. Era genial. Cuando empecé mi relación con Ashton, estaba convencida de que veía las cosas con claridad y de que, por fin, me conocía perfectamente. Era el fruto de todo ese tiempo que había pasado en Hailey, aislada de la acción y las distracciones de Los Ángeles. Junto a él no me sentía insegura. Era la relación que siempre había deseado tener, basada en un amor puro, sencillo y profundo. Ahora sabía muy bien qué quería para mi vida. Además, al parecer, el destino me lo estaba poniendo en bandeja: intimidad de verdad, un alma gemela.

Él tenía veinticinco años. Yo, cuarenta. Sin embargo, os aseguro que ninguno de los dos notaba la diferencia de edad. Desde nuestra primera conversación, sentimos que estábamos hechos el uno para el otro. Me atrevería a decir que estábamos sincronizados. No os olvidéis de que cuando yo cumplí los veinticinco me quedé embarazada. Era muy joven cuando decidí dar el salto a la maternidad y al matrimonio. Conocer a Ashton fue volver a empezar, como si alguien me estuviera brindando una segunda oportunidad. En cierta manera, retrocedí en el tiempo y empecé a vivir una juventud a su lado, algo que no había podido hacer cuando tenía veinte años.

Además, Ashton no era ningún niñato. Su visión de la vida era muy madura y siempre miraba más allá: a pesar de tener veinticinco años recién cumplidos, estaba muy centrado en su futuro y en su carrera profesional. Era y sigue siendo el trabajador más incansable que jamás he conocido. Y estar a su lado resultaba inspirador y dinámico.

Unas semanas después de ese primer encuentro, por fin pudimos encontrar un hueco en nuestras apretadas agendas para volvernos a ver, esta vez en Los Ángeles. Había pasado tantas horas colgada al teléfono y charlando con él que la idea de verle en persona me abrumaba. El mero roce de su piel me resultaba eléctrico. Estábamos ilusionados y había mucho cariño entre ambos. Fuimos al In-N-Out Burger para intentar esquivar a los *paparazzi* y pasar desapercibidos. Desde el primer día supe que, si alguna vez estábamos juntos, se iba a armar un revuelo espantoso. Era una historia de amor muy jugosa por varios motivos; el primero, nuestra diferencia de edad. Pero además no olvidemos que yo llevaba muchos años apartada de la esfera pública y que Ashton, en esos momentos, estaba saboreando las mieles del éxito gracias a su programa, *Punk'd*. Traté de advertirle de lo que pasaría si la prensa se enteraba de que éramos pareja. Recuerdo muy bien lo que le dije:

—Te seguirán. Vayas donde vayas, ahí estarán. ¿Esa libertad a la que estás acostumbrado? Olvídate de ella. Será cosa del pasado.

233

Intenté explicárselo, pero creo que le costaba imaginarse esa clase de situaciones. Y era comprensible. Más tarde me confesó que, de haber saber sabido el tremendo escándalo que se iba a formar, quizá se lo habría pensado mejor antes de empezar a salir conmigo.

Esa noche, después de cenar, me llevó a ver un terreno que acababa de comprar, justo debajo de Mulholland Drive, en lo alto de las montañas que asoman detrás de Beverly Hills; allí donde, algún día, construiría la casa de sus sueños. Me encantaba que tuviese una mente tan expansiva, capaz de ver más allá, en lugar de actuar solo cuando algo se cruzaba en su camino. Fue otra noche perfecta, una noche que jamás olvidaré. Tal vez porque era una mujer madura y segura de sí misma. Era algo que no había tenido en relaciones anteriores. O quizá sucediera que por fin había hecho las paces con mi cuerpo. O tal vez fuera que entre nosotros todo era fluido y sencillo. Sea como sea, al lado de Ashton, me sentía a salvo. Por eso sexualmente conecté con él como nunca antes me había sucedido con nadie.

Esa sensación de seguridad también me permitió abrir mi corazón y mostrarme más sensible y vulnerable. Había enterrado el recuerdo de aquella terrible experiencia con Val en lo más profundo de mi memoria. Había ocurrido cuando tenía quince años; entonces no supe clasificarlo en la carpeta de «violación». Sin embargo, ese recuerdo seguía acechándome. Cada vez que me encontraba en una situación que me hacía sentir vulnerable, aquella chica de quince años volvía a aparecer. Ashton fue la primera persona con la que me sinceré y con la que hablé sin tapujos de lo ocurrido, cosa que me permitió empezar a lidiar con el trauma y la vergüenza. En esos momentos, comencé a curar aquella herida.

Ashton tenía la noche libre, así que decidió acompañarme a Idaho para ver cómo era mi vida allí. Hunter y Sheri-O, que por casualidad estaban en Los Ángeles, iban a coger el mismo avión que yo a Hailey. De camino al aeropuerto, le dije a Sheri:

—Tengo un secreto que contarte: estoy saliendo con Ashton Kutcher.

—No tengo ni la más remota idea de quién es.

El coche paró justo delante de un kiosco y Hunter se bajó del coche casi de un brinco y compró un ejemplar de la *Rolling Stone* del mes, cuya portada era una fotografía de Ashton.

—Ostras, ¡pero este tío está muy bueno! —exclamó al ver la portada.

Y no podía estar más de acuerdo.

Ashton se mostró un pelín frío y tímido cuando nos reunimos todos en el aeropuerto para subirnos al *jet* privado que Bruce y yo todavía compartíamos. De hecho, estaba tan nervioso que apenas abrió el pico durante el vuelo. Entonces recordé la primera vez que había utilizado un avión privado; fue con Bruce, a principios de nuestra relación. Me pareció emocionante, pero también un poco extraño. Aterrizamos en Hailey y fuimos directos a recoger a nuestras niñas: Scout y la hija de Sheri, Sarah Jane, acababan de regresar de una excursión del colegio, donde habían aprendido a sobrevivir en plena naturaleza. Ashton se acercó a mí y me murmuró al oído:

—Quiero que sepas que no me tomo esto a la ligera. Sé que formar parte de la vida de un niño es algo muy serio y delicado. Uno no puede entrar o salir como si nada.

Cuando las niñas bajaron del autobús y nos vieron empezaron a cuchichear.

—¡¡¿¿Ese es ASHTON KUTCHER??!!

Scout y Tallulah se lo pusieron muy fácil; enseguida congeniaron. Ashton tenía un padrastro maravilloso al que quería muchísimo, por lo que creo que comprendía muy bien el impacto que un hombre puede tener en la vida de unos niños que no son sus hijos biológicos. Le gustaba que fuese madre de tres niñas y, con el tiempo, he llegado a la conclusión de que convertirse en alguien importante para mis hijas era algo de nuestra relación que le hacía muy feliz. Sé que puede sonar un poco raro y atípico para un chico de veinticinco años, pero, como ya he dicho, Ashton no era el chico que todo el mundo imaginaba. Por una parte, era travieso y pícaro, pero, por otra, era responsable y honesto, y tenía la cabeza muy bien amueblada. Sabía perfectamente qué papel debía desempeñar un buen hombre en la vida

235

de una familia. Y se moría de ganas por formar parte de nuestra banda.

Al día siguiente, el avión tenía que volar de nuevo a Los Ángeles porque Bruce lo necesitaba, así que Ashton aprovechó para volver a la ciudad y cumplir con sus compromisos profesionales. Quería que Bruce estuviera al tanto por si, por una casualidad, se cruzaban.

—Tengo un amigo que bajará de ese avión. Es Ashton Kutcher —le comenté.

La reacción de Bruce fue la siguiente:

—Eres una madre estupenda.

Bruce asumió que había traído a Ashton a Hailey como un regalo sorpresa para las niñas, igual que hicimos en una ocasión con Aaron Carter, a quien contratamos para que viniera a Disney World el día del cumpleaños de Scout.

236

Ashton y Bruce se llevaban de maravilla. Solíamos pasar mucho tiempo juntos, jugando a las cartas, preparando la cena o, simplemente, rascándonos el ombligo. Fue una época preciosa.

Una anécdota curiosa: cuando Ashton se mudó a Los Ángeles, lo hizo acompañado de January Jones, la actriz que interpretaba el papel de Betty Draper en *Mad Men*. Estaban prometidos y los dos habían empezado a buscarse la vida en este mundillo, al principio posando como modelos y aceptando papeles secundarios poco relevantes. Con veintitrés años, January consiguió un papel en la película *Bandidos*, que Bruce iba a protagonizar con sus cuarenta y seis años. Ashton estaba convencido de que habían tenido un escarceo amoroso durante el rodaje. Años más tarde, me senté al lado de January en un evento y quise mencionarle el tema.

—¿Hablas en serio? —respondió, desternillándose de la risa—. ¡Se lo repetí cien veces! ¡No quise follarme a ese vejestorio!

Ashton y yo quisimos mantener nuestra relación en secreto, pero después de varios meses nos pareció que era absurdo: estábamos enamorados y queríamos formar parte de la vida del otro siempre, no solo a ratos. En junio de 2003, hicimos nuestra primera aparición pública juntos, en el estreno de *Los ángeles de Charlie: al límite*. Con un fantástico minivestido de Missoni, me paseé por aquella alfombra roja con Ashton de un brazo y con Bruce del otro, y con las tres niñas revoloteando a nuestro alrededor. Fue mi manera de decir que se podía seguir siendo una familia después del divorcio, solo que de otra forma. Además, frené y neutralicé cualquier conflicto entre Bruce y Ashton que la prensa pudiera tratar de inventarse para después anunciarlo a bombo y platillo. Funcionó. Fue una noche genial.

La respuesta a nuestra relación fue tan delirante y frenética como había imaginado, quizás un poco más incluso. Copábamos las páginas de todas las revistas cada semana; no podíamos salir de casa sin que nos persiguiera una horda de fotógrafos. Mis agentes me advirtieron de que esa relación amorosa me estaba haciendo mucho daño: lo único que se decía de mí era que estaba con un hombre mucho más joven que yo, por lo que la gente no me tomaba en serio. Me importó un pimiento. Jamás había sido tan feliz.

Compré una casa preciosa no muy lejos de la parcela en la que Ashton quería construir la casa de sus sueños, en las montañas de Beverly Hills. Era como una casa árbol de estilo zen que desprendía mucha tranquilidad y paz; además, estaba apartada del ruido y del tráfico de la ciudad. Por las tardes, uno podía sentarse en el jardín, junto a la piscina, y contemplar esos atardeceres rosas y violetas. La casa tenía unos ventanales enormes y, miraras donde miraras, solo veías naturaleza y árboles. Ese iba a ser nuestro oasis, nuestro remanso de paz.

Ashton y yo no queríamos estar separados ni un solo minuto. Iba a hacer alguna reforma en la casa. Enseguida, nos ofreció, tanto a mí como a mis hijas, quedarnos en su apartamento. Le parecía ridículo y un gasto de dinero absurdo que alquiláramos una propiedad cuando deseábamos estar juntos todo el tiempo. Y las niñas adoraban a Ashton. Rumer estaba deseando volver a Los Ángeles: echaba de menos a su familia; además, aquel famoso internado para artistas resultó no ser para tanto.

La casa de Ashton fue una de sus primeras grandes adquisiciones. Estaba en lo alto de Beverly Hills y tenía varias pistas de tenis y una piscina casi olímpica. Resultaba admirable que un chaval de veinticinco años pudiera permitirse algo así. Y es que Ashton mantenía una relación con el éxito muy distinta a la de Bruce. No despilfarraba un solo dólar. Era muy cuidadoso y metódico con el dinero. Sus inversiones, incluida su primera casa, son prueba de ello. Eso sí, antes de que nos instaláramos, allí se celebraban todo tipo de fiestas que dieron mucho de que hablar. De hecho, *Rolling Stone* solía dedicar varias páginas a esos fiestones. (En aquel momento, George Bush era el presidente y sus dos gemelas terminaron fumando porros en esa casa, en una de las fiestas organizadas por Ashton. Él estaba convencido de que el Servicio Secreto había pinchado sus teléfonos a partir de ese día.) Hasta que empezó a correrse la voz de que Ashton tenía nuevas compañeras de piso, cada noche aparecía alguien por ahí y llamaba a su timbre.

A Ashton le propusieron presentar *Saturday Night Live*

por segunda vez. Llevábamos un año y medio de relación y decidimos plantar cara a todos los charlatanes que seguían comentando nuestra diferencia de edad. E íbamos a hacerlo de la manera más divertida posible. A diferencia de la primera vez, en que había presentado el programa sola, esta vez disfruté de cada minuto del *show*. En el primer monólogo, Ashton dijo:

—La prensa solo piensa en nuestra diferencia de edad, y yo solo pienso en lo afortunado que soy por haberla encontrado, porque es lo mejor que me ha pasado en la vida. Y esta noche está aquí. Demi, te quiero, nena.

Y entonces la cámara me enfocaba en mitad del público. Ese primer plano fue brutal porque me habían maquillado para que pareciera una anciana de noventa años, con una peluca canosa y unas cejas blancas. Además, me habían disfrazado con un vestido de color púrpura un poco desaliñado. Y sujetaba un bolsito sobre el regazo, como si fuese la reina de Inglaterra.

—Lo estás haciendo genial, cariño —respondí poniendo voz de viejecita—. ¡Y además estás guapísimo!

Entonces Ashton me invitaba a subir al escenario, con él, «para que así pudiéramos disfrutar de ese momento juntos». Me apoyé en los reposabrazos de la silla y, con cierta torpeza, me levanté y caminé arrastrando los pies hasta el andador que me esperaba en el pasillo.

—Todavía es la mujer más atractiva de Hollywood —anunció cuando por fin llegué al escenario.

El público se echó a reír porque parecía una anciana que acababa de salir del geriátrico; además, el equipo de vestuario del programa me había puesto unas tetas falsas que me llegaban al ombligo.

—Llevo este medallón como símbolo de nuestro amor —continuó Ashton, y señaló el colgante de su collar.

239

—Y yo llevo esta pulsera de identificación —respondí yo—. ¡Gracias a ella, todos los médicos del mundo sabrán que sufro diabetes!

Ashton asintió y dijo:

—Los vuelve locos.

Y entonces nos dimos un beso de tornillo y la dentadura falsa que llevaba terminó en su boca. Toda la escena era para troncharse de risa. Me encantaba porque había llegado a un punto en mi vida en que me importaba un bledo lo que la prensa amarilla pudiera decir de mí; me daba igual lo que la gente pensara u opinara de mis elecciones. Estaba viviendo tal y como quería. No tenía por qué avergonzarme de mi edad. Acababa de cumplir los cuarenta y dos. Y estaba embarazada.

19

 $\mathcal{A}$ shton y yo supimos desde el principio de la relación que queríamos tener un hijo juntos, solo era cuestión de decidir qué momento era el más apropiado para dar el paso. Con Bruce, nos habíamos tirado a la piscina de la paternidad sin pensárnoslo dos veces y habíamos acabado formando una familia numerosa. Esta vez mi prioridad era construir una base sólida para la relación y disfrutar del tiempo en pareja antes de traer a un nuevo miembro a la familia. Pero también había pasado la barrera de los cuarenta. Así que para deshacernos de la presión de la edad, decidimos congelar algunos embriones, a pesar de que solo llevábamos unos pocos meses juntos.

Me ofrecieron una película llamada *En la tiniebla*, que, según mi equipo, era el proyecto ideal para mantener el éxito cosechado en *Los ángeles de Charlie*. Estoy segura de que a la mayoría de vosotros esa película no os suena de nada, y no es de extrañar. El guion era muy interesante: un *thriller* sobre una escritora de novelas de misterio que no logra superar el sentimiento de culpa por la muerte accidental y repentina de su hijo. Sin embargo, había problemas de presupuesto, el director no era muy conocido y la localización del rodaje implicaba estar lejos de mis hijas durante más de un mes. Y jamás habíamos pasado tanto tiempo separadas.

Ashton me aconsejó que aceptara la propuesta.

—Las niñas pueden quedarse aquí, conmigo. Cenaré en casa con ellas cada noche —me prometió—. Seguiré a rajatabla la dinámica familiar que tenéis, como si estuvieses aquí.

Íbamos a grabar en Gales y en Cornualles. Antes de irme de Los Ángeles, me encargué de comprar tres teléfonos móviles para cada una de mis hijas, para que pudieran ponerse en contacto conmigo siempre que lo necesitasen. La tecnología había avanzado muchísimo; a diario, nos enviábamos decenas de fotos, además de mensajes de texto. Aunque ellos parecían la mar de contentos en las fotografías que nos intercambiábamos, los echaba muchísimo de menos. Cuando Ashton me dijo que vendría a verme, y que mis niñas me acompañarían, no cabía en mí de felicidad. Alquilamos una casa maravillosa en Londres (cerca de Mayfair); antiguamente había sido un convento. Tenía una piscina en el sótano; chapotear o hacer unos largos ahí abajo era como nadar en una cueva subterránea. Explorar las escaleras de caracol escondidas en todos los rincones con las niñas fue toda una aventura.

Una noche, después de que las niñas se acostaran, Ashton y yo nos sentamos frente a la inmensa chimenea del salón, con las piernas cruzadas. Fue la primera vez que hablamos de la palabra matrimonio. Ahí, sentados frente a la hipnótica luz del fuego, nos sentíamos lo bastante cómodos y serenos como para abordar el tema. Recuerdo que fue una conversación sincera y honesta, porque no sabíamos si a mis hijas les iba a afectar de alguna manera. ¿Casarme con Ashton iba a ayudarlas o a perjudicarlas para comprender a nuestra nueva familia? La prensa seguía insistiendo en que nuestra relación no era seria ni estable, a pesar de que Ashton se había pasado más de un mes defendiendo el fuerte familiar él solo; de hecho, las niñas habían empezado a llamarle MOD, las siglas de *«my other dad»* («mi otro padre», en inglés).

Ashton y yo asistimos a una celebración del sabbat en el Centro de Cábala, en Marylebone. Había empezado a estudiar la cábala poco después de dejar Idaho para instalarme en la ciudad. Había vuelto a Los Ángeles, pero tenía la sensación de que ya no conocía a nadie. Mi amigo Guy Oseary, con quien no había perdido el contacto desde los noventa, vivía allí y se encargó de introducirme de nuevo en la esfera social: me invitaba a cenas con amigos suyos, me llevaba a las discotecas de moda (no bebía una sola gota de alcohol, pero me fascinaba bailar) y, entre muchas otras cosas, me presentó a Madonna. Su marido de entonces, Guy Ritchie, me regaló una copia de *El poder de la cábala*. Poco después, Guy Oseary me comentó que podía conocer a su profesor, Eitan, en Beverly Hills, en las oficinas de Maverick, el sello discográfico que había fundado junto con Madonna. Acepté la propuesta, y debo reconocer que fue una hora de calma y reflexión en la que escuché a Eitan hablar sobre los principios de la cábala y del lado espiritual del judaísmo. Sentía curiosidad por ahondar un poco más en el tema. Así pues, cuando llegué a casa, me puse a leer el libro. Madonna daba una clase de cábala semanal en su casa, y me apunté.

Cuando Ashton y yo nos conocimos, él también empezó a interesarse por la cábala. Ambos deseábamos una vida espiritual. Él se había criado en una familia católica; mis padres me habían bautizado como católica, pero nunca me transmitieron la cultura o valores del catolicismo. Sin embargo, los dos nos preguntábamos qué estábamos destinados a ser y a hacer, y qué lugar debíamos ocupar en el mundo. Estábamos convencidos de que, fuese cual fuese, nuestra unión era un paso que nos llevaría hacia el camino correcto.

Mis hijas tenían diecisiete, catorce y once años en ese momento. Y, como ya he comentado, Ashton deseaba ser el mejor padrastro del mundo. Pero también era un veinteañero que quería salir y divertirse, y no estaba dispuesto a renunciar a ello, por supuesto. No nos perdíamos ningún partido de los Lakers y quedábamos con sus amigos de *Aquellos maravillosos años 70*. Yo le presenté a toda la gente que conocía en Los Ángeles, la mayoría de ellos profesionales que trabajaban en la industria del entretenimiento.

Ashton era todo un experto en conectar con la gente, un hacha en crear una red de contactos, por decirlo de alguna manera. Era algo que se le daba bien en persona, pero también *online*. Fue uno de los primeros en poder presumir de tener más de un millón de seguidores en Twitter; fue capaz de comprender el poder de las redes sociales mucho antes que la mayoría de la gente; después de mucho insistir, me convenció para que me abriera una cuenta propia. Al principio, Ashton y yo nos dedicábamos a jugar, a ver qué pasaba y qué implicaba. Pero poco después me di cuenta de que Twitter era una forma de interactuar directamente con la gente, sin los intermediarios de la prensa y medios de comunicación. La gente había visto muchísimas fotografías mías en las revistas en las que aparecía frunciendo el ceño o con cara de pocos amigos porque quería esquivar a esa masa omnipresente de fotógrafos; en Twitter vi la oportunidad de mostrar una parte de mí mucho más cercana y más real. Y así, de la noche a la mañana, conseguí que la gente empezara a conocerme tal y como era, sin el prejuicio de la imagen de «Gimme Moore» que me había encasquetado

244

la prensa amarilla. Estaba conectando con mis seguidores y compartiendo con ellos algo de verdad. Además, era cosa de dos. En una ocasión, cuando Ashton estaba fuera del país y sabía que estaba en la cama durmiendo, lanzó un mensaje a todos sus seguidores para provocar un «tsunami de amor» e inundar mi Twitter con mensajes de cariño. Todavía estaba en pijama cuando me di cuenta de que mi Secuaz (el apodo con el que bauticé a mi dispositivo móvil del momento) estaba a punto de explotar por todos los mensajes de amor que estaba recibiendo.

Ashton era muy original con ese tipo de cosas. Me dejaba notitas por toda la casa con mensajes como «Recuerda que eres magia» o el sencillo y clásico «Te quiero». Significaban tanto para mí que algunas se quedaron en la pared durante cinco o seis años. Me sentía afortunada por haber conocido a alguien que se esforzaba por hacerme sentir bien y que quería que me divirtiera y saboreara aquel placer.

Me llevó a México para que pasara un día de San Valentín romántico e inolvidable; pensó en todos los detalles: un camino de pétalos de rosa hasta la *suite* principal y una bañera con decenas de velas encendidas. Fueron nuestras primeras vacaciones los dos solos y las aprovechamos al máximo. Nos dimos varios masajes relajantes, leímos bajo la sombra de las palmeras en la playa, pero la verdad es que la mayor parte del tiempo la pasamos desnudos y en la cama.

Una noche, nos arreglamos y salimos a cenar. Ashton estaba disfrutando de una copa de vino tinto y me dijo:

—No sé si el alcoholismo existe de verdad; en mi opinión, todo depende de la moderación.

Deseaba ser esa chica. Una chica capaz de tomarse una copa de vino durante la cena, o beberse de un trago un chupito de tequila en una fiesta. Y, en mi mente, Ashton

245

también quería que fuese esa chica. Así pues, traté de convertirme en eso: en una chica divertida y normal. En ningún momento pensé: «Es un chico de veinte años que no tiene ni la más remota idea de lo que está diciendo». Y tampoco se me pasó por la cabeza que llevaba casi dos décadas sobria, lo cual era todo un logro que debía hacerme sentir muy orgullosa. En lugar de eso, empecé a elaborar todo tipo de excusas que justificasen su punto de vista. «Muchísima gente se emborracha cada fin de semana en su juventud, pero luego tiene una relación sana con el alcohol», me repetía una y otra vez. Durante muchos años había utilizado la comida como una forma de torturarme, pero había conseguido cambiar mi relación con la alimentación porque por razones obvias no podía dejar de comer. ¿Sería capaz de hacer lo mismo con el alcohol? Cuando volvimos a nuestra habitación, cogí una cerveza del minibar.

Ese fin de semana abrí una puerta que había cerrado con llave hacía muchos años. Estaba entusiasmada por volver a beber alcohol porque esta vez lo tenía bajo control, o eso me decía a mí misma. Nos marchamos de México y cogimos un avión a Chicago porque Oprah iba a entrevistar a Ashton. Estaba en el camerino viendo el programa; cuando se puso a hablar de mí, lo hizo con tal entusiasmo y amor que todas las mujeres del público se quedaron embelesadas escuchándolo.

Después volamos a Florida para asistir a una gran y esperada carrera NASCAR, en Daytona: Ashton iba a dar el pistoletazo de salida. Nos ofrecieron una habitación de hotel que podíamos utilizar durante la carrera. Me escabullí sin que nadie se diera cuenta y cogí una cerveza del minibar. Nadie me estaba vigilando, por supuesto, pero no lograba deshacerme de esa engorrosa sensación de que estaba haciendo algo malo; no puedes mantenerte sobria durante veinte años y no sentirte culpable por tomarte una cerveza. Las palabras que Alcohólicos Anónimos utiliza para describir el alcoholismo son maliciosas, desconcertantes y se te quedan grabadas para siempre. «¿Seré capaz de hacerlo? —me preguntaba—. ¿Y si solo tomo cerveza?» Esa botella de cerveza me duró todo el fin de semana. Me la bebí a sorbos, todos furtivos y deliberados.

La última parada fue Miami, donde Sean Combs nos había ofrecido su casa, junto al canal intracostero del Atlántico. Fueron unos días maravillosos en los que estuvimos totalmente solos. Fue allí cuando me di cuenta de que tenía un retraso. Enseguida se lo comenté a Ashton.

—Aunque llevamos varios días de viaje y a veces eso altera el ciclo...

No dejaba de darle vueltas al tema y no podía enviar a nadie a la farmacia para que comprara un test de embarazo. Y descartamos la idea de ir nosotros porque era muy arriesgado. Pero lo notaba en mis entrañas. Fueron veinticuatro horas eternas, pero apasionantes.

Envié a Hunter un mensaje: cuando volvimos a Los Ángeles al día siguiente, tenía un test de embarazo esperándome en casa. Cuando vi que la crucecita empezaba a aparecer me quedé de piedra, estupefacta. Esa sorpresa pasó de la emoción a la preocupación. Fue un torbellino de sensaciones. Pero cuando se lo expliqué a Ashton, su reacción se impuso a mis sentimientos encontrados, y con creces. Estaba ilusionado, más feliz que una perdiz.

Seis semanas después me pidió la mano en la isla privada Parrot Cay. Me pidió que fuésemos a la playa a contemplar la puesta de sol y allí, sobre la arena, hincó la rodilla y me entregó un precioso anillo de compromiso Cartier *vintage*.

247

Estaba abrumada. Le dije que necesitaba pensármelo. Lo último que quería era que sintiera que debía casarse conmigo simplemente porque estaba embarazada. Pero le quería. Y sabía que era un sentimiento recíproco. Y también sabía que ese bebé iba a consolidarnos como familia y a unirnos para siempre.

Por la noche, le dije que sí.

Hace un par de meses me topé por casualidad con un viejo *Late Show*, de David Letterman. Era una entrevista de 1994 y había acudido al programa para promocionar la película *Acoso*. Letterman dijo:

—¡Tienes una vida maravillosa! Parece sacada de un cuento de hadas. —Tallulah todavía era un bebé, y Letterman se deshizo en elogios para mis hijas—. Y tú también eres una mujer hermosa —continuó—. Te has labrado una carrera profesional llena de éxitos, tienes un marido al que las cosas no le van nada mal —bromeó—, y todas las películas en las que apareces no solo acaban siendo buenas películas, sino verdaderos taquillazos.

Es evidente que parte de su discurso era una hipérbole, algo bastante habitual y típico en televisión; la mayor parte de presentadores adula a sus invitados para que se sientan cómodos y así sonsacarles toda la información posible delante de la cámara. Pero la verdad era que no andaba desencaminado. Tenía tres hijas estupendas. Y un marido atractivo y famoso al que, para qué mentiros, la vida le estaba tratando muy muy bien. Muchas de las películas que había protagonizado habían cosechado grandes éxitos en taquilla. Era una mujer afortunada, de eso no había ninguna duda. Pero también era una mujer llena de dudas e inseguridades. La vida que me rodeaba era extraordinaria, pero los mensajes que resonaban en mi mente seguían siendo negativos y oscuros.

Años más tarde, después de prometerme en matrimonio con mi alma gemela y embarazada de mi cuarto hijo a los cuarenta y dos años, me sentía por primera vez la mujer más afortunada de la historia. Por fin estaba en un punto de mi vida en el que podía aceptar toda esa abundancia, valorarla y, sobre todo, disfrutarla de verdad.

Y entonces comenzamos los preparativos para la llegada del bebé, empezando por la habitación. Mi amiga Soleil Moon Frye (en aquella época, su marido era socio de Ashton en su empresa de producción) también se había quedado embarazada y estábamos ilusionadas y emocionadas por compartir ese momento juntas; me alegraba saber que ya contaba con un círculo de amigos que iban a ser padres en breve.

Iba a ser una niña. Decidimos llamarla Chaplin Ray por una mujer que había conocido en España y que había sido mi intérprete durante la promoción de *La teniente O'Neil*. El nombre me robó el corazón, igual que la niña que se estaba gestando en mi vientre.

Toda mujer tiende a engordar más rápido después de un primer o un segundo embarazo, pero cuando me quedé embarazada de Chaplin me puse como un tonel. Queríamos la máxima discreción, por lo que optamos por mantenerlo en secreto; tan solo Bruce, mis hijas y nuestro círculo de amigos más cercano sabían que estábamos esperando un bebé. Lo último que quería era que mi hija llegara al mundo y se convirtiera en carne de cañón para la prensa.

Y gracias a Dios que lo hicimos.

Fuimos a una revisión rutinaria. Estaba casi en el sexto mes de embarazo, a punto de empezar a contárselo a todo el mundo. El ginecólogo me hizo una ecografía, algo habitual. Sin embargo, ocurrió algo inesperado. No escuchó el latido del corazón del bebé. Yo también me percaté de ese silencio sepulcral. Afiné el oído, pero no oía el corazoncito de Chaplin. La expresión del ginecólogo hablaba por sí sola.

Si nunca habéis perdido un bebé, quizá penséis que un aborto natural no es para tanto. No lo recuerdo, pero estoy segura de que alguna vez yo también pensé que se trataba de una simple desgracia médica, un contratiempo triste y decepcionante, pero tampoco devastador. Pero cuando es tu bebé, alguien a quien ya quieres con toda tu alma y a quien ya consideras como parte de la familia, ya no lo ves como una simple derrota, o como un golpe de mala suerte. Te sientes como si tu hijo se hubiese muerto.

Estaba destrozada. Hacía las cosas por inercia, por pura supervivencia. Intenté llorar la muerte de Chaplin, pero todo era muy confuso. ¿Cómo superar la pérdida de un bebé que jamás ha llegado al mundo? Ni siquiera sabía quién era. Lo único que quería era que volviera a mis entrañas, y lo anhelaba con cada molécula de mi ser.

Ashton hizo todo lo que pudo por tratar de acompañarme en ese duelo, en ese dolor. Intentó estar a mi lado y apoyarme durante el aborto y durante las semanas posteriores, pero era imposible que entendiera por lo que estaba pasando. En primer lugar, él no había llevado a ese bebé en sus entrañas. Y en segundo lugar, seguía teniendo veintitantos años, por lo que no sentía la insoportable presión del tiempo. Tenía toda la vida por delante (o casi) para ser padre. De repente, me di cuenta de que había agotado todas mis posibilidades de ser madre. Había tenido mucha suerte al quedarme embarazada de forma natural a los cuarenta años. Me aterrorizaba la idea de que no volviera a ocurrir. No había conseguido dar a luz a Chaplin, y me moría de la pena. Seguía el ritmo de mi día a día, pero me sentía perdida.

Hace poco encontré una nota que Tallulah me escribió en esa época. Decía: «Siento mucho que hayas perdido el bebé. Pero yo sigo aquí. Y te quiero».

Estaba convencida de que había sido culpa mía: de no haber abierto esa puerta al alcohol, jamás habría perdido al bebé. Y, para colmo, todavía fumaba cuando descubrí que estaba embarazada. Había tardado varias semanas en dejarlo del todo. Esa sensación de culpabilidad me estaba matando por dentro, porque sabía que esa desgracia era culpa mía y solo mía.

Empecé a vincular el alcohol con el dolor. «Acabo de sufrir una experiencia traumática y devastadora. Me estoy tomando una cerveza, no hay nada de malo en eso.» Me lo repetía como si fuese un mantra porque, en lo más profundo de mi conciencia, sabía que sí había algo de malo en eso y que no debía consumir alcohol en mi estado.

Ashton recuperó su vida normal, lo que significa que continuó expandiendo y construyendo su propio imperio. Pasaba mucho tiempo sola; no estaba inmersa en ningún proyecto profesional, así que me dedicaba día y noche a repetirme una vez tras otra todo lo que había hecho y lo que no había hecho durante el embarazo. Todo lo que había podido conducir al aborto.

Sin embargo, no lo daba todo por perdido. Todavía albergaba un rayo de esperanza. Podía volver a intentarlo. «Ahora que sabemos que esto es lo que queremos, ¡vayamos a por todas!»

Decidimos casarnos. Nuestro maestro de cábala creía que

251

podría ser una experiencia sanadora porque, al unirnos en matrimonio, nuestra conexión sería más profunda y nuestras almas se fundirían en una sola. Empecé a planear la boda.

Al principio se rumoreó que nuestra relación no era más que un elaborado y astuto truco publicitario. La gente se negaba a creer que una mujer de cuarenta y un chico de veinticinco pudieran estar enamorados y ser felices juntos, aunque nadie se echa las manos a la cabeza cuando es al revés. (Bruce y su esposa, por poner un ejemplo, se llevan veintitrés años, y nunca nadie se ha atrevido a cuestionar su relación o su amor.) Cuando Ashton y yo nos casamos, el 24 de septiembre de 2005, ya habíamos tenido que enfrentarnos a grandes desafíos como pareja, pues llevábamos dos años juntos que habían sido muy intensos, para bien y para mal. No tenía la sensación de que estuviera apresurándome, sino todo lo contrario. Estábamos celebrando un amor que, por suerte, había sobrevivido a una prueba de fuego.

Tuve que hacer un esfuerzo hercúleo para que la ceremonia se celebrase en la más estricta intimidad. Y para ello conté con la ayuda de Hunter y del padre de Ashton, Larry. La lista de invitados era bastante pequeña, solo amigos cercanos y familia, y la mayoría creía que habíamos organizado una fiesta de inauguración de nuestro nuevo hogar. Las reformas de la casa árbol por fin habían terminado y la ceremonia se celebró precisamente ahí, en el salón. Fue una boda íntima y muy sencilla, nada que ver con mi primera boda con Bruce, que fue un fiestón por todo lo alto. Vino el padre de Ashton, junto con su madre y su padrastro. Tampoco faltó su hermano gemelo, Michael, y su hermana mayor, Tausha.

Su sobrina Dakota también estuvo allí. Asimismo invitamos a Bruce y a las niñas, por supuesto. Y en representación de mi familia, George y DeAnna, y Morgan.

Lucy Liu llegó en mitad de la ceremonia; se dirigió a hurtadillas al asiento que le habíamos asignado con una expresión de sorpresa y de felicidad, y con un regalo de inauguración debajo del brazo.

Para esa ocasión tan especial llevé un vestido de color marfil muy sencillo y precioso, firmado por Lanvin, que mi buen amigo Alber Elbaz, un genio de la costura, había conseguido coserme a medida en tan solo unas semanas. Ashton también se decantó por el color blanco para nuestra ceremonia cabalística y se puso una jupá. Di siete vueltas alrededor de Ashton para simbolizar el círculo del amor y él hizo añicos una copa de cristal con el pie, un recordatorio de lo frágiles que son las relaciones. De lo fácil que pueden romperse en mil pedazos.

253

20

*L*o hacíamos todo juntos. Nos encantaban los juegos de mesa; uno de nuestros favoritos era el dominó cubano. Recuerdo que jugábamos dos o tres noches a la semana, y siempre seguíamos las normas de Salma Hayek: las fichas de dominó deben salir de la misma línea central de fichas, por lo que acaba convirtiéndose en una batalla despiadada para que tus oponentes no puedan colocar ni una sola ficha más. Penélope Cruz y su compañera de piso, Daya, fueron quienes nos enseñaron a jugar. Pero no jugábamos siempre solos; a veces se pasaban Heather, Guy o Bruce, y también nuestro amigo Eric Buterbaugh, que se había encargado de las flores de nuestra boda. Organizábamos una clase de cábala en casa cada miércoles. TJ, el antiguo compañero de habitación de Ashton, y el resto de su equipo de fútbol venían los domingos. No había noche que no cenásemos en familia; de hecho, Ashton planificaba su horario personal a partir de nuestra dinámica familiar. Nuestros amigos entraban y salían de nuestra casa como si fuese la suya y, con el tiempo, terminaron siendo parte de la familia.

Cada año, después del día de Navidad, nos montábamos en un avión e íbamos a Parrot Cay. Fue un ritual que había empezado con Bruce: madrugábamos y esquiábamos en las

255

montañas de Idaho por la mañana; después nos subíamos en un avión para terminar el día nadando en las cálidas aguas del océano. Fue allí donde bebí por primera vez delante de mis hijas, en el bar que había junto a la piscina. Pedí una cerveza. Ashton, un cóctel. Al principio, andaba con pies de plomo; controlaba mucho cada sorbo que daba a la cerveza y prestaba atención a cualquier reacción de mi cuerpo o de mi mente. Y entonces nuestro nuevo amigo del bar, Fratboy Phil lo llamábamos, dijo:

—¿Alguna vez os habéis bebido una cerveza de un trago con una pajita?

Hicimos una competición para ver quién lo hacía más rápido. Gané. Lo hicimos tres veces. En ningún momento pensé que Phil medía casi dos metros y que debía de pesar el triple que yo. Terminé muy muy borracha. En el carrito de golf que teníamos para volver a nuestra habitación, me dejé caer en el asiento del copiloto. Rumer no dejaba de reírse por las tonterías que estaba haciendo.

—Oh, mamá. Te quiero —dijo.

—Siento lo mismo que tú —respondí.

A mis hijas les hizo gracia verme pedo esa noche. Pero a mí no me pareció nada gracioso. Siempre había sido una madre muy precavida y cariñosa, y me había esforzado mucho para alcanzar cierto nivel de estabilidad y control. Nunca había sido una impulsiva, sino todo lo contrario. Cuando uno bebe, se vuelve más directo y desinhibido, o al menos eso me pasa a mí, pero mis hijas lo vivieron de una forma distinta. Para ellas, me volvía una persona más estricta y dura. Fue algo nuevo y distinto para ellas porque jamás me habían visto a mí, o a otros adultos, de fiesta o bebiendo de forma descontrolada. Recuerdo que cuando Rumer cumplió los dieciséis años organizamos una fiesta en casa; Tallulah estaba muerta de miedo porque algunos de los invitados estaban borrachos y no entendía nada de lo que decían o hacían. Pero entonces pude consolarla y tranquilizarla: todavía era su madre y, bajo mi cobijo, siempre estaría a salvo.

Ashton y yo no nos dimos por vencidos y seguimos intentando que me quedara embarazada tal y como se ha hecho desde el inicio de los tiempos. Pero unos meses después, recurrimos a la inseminación intrauterina, solo para estar seguros. Y al ver que tampoco había funcionado tras un año probándolo cada mes, pasamos a la fecundación *in vitro*.

Las inyecciones diarias de hormonas y las constantes visitas al ginecólogo que exige la fecundación *in vitro* pueden llegar a desesperar y a exasperar a cualquier mujer. El primer médico que nos asignaron no me gustó un pelo, pues hacía demasiado hincapié en mi edad. Así pues, buscamos a otro experto en la materia, y resultó un acierto. Me cambió las hormonas, o las dosis, y enseguida noté una mejoría.

257

Sin embargo, cada vez que me bajaba la menstruación, la prueba irrefutable de que había pasado otro ciclo y habíamos fracasado en el intento, sentía que volvía a revivir la muerte de Chaplin. Y a partir de entonces me adentré en un lugar muy oscuro y tenebroso.

Preferí guardarlo en secreto. Perseveré y seguí intentándolo. Por fuera parecía la mujer optimista y pragmática de siempre. Pero, por dentro, estaba muriéndome.

Sobre el papel no había ningún motivo que explicase por qué no me quedaba embarazada. Producía muchísimos óvulos. Y la mayoría acababan fecundados. Pero, aun así, el milagro no llegaba. Debieron de pasar cuatro o cinco ciclos, y todos terminaron rompiéndome el corazón. Cada vez que lo intentas, recuperas la ilusión y la esperanza. Confías en que esa va a ser la buena. Así que te inyectas las hormonas en la tripa y en el trasero, por la mañana y por la noche. Acudes a la consulta cada semana para una ecografía y un análisis de sangre, para así saber con exactitud cuándo vas a ovular y cuándo el endometrio va a estar listo para la nidación. Organizas toda tu vida alrededor de ese embarazo deseado; entonces, cuando te enteras de que no estás embarazada, otra vez, se te parte el alma. Cuando una mujer pasa varios años de su vida metida en ese círculo vicioso, puede pasarle factura.

A favor de Ashton debo decir que él no se rindió y se dedicó a buscar otras opciones: podíamos recurrir a un vientre de alquiler o a una donante de óvulos. Tal vez suene egoísta, pero quería tener un hijo biológico, un hijo que creciera en mi vientre. Así lo había vivido hasta en tres ocasiones. Si lo pensaba con frialdad, sabía que una madre podía conectar con un bebé sin haberlo gestado, pero quería vivir esa experiencia emocionalmente con Ashton. Deseaba ser la mujer despreocupada que se tomaba una copa de vez en cuando, pero también quería ser la mujer fértil que podía tener un bebé. Empezaba a inquietarme porque temía que, tal y como la prensa amarilla se encargaba de recordarle al mundo entero cada vez que se le presentaba la oportunidad, se me hubiese pasado el arroz.

A lo largo de ese terrible y doloroso periodo, creo que cometí el error de no valorar, o incluso de desatender, la relación que tenía con mis hijas. No quería molestarlas con los detalles de mi fecundación *in vitro*; no habría sido justo para ellas. Sin embargo, desde su punto de vista, su madre se había vuelto reservada, casi hermética. En Idaho sentían que éramos una familia unida y feliz, pero ahora tenían la sensación de que Ashton y yo nos estábamos alejando de ellas. Y, para complicar todavía más las cosas, estaban pasando por esa etapa vital en la que los hijos prefieren separarse de sus padres que pasar tiempo con ellos. Rumer y Scout tenían las hormonas alborotadas por la adolescencia y yo las tenía en pleno auge por las inyecciones que me ponía dos veces al día.

Asumí que nuestro vínculo no corría ningún peligro, que se trataba de un pequeño bache y que sería pasajero. Cuando tus retoños dejan de parecer niños ingenuos y vulnerables y se convierten en personitas que piensan por sí solas y actúan sin tu consentimiento, es fácil perder de vista el hecho de que ellos siempre te mirarán con los ojos de un niño. Creo que, sumida en mi dolor, olvidé que los míos todavía necesitaban el apoyo y los consejos de una madre.

259

Ashton se estaba preparando para rodar una película titulada *Un seductor irresistible*. El guion dejaba bien claro que sería muy sexual, incluso explícito. Jennifer Jason Leigh había sido la elegida para interpretar el papel de la protagonista. Un día, Ashton vino a casa directo de una reunión con el equipo de la película.

—A Jennifer le preocupa que estés en el set de rodaje. —Le notaba inquieto, incómodo y me explicó que, si Jennifer no estaba cómoda durante la grabación de la película, podría afectar y dañar muchísimo su carrera. En esos momentos, ella estaba casada con el director Noah Baumbach, que acababa de estrenar una gran película—. Quizá quiera trabajar con él algún día —prosiguió Ashton—. Pero tal vez por esta tontería ni siquiera me tenga en cuenta.

Me quedé mortificada. Jennifer y yo compartíamos representante, así que, ni corta ni perezosa, lo llamé. Estaba muy muy nerviosa.

—Por favor, dile que jamás haría nada que pudiera comprometer la película, y que jamás trataría de incomodar a una actriz mientras está trabajando.

Mi representante la llamó para transmitirle el mensaje y después me llamó a mí.

—Jennifer me asegura que no tiene ningún problema con que estés en el set. De hecho, no tenía ni la más remota idea de qué le estaba hablando.

Aquello me desconcertó. Traté de aclarar el tema con Ashton, pero no parecía muy dispuesto a ahondar en el problema. Lo atribuyó todo a un malentendido, pero había algo que no encajaba. En resumidas cuentas, no era a ella a quien le preocupaba que estuviese presente en el set de rodaje, sino a él.

Estaba destrozada, desconsolada. Bruce siempre tuvo la sensación de que no lo necesitaba en mi vida y que, por eso, le había dado demasiado espacio. Había tratado de no repetir el mismo error. Creía que había apoyado a Ashton en todo lo que había necesitado; incluso le había acompañado a Luisiana para el rodaje de *El guardián* y me había quedado allí los meses que había durado el rodaje. Y todo para estar a su lado. Sin embargo, lo que Ashton necesitaba era espacio. Y no me lo había dicho. Solo había sido capaz de comunicarme lo que quería ocultándome la verdad.

No fue sincero. Y eso fue culpa suya. Pero yo centré toda mi atención y energía en él, por lo que la presión le resultaba insoportable. Estaba perdiendo el control. Y eso fue culpa mía.

ϓ

A diferencia de lo que mucha gente imagina sobre un alcohólico, que te tomas una copa y todo tu mundo se derrumba, en mi caso fue una caída gradual. Mi consumo y abuso de alcohol no hacía más que menguar mi seguridad y confianza en mí misma.

Mi agente me recomendó alquilar la casa de Joe Francis en Puerto Vallarta para celebrar mi cuarenta y cuatro cumpleaños. Es un lugar increíble, un lugar que supera cualquier expectativa y funciona como si fuese un hotel de seis estrellas. (Hay un botón en el teléfono para todo lo que puedas imaginar.) Ashton y yo alquilamos un avión privado e invitamos a una docena de amigos a pasar el fin de semana con nosotros.

Todo el mundo se lo estaba pasando en grande y se avecinaban unos días de descontrol. Organizamos una cena copiosa y exquisita en la mesa para banquetes del salón; los camareros no dejaban de servirnos chupitos de tequila, y la gente se ponía de pie sobre la mesa y se pavoneaba como si estuviera desfilando por una pasarela. Nuestro amigo Eric se sumó al carro, pero lo hizo en ropa interior y con un par de botas de *cowboy*.

Cuando no tienes un botón de apagado en el cerebro, continúas hasta que no puedes más. Esa noche terminamos todos metidos en el *jacuzzi*; me desmayé en varias ocasiones. Cada vez que perdía el conocimiento, me escurría hasta el fondo de esa bañera de hidromasaje. De no haber estado acompañada por tanta gente, habría muerto ahogada.

Ashton me llevó en volandas hasta la cama. Estaba furioso. Hasta cierto punto, entiendo su reacción. Si hubiese sido la primera vez que pasaba algo así, supongo que no se lo habría tomado tan a pecho. El problema era que no había sido la primera vez.

261

Pero su reacción también me confundió: había sido él quien me había alentado a tomar ese camino. Y cuando me pasaba de frenada y llegaba demasiado lejos, se enfadaba y me mostraba una fotografía en la que salía con la cabeza apoyada en la taza del cuarto de baño. En ese momento me pareció una broma inocente y sin mala intención. Pero resultaba humillante.

Me sometí a una cirugía dental y salí de la clínica con una receta de Vicodina. Tomaba la medicación solo cuando la necesitaba, es decir, cuando el dolor se volvía insoportable. Al principio. Semanas después, a pesar de que el dolor me resultaba bastante llevadero, pensaba: «Hmmm, creo que me voy a tomar la mitad de una pastilla». Por aquel entonces sufría mucho de la espalda, así que me las ingenié para que me firmaran otra receta para lidiar con ese dolor. Esas pastillas me adormecían lo justo para calmar los nervios y poder tomarme la vida con un poquito más de filosofía. Sabía que beber alcohol era un riesgo para mí porque nunca sabía cuándo parar, pero las pastillas eran mucho más fáciles de controlar. Me daban la energía que necesitaba para seguir con mi día a día. Sin embargo, con el paso de los días, dejaron de tener ese efecto, por lo que tenía que aumentar la dosis para conseguir el efecto deseado. Llegué hasta el punto de tomarme doce pastillas al día.

Me di cuenta de que tenía un problema un fin de semana en el que toda la familia nos reunimos en casa. Perdí la cuenta de las pastillas que había tomado y, de repente, sentí que me ahogaba, que no podía respirar.

No se lo conté a nadie, pero al día siguiente tuve una conversación con Ashton y se lo expliqué. Me preguntó si necesitaba ayuda y le contesté que me encargaría yo misma de solucionar el problema, y eso fue lo que hice.

Él iba a estar en Europa toda la semana siguiente, y las niñas querían pasar unos días con su padre. Así pues, aproveché ese tiempo para desintoxicarme. Es una de las experiencias más duras que he vivido nunca. Desengancharte de los opiáceos es una agonía; nadie se imagina lo insoportable y horroroso que puede llegar a ser. Ni siquiera puedes dormir por el dolor, y no es un dolor localizado. Te duele todo el cuerpo. Incluso llegar al baño requiere un esfuerzo sobrehumano. Y en tu cabeza solo oyes una voz que grita: «¡Te estás muriendo, pero si tomas solo una pastilla, todo este dolor desaparecerá!». Es como la peor gripe que hayas podido pasar, pero multiplicada por cien. Pero tuve agallas y superé esa semana de tortura.

Cuando Ashton regresó a casa, tenía la impresión de haber sobrevivido a una guerra mundial. No me dedicó palabras de apoyo, o de compasión, o de ánimo. Sentía que estaba molesto y enfadado conmigo por haber tenido ese problema, como si me lo hubiera buscado yo solita.

263

21

$\mathcal{A}$shton cada vez estaba menos presente. Seguía muy centrado y ocupado en otras cosas: su trabajo, su creciente interés y participación en el mundo de las nuevas tecnologías, la liga de fútbol de sus amigos. Me estaba dejando muy claro que lo que fuese que se traía entre manos era muy importante, y no le culpo por ello. Pero ojalá no hubiese tenido la autoestima por los suelos y me hubiese valorado tan poco.

Hacía malabares para intentar cambiar y convertirme en la mujer que quería como esposa. Antepuse sus deseos a los míos. Él no me pidió que lo hiciera, por supuesto. Pero eso fue lo que hice porque así lo había aprendido de mi madre, y de su madre antes que ella. Quería que ese matrimonio funcionase y estaba dispuesta a hacer lo que fuese para lograrlo: pasaría por el aro, implicara lo que implicara. Cuando él me confesó que fantaseaba con incluir a una tercera persona en nuestra cama, no me negué. Y no lo hice porque quería demostrarle que podía ser una mujer divertida, despreocupada y de mente abierta.

Introducir a terceras personas en nuestro matrimonio nos proporcionó una falsa sensación de poder y, sin lugar a dudas, una efímera sensación de emoción. Abrimos la relación a dos personas distintas, y debo decir que sus intenciones siempre fueron buenas; se mantuvieron en su lugar y jamás cruzaron el límite de nuestra intimidad. Sé que podría ponerme en contacto con cualquiera de esas dos personas y empezar una bonita amistad; una, de hecho, se ha casado y tiene un crío. Eran buena gente, pero, aun así, fue un error. Una de las ideas principales de la monogamia es que alguien está dispuesto a sacrificar otras cosas por estar contigo y, por lo tanto, ocupas un lugar muy especial en su vida, un lugar que te pertenece a ti y solo a ti. Pero en cuanto una tercera persona entra en la relación, ese lugar sagrado que tenías reservado para ti empieza a peligrar.

Estaba en Nueva York trabajando en una película con Ellen Barkin titulada *Otro día feliz* cuando saltó la noticia. Ashton se había acostado con una chica de veintiún años, en nuestra casa, aprovechando que yo no estaba.

Recuerdo la noche que se conocieron. Estábamos en una bolera, con Rumer; cuando Ashton fue a buscar los zapatos para jugar a los bolos, ella se acercó a él y le pasó una servilleta con su número de teléfono escrito. O eso fue lo que me contó entonces. Esa noche, cuando llegamos a casa, me enseñó la servilleta.

—Es asqueroso. Estábamos en la bolera con mi hija, y ella estaba con su hermana y su madre —dije.

Fue una respuesta visceral. Me pareció repugnante. Y saber que él le había seguido el juego me sentó como una patada en el estómago, como si me estuviera diciendo «jódete».

La noticia de la infidelidad corrió como la pólvora; de repente, estaba en todos los medios sensacionalistas. La chica incluso había intentado vender una sudadera de Ashton en eBay por quinientos dólares.

La prensa publicó la exclusiva en portada, por supuesto. Ya habíamos acordado participar en un evento en la Clinton Global Initiative porque queríamos presentar nuestra fundación, cuyo principal objetivo era luchar contra el tráfico de personas. Habíamos invertido más de un año en investigar el tema y establecer la infraestructura. Ashton tiene una mente privilegiada y siempre piensa en una perspectiva global; para mí, el tema era muy personal, por lo que ni siquiera me planteé la posibilidad de cancelar o posponer la presentación.

Me bloqueé y me encerré en mí misma. Sabía que la prensa amarilla estaría analizando mi reacción con lupa. Si éramos capaces de aparentar normalidad, como un frente unido, tal vez restarían importancia al tema, no se tomarían muy en serio la versión de esa chica y la catalogarían de «aprovechada». Pensé que quizá la mejor opción era aceptar lo que había ocurrido e ignorarlo.

Así que Ashton vino a Nueva York, yo puse la mejor cara que pude y el 23 de septiembre de 2010, la víspera de nuestro aniversario de bodas, presentamos nuestra fundación. Recuerdo que Ashton comentó que hoy en día hay más esclavos que en cualquier otra época de la historia de la humanidad; con todo lujo de detalles, explicó los esfuerzos que habíamos dedicado para que Twitter y otras plataformas de Internet no se utilizaran como un mercado de compraventa de seres humanos. Yo, por mi parte, hablé de la campaña que habíamos bautizado como «Los hombres de verdad no compran niñas», que pretendía concienciar a las culturas que permiten que los hombres paguen una suma de dinero a cambio de mantener relaciones sexuales con menores.

—Uno de cada cinco hombres ha participado en el comercio sexual —anuncié delante de toda esa sala llena de personalidades, al lado del hombre con el que me había casado hacía cinco años y que acababa de engañarme con una chica de la edad de mi hija mayor—. Los hombres de verdad protegen, respetan, aman y cuidan a las mujeres.

Y yo no me sentía protegida, respetada, amada o cuidada por él.

Rumer, que por aquel entonces ya se había independizado y había empezado a hacer sus pinitos como actriz, vino con Ashton, porque así lo habíamos organizado mucho antes de que la noticia saliese a la luz; al día siguiente, los tres iríamos a Providence, Rhode Island, a visitar a Scout, que justo había empezado a estudiar en la Universidad de Brown. En mi fuero interno sabía que no debíamos mentirles. Y, técnicamente, no les mentí, pero permití que creyeran que todos los titulares que habían leído en la prensa eran infundados. Mi intención era protegerlas, aunque ahora me doy cuenta de que fue una tremenda equivocación.

Les arrebaté la oportunidad de procesar todo ese dolor y decepción conmigo, como una familia. Se merecían saber la verdad.

Ashton y yo decidimos volver en coche a Los Ángeles para pasar un poco de tiempo juntos… y solos. Estaba avergonzada porque tenía la sensación de que la infidelidad había sido culpa mía. Según Ashton, al incluir a una tercera persona en la relación, ciertas líneas se habían desdibujado. Así fue como lo justificó. Creo que se arrepintió de haberse acostado con esa chica; sin embargo, en lugar de asumir la responsabilidad de sus actos, optó por eludir su parte de culpa porque no estaba preparado para cambiar la percepción que tenía de sí mismo, la de un tipo familiar y decente.

Ashton no intentó subsanar el daño que me había hecho mostrándose más atento y cariñoso conmigo. Ahora, con la perspectiva del tiempo, creo que actuó así porque, en realidad, quería escapar del matrimonio. No supo cómo hacerlo de una manera más sincera y honesta. O tal vez tuviera sentimientos encontrados. Estoy segura de que una parte de él valoraba, y mucho, lo que teníamos; no obstante, otra parte de él deseaba cerrar ese capítulo de su vida y empezar otro nuevo. No puedes culpar a alguien por no tener la delicadeza o la sensatez, o cierto nivel de conciencia, para adoptar un comportamiento compasivo. No supo hacerlo mejor. De su forma de actuar se desprendía lo siguiente: «Por favor, no me quieras». Pero, por desgracia para ambos, yo le quería.

Tallulah, la única de mis tres hijas que todavía vivía con nosotros, acababa de cumplir diecisiete años y estaba atravesando una fase rebelde, algo muy típico en las chicas de su edad. Una tarde de la primavera de 2011 me comentó que iba a pasar la noche con unas amigas porque querían estudiar para las pruebas de acceso a la universidad, así que aproveché para ir al cine. El teléfono empezó a sonar en mitad de la película: era la madre de una de esas chicas.

269

La policía había detenido a Tallulah y a algunas de sus amigas por consumo de alcohol. Iban a casa de una amiga, con una botella de agua llena de vodka; para colmo, ya había pasado el toque de queda en esa zona, por lo que habían llamado la atención de la policía. Tenía que ir a la comisaría de Hollywood a recogerla.

Entré y, sin mediar palabra, fui directa al jefe de la comisaría:

—Mire, sé que lo que han hecho no está bien, pero es su primer delito. ¿No podrían dejarlas marchar con solo una advertencia? Le aseguramos que no volverá a ocurrir. Nunca.

Y su respuesta fue:

—Esa información desaparecerá de su historial cuando cumpla la mayoría de edad.

Sin embargo, a diferencia de sus amigas, la prensa nunca borraría ese detalle del «historial» de Tallulah: ese pequeño incidente la perseguiría toda la vida; cada vez que alguien quisiera contratarla para un empleo y buscara su nombre en Internet, aquello sería lo primero que leería de ella. Me había pasado muchos años repitiéndoles la misma cantinela a mis hijas: da igual con quién estéis o las circunstancias personales que estéis viviendo en ese momento; el titular que le interesará a la prensa amarilla será «Tallulah Willis, arrestada». Por la profesión de sus padres, siempre estarían sometidas a un escrutinio mucho más riguroso que sus amigas; cualquier tropezón, cualquier error que cometieran saldría en las noticias. Y eso fue exactamente lo que ocurrió. Al día siguiente, salió publicado en TMZ, tal y como temía.

No abracé a Tallulah cuando la vi ahí sentada en la comisaría, y quizá debería haberlo hecho. Estaba molesta y dolida porque me había mentido; solo podía pensar en una cosa: en tratar de convencer a los agentes de policía para que no dieran demasiado bombo al tema. Intentaba protegerla, pero ella lo interpretó de otra manera. Para ella, su madre solo se preocupó por el qué dirán porque quería guardar las apariencias.

Los adolescentes hacen cosas estúpidas. Sabía que la postura que tomara en relación con lo ocurrido iba a afectar al futuro consumo de drogas y alcohol de mi hija pequeña. Fui un poco dura con ella. Bruce no estaba ese fin de semana;

Ashton tampoco. Era la única adulta y, para colmo, tenía que asistir a un evento solidario en Nueva York dos días después.

Echando la vista atrás, creo que no debería haber ido. Lo más sensato habría sido quedarme en casa, con Tallulah, y charlar largo y tendido sobre lo que había pasado. Pero me marché, y ella se quedó al cargo de Emma, que se había casado con Bruce un par de años antes. Cuando regresé de Nueva York y entré en casa, me encontré con una nota escrita a mano. Tallulah no quería volver a poner un pie en mi casa y, aunque insistí muchísimo, tampoco quería hablar conmigo.

Era una adolescente y, como tal, estaba rompiendo ciertas normas, sobrepasando límites establecidos y desafiando las reglas para ver hasta dónde podía tensar la cuerda. Y eso era normal. Lo que no fue nada normal fue lo que ocurrió después: a partir de ese incidente, toda la familia se puso de su lado. De repente, Scout tampoco me dirigía la palabra porque, misteriosamente, ella también «necesitaba más espacio». Bruce se negó en rotundo a discutir la situación conmigo, o a negociar una forma de dirigir y gestionar lo que había pasado con Tallulah. Me estaban tratando como si hubiese sido yo a la que hubieran arrestado. No daba crédito a lo que estaba sucediendo en mi familia.

Por supuesto, todo el mundo tenía sus (buenos) motivos para no querer hablar conmigo. Scout estaba intentando emanciparse, crecer y madurar, empezar una nueva vida en la universidad, y supongo que fue la oportunidad perfecta para reivindicar su independencia. Bruce estaba construyendo una nueva vida al lado de Emma y no se sentía de humor para los problemas de su pasado. Tallulah estaba enfadada porque tenía que obedecer unas normas que le parecían absurdas. No era más que una cría, pero su opinión coincidía con la del resto: yo era la culpable del abismo que nos separaba, cada vez más insalvable.

Creo que mis hijas estaban furiosas conmigo porque dependía muchísimo de Ashton. Era adicta a él. Sí, esas palabras definen muy bien nuestra relación en esos momentos. E hice todo lo que los adictos hacen. Prioricé mi adicción a mis necesidades, y a las de mi familia. Buscaba excusas poco convincentes para justificar mi comportamiento... y el de Ashton. Hasta entonces habíamos sido una familia unida, indestructible. Pero ahora se estaba desmoronando.

Que dos de mis hijas no quisieran hablar conmigo era algo nuevo, sin precedentes y horrible. Amenazaba lo único de lo que me sentía verdaderamente orgullosa: mi papel como madre. Y las echaba muchísimo de menos. Ashton estaba enfadado porque consideraba que había dañado su relación con las niñas. Aun así, se mostró muy cariñoso conmigo y me brindó todo su apoyo. Me mandó un correo electrónico precioso ese verano, prometiéndome que se sentía el hombre más afortunado sobre la faz de la Tierra y que cuando Dios me creó, también creó una red de seguridad para él.

El desliz de Ashton con esa chica había sido un toque de atención bastante evidente. Durante ese año me dediqué en cuerpo y alma a reparar y enderezar nuestra relación, a solucionar cualquier malentendido. Hacía más de diez meses que no probaba una gota de alcohol. Empecé a centrarme en mis propios proyectos: estaba produciendo un programa de televisión, había participado en una película maravillosa, *Margin Call*, que se iba a estrenar en otoño, y mi debut como directora de televisión estaba programado para ese mismo mes. Ashton, por su parte, estaba a punto de empezar otra serie de televisión, *Dos hombres y medio*, que iba a paliar parte de su ansiedad financiera después de la crisis de 2008. (Iba a sustituir a Charlie Sheen y, además, iba a ser coprotagonista con Jon Cryer. El mundo es un pañuelo, desde luego.) Creía que los dos estábamos trabajando para proteger nuestra relación. Yo seguía desesperada por tener un bebé con él. Al final no me había quedado más remedio que bajarme del burro y aceptar una opción que, hasta entonces, me parecía impensable: utilizar una donante de óvulos. Empecé rastreando las listas de todas las agencias, porque quería dar con la donante perfecta; durante el proceso, compartí todas mis ilusiones y expectativas con Ashton. Estábamos en Idaho para celebrar la fiesta del 4 de julio, el Día de la Independencia de Estados Unidos, cuando encontré a la donante idónea para nosotros. Le mostré a Ashton su fotografía. Él estuvo de acuerdo con seguir adelante.

Eso fue un martes. El jueves empezamos a rellenar todos los papeles. Y el domingo, mientras dábamos un paseo por la orilla del río, Ashton me dijo:

—No me siento capaz de hacerlo, y no sé si esto está funcionando.

Me quedé atónita, de piedra, como si alguien me hubiera echado encima un jarro de agua fría. Le pregunté por qué había permitido que perdiera el tiempo buscando una donante, que pasara por ese proceso tan largo y tan doloroso y que me sintiera tan vulnerable si él no estaba por la labor. Su respuesta fue clara:

—Nunca pensé que fueras a hacerlo.

Al día siguiente volé a la otra punta del país, a Nueva York, por trabajo. Había producido una serie de entrevistas, titulada *The Conversation*, que presentaba mi buena amiga

Amanda de Cadenet. Me había encargado personalmente de contratar a Lady Gaga, Alicia Keys y Donna Karan, entre muchas otras personalidades, y no podía fallar, tenía que estar allí. Estaba absorta. Y esperando a que Ashton se pusiera en contacto conmigo e intentara arreglar las cosas.

Una semana después aterricé en Los Ángeles; no habíamos cruzado una sola palabra en todos esos días. Cuando entré en casa, nuestra sala de estar estaba abarrotada, pues era el día de nuestra clase semanal de cábala. Miré a Ashton y un escalofrío me recorrió todo el cuerpo. Su mirada era de hielo. Fue como estar frente a la persona más fría e insensible del planeta. En esa mirada no reconocí al chico del que me había enamorado años antes. Y era más que evidente que tras esa mirada gélida no había un hombre que me quisiera.

Esa noche, me soltó la bomba:

—Creo que debería mudarme a mi casa.

—¡Hala, hala, HALA! —fue todo lo que fui capaz de articular—. Estamos casados. Así no es como se arreglan las cosas. ¿En qué momento hemos pasado de tratar de solucionar nuestros problemas a «me marcho de casa»?

Estaba nervioso y presentía que estaba conteniéndose, que había algo que no me estaba contando. Y tenía un mal presentimiento.

—Tenemos que pedir ayuda, hablar con alguien —insistí.

Y eso fue lo que hicimos. Pero no sirvió de nada. En el fondo, él no quería trabajar en la relación. No quería mantener relaciones sexuales conmigo. Ni siquiera quería tocarme. Ya había tomado una decisión y la había asumido. Yo, en cambio, seguía sumida e implicada en el matrimonio, pero estaba sola. Todavía trataba de entender por qué me había enviado un correo electrónico hacía dos semanas diciendo que se sentía el hombre más afortunado del mundo. Necesitaba comprender qué estaba ocurriendo en mi vida, porque así podría perdonarlo, superarlo, convivir con ello. Pero su comportamiento me confundía, me desconcertaba. Le pedí que no hiciera las maletas; creía que, como pareja, nos merecíamos abordar y tratar de solucionar nuestros problemas de una forma íntima y privada, y juntos. Estuvimos de acuerdo en mantener lo ocurrido entre nosotros; y también acordamos no estar con otras personas hasta que resolviéramos el tema, ya fuese de una manera o de otra.

Nuestro sexto aniversario de boda estaba a la vuelta de la esquina. Danny Masterson había organizado una despedida de soltero para ese mismo fin de semana. Ashton dijo que no quería perdérsela por nada del mundo y que iría a San Diego por la noche. Asistió a la despedida; cuando volvió al día siguiente, me comentó que se lo había pasado genial. Para celebrar nuestro aniversario, me llevó al lugar de nuestra primera cita, ese terreno que había comprado y que albergaba todas sus fantasías y sueños. La tensión se palpaba en el ambiente y presentía que había algo que no me estaba contando. Y esa incertidumbre me estaba volviendo loca.

Al día siguiente tenía que volar de nuevo a Nueva York para hacer una rueda de prensa y presentar un proyecto del que me sentía muy muy orgullosa. Era una miniserie para Lifetime titulada *Five*; estaba compuesta de cinco cortometrajes que narraban distintas historias relacionadas con el cáncer de mama, todas ambientadas en un lugar y un momento distintos, y todas dirigidas por cinco mujeres distintas. Y yo era una de ellas. Mi historia estaba enmarcada a principios de los sesenta, en una época en que la gente ni siquiera se atrevía a pronunciar la palabra «pecho» en

público, por lo que la población no era consciente del problema. Lo más gratificante de aquella experiencia fue dirigir
a una niña e intentar contar su historia centrando toda la
atención en su vivencia, en su punto de vista. El primer día
de rodaje, Ashton me envió al estudio un precioso ramo de
flores azules con una tarjeta que decía: «Creo en ti». No
pude dejar de pensar en esas florecitas durante el vuelo a
Nueva York.

Estaba en una habitación del Crosby Hotel, preparándo-
me para el estreno de la serie. Y justo cuando iba a venir la
estilista a arreglarme el pelo y a maquillarme, me llegó una
alerta de Google al teléfono: «Ashton Kutcher, pillado». Al
principio creí que el titular se refería al incidente del año
anterior que, tal vez, algún medio de comunicación había
querido desempolvar y sacar de nuevo a la luz. Sin embargo,
en cuanto abrí el enlace, me di cuenta de que eran noticias
frescas. Según el artículo, había ocurrido el fin de semana
de nuestro aniversario, justo la noche que había pasado en
San Diego celebrando la despedida de soltero. También aparecía el testimonio de una joven rubia que repetía, al pie de
la letra, las frases seductoras que solía utilizar Ashton. Se
me revolvió el estómago. Conocía muy bien esas palabras.
La chica no estaba mintiendo. «¿No estás casado?», le había preguntado a Ashton, a lo que él respondió que estaba
separándose. Pasaron la noche juntos y después él condujo
hasta Los Ángeles para celebrar el aniversario de boda junto
con su esposa.

—Pero ¿qué cojones has hecho?

Esas fueron las palabras que salieron de mi boca cuando
descolgó el teléfono.

Pero lo que realmente quería decir era: «¿Cómo has podido ser tan tonto? ¿Es que querías que te pillaran?». (Y la

verdad es que sí, de forma inconsciente, estaba deseando que lo pillaran.) «¿No has pensado en mí? ¿En serio tenías que ponerme, otra vez, en esta situación? ¿No podías al menos haberte tomado la molestia de serme infiel de una manera más discreta y de romperme el corazón sin arrastrarme a la humillación y escarnio públicos?»

Lo admitió sin andarse con rodeos. Sabía que tenía que colgar y atravesar la alfombra roja y rezar para que esa información todavía no se hubiera divulgado y para que ningún reportero me pusiera un micrófono en la cara y me preguntara cómo estaba después de que mi marido, con el que llevaba seis años casada, se hubiese tirado a una chica de veintiún años con la que había disfrutado de un baño en un *jacuzzi* el mismo fin de semana de nuestro aniversario. Pensé que si eso ocurría, vomitaría en mitad de la alfombra.

Una semana después de mi cuarenta y nueve cumpleaños, el 11 del 11 del 2011, Ashton hizo las maletas y se marchó de casa. El comunicado que ofrecí a través de mi publicista fue breve, pero describía a la perfección cómo me sentía:

> Con gran tristeza y con el corazón roto, he decidido poner fin a mi matrimonio con Ashton, que ha durado seis años. Como mujer, como madre y como esposa, hay ciertos valores y votos que considero sagrados, y por eso he preferido cerrar este y seguir con mi vida.

277

22

*N*o comía. Adelgacé tanto que llegué a pesar cuarenta y tres kilos. Estaba esquelética. Empecé a sufrir unos dolores de cabeza terribles. Me dolía cada músculo del cuerpo y tenía el corazón roto en mil pedazos. No tenía fuerzas para seguir luchando. Y en mi cabeza solo rondaba una pregunta: «¿Cómo he llegado hasta aquí?».

Esas Navidades, Rumer y yo nos fuimos de viaje. No estaba en mi mejor momento, desde luego, y mi actitud y comportamiento no fueron los adecuados. Uno de sus amigos se apuntó al viaje y empecé a coquetear con él, una forma de actuar muy triste y desesperada que solemos tener las mujeres cuando estamos hundidas en la miseria.

También empecé a abusar de la medicación para la migraña; no se me fue la mano con las pastillas, pero sabía que eran un mecanismo para tratar de aliviar el dolor.

En la fiesta que celebramos en mi salón en enero de 2012, no hice nada que no estuviera haciendo el resto. Allí estaba Rumer, algunos amigos suyos y algunos amigos míos. Inhalé nitrógeno. Di varias caladas a un porro de hierba ecológica, o eso fue lo que me dijeron. No es que me hubiera vuelto loca y hubiera sufrido una sobredosis. Tan solo había tenido una reacción extraña, una convulsión; algo que, al parecer, es bastante habitual cuando alguien inhala un poco de nitrógeno o «gas de la risa», la versión DIY que puedes conseguir en el dentista.

Aunque hubiese sido algo puntual y anecdótico, no podía ignorarlo. De haber estado en mis cabales, jamás se me habría pasado por la cabeza drogarme enfrente de mi hija. Rumer se asustó muchísimo cuando me vio medio inconsciente y tirada en el suelo; por un momento, creyó que iba a morirme ahí mismo. Perdió los papeles y esa noche decidió que iba a dejar de hablarme, igual que habían hecho sus hermanas meses antes.

Eso fue, de lejos, lo peor de todo. Peor que ver a mis amigos llamando al 911 antes de incorporarme y gritarles que no lo hicieran. Peor que todos los titulares que colmaron las portadas de las revistas y se publicaron en las redes sociales: «Demi Moore, ¡directa al hospital!». Peor que saber que Ashton se iba a enterar de la triste noticia. Peor que tener el corazón hecho añicos. Ser madre era lo único que se me daba bien, pero ¿cómo iba a dárseme bien si mis tres hijas me habían retirado el saludo y se negaban a hablar conmigo?

¿Cómo he llegado a esto?

Me daba la sensación de que mi familia me culpaba de todas las desgracias que me ocurrían, como si yo fuese la mala de la película. Estaba enfadada con mis hijas porque no se habían dignado a mostrar una pizca de compasión por mí y porque Bruce no había querido mediar entre nosotras. Y también estaba abochornada por lo ocurrido ese fin de semana en el salón de mi casa. Todos insistían en que debía ingresar en un centro de desintoxicación, lo cual me parecía una tremenda locura. ¿Qué iba a hacer? ¿Presentarme en la clínica y decir: «Hola, me llamo Demi y no bebo, aunque el otro día inhalé un poco de gas de la risa»? Sabía que el problema de fondo no eran las drogas ni el alcohol.

Me sentía tan confundida y tan perdida que cada mañana, al despertarme, pensaba: «No sé qué coño hacer. ¿Seré
capaz de sobrellevar el día?». Estaba herida, tanto física
como emocionalmente. Casi nunca salía de casa. Solo abría
la puerta para dejar salir a los perros y que se aireasen un
poco. No soportaba pensar que mi familia ya no necesitaba
mis consejos o mi apoyo, que, en realidad, ya no necesitaban
nada de mí.

Mi carrera profesional estaba estancada. De todos modos,
aunque me hubieran propuesto alguna película, no habría
podido aceptarla. Estaba enferma. Así que no tenía más remedio que estar sola. Y lo odiaba.

¿Esta va a ser mi vida? Porque si va a ser así, paso.

Sabía que tenía elección, que no todo estaba perdido: podía morir sola, igual que mi padre, o podía plantearme de
una vez por todas cómo había llegado a eso y armarme
de valor para afrontar y asumir las respuestas.

281

¿Cómo he llegado a esto?

Pues porque tuve una abuela que toleró y aguantó a un
marido mujeriego que era encantador y guapo y carismático,
y que creyó que no tenía otra alternativa que soportarlo
porque se había casado con él. No pudo recibir la educación
o la independencia necesarias para poder librarse de él, y
les transmitió y enseñó a sus hijas que hicieran lo mismo,
que repitieran ese patrón.

Porque tuve una madre que, a pesar de haberse casado
con el amor de su vida, creó una relación disfuncional de
amor-odio con él, hasta que mi padre decidió acabar con su
propia vida. Continuó eligiendo hombres agresivos, que la
maltrataron, y murió sin estar en paz consigo misma.

Porque mi madre me utilizó para conseguir que mi padre volviera corriendo a sus brazos. Dedicaron toda su vida a mentir, como siempre habían hecho cuando se presentaba un problema o cualquier obstáculo. Llegué a este mundo envuelta en un manto de mentiras, porque fui la hija del hombre equivocado. No recuerdo un solo día de mi infancia o de mi adolescencia en el que no estuviera preocupada por mis padres, y eso no era normal. Me había pasado décadas inventando todo tipo de excusas para justificarme, pensando que, si me esforzaba y trabajaba duro, tal vez me ganaría el derecho de ser quienquiera que fuese.

Porque mis padres no fueron lo suficientemente maduros ni lo bastante sensatos para cuidar de mi hermano y de mí tal y como cualquier niño de este mundo se merece. Nos querían, pero no fueron capaces de anteponer nuestras necesidades a las suyas. No supieron protegernos de los peligros, peligros que teníamos que esquivar cada dos por tres, peligros que ellos mismos provocaban.

Porque no me atrevía a responder a una pregunta que llevaba años atormentándome: «¿Qué se siente cuando tu madre te prostituye por quinientos dólares?».

Porque mi reacción a esa vertiginosa falta de seguridad y constantes cambios de mi niñez fue convertirme en una mujer fuerte, resistente y maleable. Había pasado tantos años de mi vida tratando de adaptarme e integrarme a entornos nuevos (escuelas nuevas, gente nueva, directores nuevos, expectativas nuevas) que no concebía ningún cambio que solo me implicara a mí, a mi situación personal o a mis necesidades. Nunca aprendí a hacerlo. Creo que vivía en un estado de desconfianza perpetua y no sabía cómo encajar en este mundo y sentirme cómoda en él.

Porque me esforcé tanto en ser distinta a mi madre que

me dediqué a cuidar de los demás, pero no de mí misma. Me presionaba para ser la madre que mis hijas necesitaban, la esposa que Bruce y más tarde Ashton deseaban. Pero ¿qué necesitaba yo? ¿Qué quería yo? Debía averiguar cuáles eran mis necesidades y mis deseos, y expresarlos en voz alta. Y solo yo podía convencerme de que me lo merecía.

Porque cuando conocí al hombre de mis sueños, no me despegué de él y se convirtió en mi adicción. Ashton parecía la respuesta a mis plegarias. Yo era una mujer madura y con experiencia en relaciones de pareja; además, estaba preparada para empezar otro romance. Él, en cambio, todavía estaba tratando de descubrir quién era realmente. Algo a lo que nunca quise darle muchas vueltas (¿y quién querría hacerlo?) cuando Ashton y yo nos enamoramos fue que la magia que sentíamos tal vez no fuese la misma. Yo sentía conexión, comunión. Y él, en fin, él estaba bajándose de un avión privado por primera vez, conociendo de primera mano mi hogar y a mi familia, una familia que había formado hacía varios años. Y todo de la mano de una mujer que se había labrado una carrera envidiable en el mismo sector profesional que él aspiraba a conquistar. Era una actriz de cuarenta años que había tenido una gran vida, un gran exmarido y tres hijas. La vida adulta de Ashton estaba empezando, tanto personal como profesionalmente. Pero no me di cuenta de todo eso porque estaba embelesada, enamorada hasta las trancas. Me sentía como una quinceañera que cruzaba los dedos para que alguien se fijara en ella. Si mis padres me hubieran dado una educación más sana, más honesta y más cariñosa, habría vivido todo eso a los quince.

Porque elegí a hombres que parecían estar cortados por el mismo patrón que mi padre y mi abuelo, y porque hice todo lo que se me ocurrió para complacerles y hacerles felices.

283

Porque nunca supe lidiar con el rechazo y el desdén que había recibido a lo largo de mi carrera. Me daba miedo que, si prestaba atención a toda esa avalancha de críticas destructivas, no fuese capaz de soportarlas. Con solo pensarlo me quedaba aterrorizada, porque esos comentarios alimentaban un sentimiento que tenía clavado en lo más profundo de corazón: el pánico a que algún día, cuando menos me lo esperase, se celebrara una especie de asamblea en la que todos los presentes me despreciaran y me odiaran. «¿Qué coño está haciendo Demi aquí? No debería estar aquí, lo tiene prohibido. No es lo bastante buena. Es una guarra. Sacadla de aquí. Sacadla de aquí.»

Y porque hacía demasiado tiempo que una pregunta no dejaba de rondarme: «¿Me merezco estar aquí?».

Y por fin había llegado el momento de contestarme a mí misma: «Sí».

Recibí tratamiento. Por los traumas que jamás me había atrevido a afrontar y por las dependencias que me habían provocado a lo largo del tiempo. Las convulsiones que sufrí en el salón de mi casa fueron los síntomas, no la enfermedad. Mi salud física se estaba deteriorando por momentos: era lo único que me quedaba y, cuando empezó a marchitarse, no tuve más remedio que aprender, por primera vez, a digerir. Trabajé codo con codo con un médico que me ayudó a recordar todos los capítulos de mi vida, uno a uno, para que así pudiera masticarlos y empezar a metabolizar todo lo que había sucedido.

Mis hijas me habían dado un ultimátum: «No volveremos a hablar contigo hasta que te cuides y aceptes entrar en un programa de desintoxiación». Las obedecí sin rechistar, pero, aun así, seguían sin preocuparse por mí, sin llamarme, sin venir a verme. Les comenté lo importante que era que asistieran a la semana familiar, no solo por mí, sino por todas. Pero rechazaron la invitación. Cuando terminé el programa, intenté ponerme en contacto con ellas en muchas muchas muchas ocasiones. Les propuse vernos en un lugar donde se sintieran cómodas, o incluso con un terapeuta delante, me daba lo mismo. Yo solo quería verlas. Pero ellas me rechazaban o me ignoraban. No conseguía comprender qué había hecho que fuese tan terrible como para que me repudiaran y me alejaran de su vida sin ni siquiera tener una conversación. Al final me rendí y dejé de intentarlo. Si lo mejor para ellas era apartarse de mí y cortar toda relación, entonces lo aceptaría, por mucho que me doliera. Tenía que confiar en que, si seguía trabajando en mí, mis hijas también se beneficiarían. De hecho, era una manera de curar mi relación con ellas. Tardamos tres años en volver a retomar el contacto.

285

No ver a mis tres hijas en tantísimo tiempo fue doloroso. Había días en los que estaba triste, días en los que me sentía impotente y días en los que me enfadaba. Pero pasar todos esos años sola, sin ninguna otra compañía que la mía, me empoderó de una manera increíble. Me confirió la oportunidad de aprender qué es la vida como mujer. No como madre o hija. No como esposa o novia. No como *sex symbol* o actriz.

Sé que pensáis que mostrarte tal cual eres y vivir en consonancia con tu forma de ser y de ver el mundo debería ser algo natural, casi automático. Pero viniendo de donde venía, nunca contemplé la posibilidad de ser quien realmente soy.

Me cansé de esperar a que sonara el teléfono el día de Navidad, o el día de mi cincuenta cumpleaños, o el Día de la Madre. Tampoco recibí ningún correo electrónico con señales de vida. Nada. Nada de nada. Y cuando ya no tuve nada más que perder, por fin pude respirar hondo y liberarme de todo ese peso. Si mis hijas hubieran estado revoloteando a mi alrededor, creo que mi instinto maternal no me habría permitido ese espacio personal que tanto necesitaba. Quizá tuve que estar sola para conseguirlo y, sin saberlo, mis niñas me habían dado esa oportunidad. Tuve que aprender a cuidar de mí misma: busqué ayuda para mis trastornos autoinmunitarios, que resultaron ser más graves de lo que imaginaba; me sometí a un tratamiento psicológico para superar los traumas que había enterrado en lo más profundo de mi corazón, que había empezado a pudrirse.

286   Uno de nuestros miedos colectivos es la soledad. Darme cuenta de que era capaz de convivir con ella fue un gran regalo que me hice a mí misma. Pasar tantas horas sola, sin compañía, no era lo que más me apetecía, pero me adapté y lo acepté sin problemas. No tenía miedo. No necesitaba hacer un sinfín de cosas para llenar ese vacío. Parte de ese largo silencio lo dediqué a sanarme, a curarme. Así fue como empecé a intentar mirar las cosas desde otra perspectiva. ¿Y si mis aventuras y desventuras no me hubiesen ocurrido «a» mí, sino «por y para» mí? Lo que aprendí es que cómo contemplamos nuestras experiencias lo es todo.

Lo había vivido en mi propia piel años antes. Cuando mi madre se estaba muriendo en esa cama, encontré la forma de cambiar la relación que mantenía con ella. Había pasado muchos años sintiendo rabia y nostalgia respecto de ella. «¿Por qué no me quieres?» Conseguí transformar todos esos sentimientos en compasión, y eso me liberó. Asumir la responsabilidad de tus reacciones es el pasaporte a la libertad.

Sí, lo había conseguido con mi madre, pero eso no significaba que repetir esa hazaña fuese fácil. Algunas cosas eran demasiado dolorosas como para reformularlas, darles la vuelta y ver el lado positivo. Sin embargo, si analizo los problemas a los que tuve que enfrentarme para quedarme embarazada por cuarta vez, por ejemplo, que pudiera o no pudiera gestar un bebé era irrelevante, lo que de verdad me hacía daño y me hacía sufrir era el juicio al que yo misma me estaba sometiendo. Si lo contemplo como un fracaso personal, por supuesto que va a destruirme. ¿Y si intento mirarlo desde otra perspectiva? ¿Y si no me quedé embarazada por mi propio bien, por no estar atada a Ashton para el resto de mi vida? Cuando abrí la mente y pensé en esa posibilidad, por fin pude asimilar el trauma.

Eso no significa que ahora sea santa Demi ni que sea inmune al dolor. Solo significa que por fin soy capaz de admitir que tengo debilidades y necesidades, y que lo más sensato es pedir ayuda cuando la necesitas. No puedo arreglar todos mis problemas yo sola. Puedo sentir melancolía, inseguridad y dolor, pero sé que son sensaciones que, como todo en esta vida, pasarán.

¿No había una forma más sencilla de aprender esa lección de vida? ¿No podía haberme dado cuenta de todo eso antes de que Ashton me engañara y me partiera el corazón, antes de que mis hijas decidieran no volver a hablar conmigo, o antes de que mi salud se deteriorara? Por supuesto que no. Cualquier persona que hubiera sufrido una de esas calamidades, habría reaccionado de inmediato y se habría dicho a sí misma «Necesito dedicarme un poco de tiempo y atención». Sin embargo, yo tuve que tocar fondo, perder a mi marido, un bebé, la fertilidad, mis tres hijas y la amistad con su padre. Por suerte, en ese momento tampoco tenía una carrera profesional tras la que ocultarme. Gracias a Dios que no llegué al extremo de perder mi hogar.

Las cosas que nos pasan en la vida no son casuales ni fortuitas, sino que ocurren por una razón. Suceden para captar nuestra atención, para despertarnos. ¿Por qué tuve que perder todo lo que más quería para hundirme en la miseria y darme cuenta de que debía reinventarme, reconstruirme? En mi humilde opinión, porque lo que me arrastró hasta ese agujero negro y tenebroso fue justamente lo que me destrozó por dentro... y por fuera. Estaba en un punto de mi vida en el que no podía seguir como si nada. Me podía doblegar... o romper.

Necesitaba que ocurriera todo eso para poder convertirme en la persona que soy ahora. Había sido muy dura conmigo misma durante toda la vida. Ya desde niña me impuse unas normas muy estrictas y muy equivocadas. Llegué a convencerme de que no valía, de que no merecía que me ocurrieran cosas buenas, como tener una pareja cariñosa y bondadosa, o protagonizar una película genial con actores a los que admiraba y respetaba. El discurso que me había aprendido y los prejuicios que había creado me decían que era una persona indigna y contaminada. Y eso no era verdad.

Quería contar esta historia, la historia de cómo aprendí a rendirme, por dos razones. La primera, porque es mi historia, de nadie más. Me pertenece a mí, no a la prensa amarilla o a mi madre o a los hombres con quienes me he casado, ni a los espectadores que adoran o detestan mis películas, ni siquiera a mis hijas. Es mía, y punto. Soy la única que la ha vivido de principio a fin, y he decidido armarme de valor y contarla en primera persona. La segunda razón es que, a pesar de que sea mía, quizá parte

288

de esta historia también es vuestra. En esta vida, he tenido muchísima suerte…, tanto buena como mala. Escribir mi historia sobre un papel ha hecho que me dé cuenta de que he vivido experiencias locas y muy poco frecuentes. Pero todos sufrimos, todos triunfamos y todos podemos elegir de qué manera queremos vivir.

Epílogo

*C*reo que Paulo Coelho tenía razón: el universo conspira para ofrecerte todo lo que quieres y anhelas, pero no siempre de la forma que esperabas. La Navidad es mi época favorita del año y siempre la celebro por todo lo alto. Intento aprovechar esos días para jugar, para retroceder en el tiempo y volver a mi niñez, para dejar paso a la magia y para sentir la satisfacción de dar sin esperar nada a cambio. Cuando Morgan y yo éramos niños, mi madre siempre quería que la Navidad fuese una época muy especial para nosotros. Aunque hubo años en que no disponía de los medios económicos para conseguirlo, cada diciembre se las ingeniaba para cumplir un ritual, un ritual que yo he seguido: todo el mundo merece tener un regalo debajo del árbol en la víspera de Navidad; en mi caso, es un pijama igual para toda la familia. (El año pasado tocó un mono de felpa con estampado de renos.) En cierto modo, es como continuar una tradición que Ginny empezó pero no pudo terminar.

Cuando mis hijas me desterraron de su vida, comprendí cómo debía de haber sufrido mi madre cuando yo decidí apartarla de la mía. ¿Cómo podía esperar que se compadecieran de mí si durante ocho largos años yo no había sentido una pizca de pena por mi madre? Haber podido curar

la herida que había abierto mi relación con Ginny me ha
permitido establecer una relación más profunda, cariñosa y
cercana con Rumer, Scout y Tallulah. Ahora mismo, nuestra relación es mucho más fuerte y sincera de lo que jamás
habría imaginado. Las cuatro hemos sido capaces de dejar
atrás prejuicios e ideas erróneas que nos tenían atrapadas.
Mi gran ilusión siempre ha sido que mis hijas, ya de adul-
tas, quisieran pasar tiempo conmigo sin sentirse obligadas
a hacerlo y que estuvieran a mi lado porque realmente les
apetecía. El invierno pasado, mis tres hijas pasaron las Navidades aquí, en Idaho.

Nos juntamos una tropa bastante diversa y heterogé-
nea. Tengo una familia peluda de ocho perros y un gato,
pero además Rumer también se trajo a su gato y a sus dos
perros, y Scout y Tallulah, por su parte, también vinieron
con un perrito entre los brazos, igual que mi gran amigo
Erin Buterbaugh. Eric es mi marido gay; quizá no sea muy
romántico, pero creedme cuando os digo que es un matrimonio lleno de amor. Es alguien que siempre está dispuesto
a ayudarme, tanto a mí como a mis hijas, y que comparte
mi pasión por la moda y el diseño. No hay otra persona en
el mundo en la que confiaría la disposición y la decoración
de una mesa. Tengo una vajilla muy curiosa; siempre que
voy a un lugar nuevo, compro un plato de recuerdo, por lo
que la colección es bastante dispar. Sin embargo, él siempre
encuentra la manera de sacarle partido y de que luzca preciosa. Las Navidades pasadas, por ejemplo, decoró cada plato
con sus ya clásicas rosas abiertas, que, por cierto, abre meti-
culosamente él mismo, pétalo a pétalo. Sarah Jane, Sheri-O
y Hunter tampoco faltaron a la cita, igual que mi amiga
Masha, otra madre soltera, como Sheri y como yo, que vino
con su hija de dos años, Rumi, uno de los grandes amores

de mi vida. Masha es de Serbia, antiguo país comunista, y no está acostumbrada a esa montaña de regalos que solemos poner debajo del árbol. Se le ocurrió un regalo precioso e inolvidable para todos nosotros: se puso en contacto con una artista que, gracias a los comentarios y observaciones de Masha, dibujó un retrato de cada uno de nosotros. En el mío, por ejemplo, se ve a una reina; el texto que acompaña el dibujo viene a decir que, por fin, he dado un paso al frente y me he permitido llevar esa corona.

Hailey es mi castillo. Es mi hogar, la casa donde crie a mis hijas. Me ha costado mucho trabajo llegar hasta aquí. Aunque el viaje ha sido muy doloroso, no cambiaría la relación que tengo ahora con ellas por nada del mundo. Todas tomamos caminos distintos, y por separado, pero hemos acabado en el mismo punto. Después de lo que hemos pasado, ya no vamos a cometer el error de no valorar nuestra relación. Bruce también ha vuelto a mi vida; es un gran amigo y un miembro de la familia indispensable. Mis hijas tienen dos hermanitas más, Mabel y Evelyn, las hijas de Emma y Bruce, así que la familia sigue creciendo. Nunca me cansaré de agradecer que nos tengamos el uno al otro.

Lo creáis o no, también estoy agradecida con Ashton. Todo ese sufrimiento y ese dolor nos ha permitido crecer y convertirnos en las personas que somos hoy en día. Seguimos colaborando en nuestra fundación, Thron, y estoy muy orgullosa del trabajo que hacemos.

En la casa de Hailey, hay días en pleno invierno en los que crees estar metido en una bola de nieve. La parte trasera de la casa es, básicamente, un ventanal enorme con vistas a los árboles y al río, con las montañas nevadas como telón de fondo. Los copos de nieve enseguida cubren el paisaje con un manto blanco y, de repente, todo parece distinto, más hermoso, más tranquilo.

Todos se marcharon para celebrar el final del año, pero yo preferí quedarme en mi casa, sola. Esa noche había luna llena y, contemplándola, también me sentí llena, plena. No necesitaba ir a una fiesta. No necesitaba una cita romántica. Tenía todo lo que necesitaba.

Estoy donde debo estar. Aquí, conmigo misma, en esta casa, en este planeta.

Ya he sobrepasado los cincuenta y cinco y he vivido más que mis padres.

Soy consciente de que he tenido una vida llena de aventuras, pero también repleta de episodios traumáticos, sobre todo durante mi infancia. Pero la verdad es que si uno quiere salir del pozo, la única manera de conseguirlo es zambulléndose en él.

Agradecimientos

$\mathcal{A}$riel Levy: no tengo palabras para agradecerte que me hayas ayudado a hacer de este libro una realidad. Desde el principio viste las piezas de este rompecabezas como piedras preciosas y, con gran talento y profesionalidad, me enseñaste a entretejerlas para crear un tapiz hermoso. Tu entusiasmo me permitió encontrar la alegría; tu abrumadora inteligencia y sensata sencillez me ayudaron a reconducir mis incertidumbres y a dejar mis miedos atrás, y tu comprensión y compasión me allanaron el camino para contar la verdad. GRACIAS. Eres un ser humano increíble y tienes un alma bondadosa, y doy gracias al universo por que nuestros caminos se hayan cruzado.

Jennifer Barth: ha sido un viaje de nueve años y, a pesar de los baches y de algún que otro choque, hemos llegado al destino sanas y salvas. Siempre me has brindado tu apoyo y me has ayudado a dignificar mi proceso. Llegaste incluso a proponerme que, si lo consideraba necesario, dejara de escribir, priorizando mi bienestar por encima del libro. Me alegro muchísimo de haber entrado en tu despacho ese día. Eres una editora magnífica, inteligente y con un talento extraordinario. Te fijas en todos los detalles y tu perfeccionismo va más allá del razonamiento humano; pero lo que más admiro de ti es la humanidad y tu comprensión como mujer, madre, hermana e hija. Me lo me has demostrado durante las incontables e incansables horas que hemos pasado juntas. Gracias.

Luke Janklow: eres la personificación de la sencillez y la elegancia. Este libro nunca se habría publicado sin ti. Creíste en mí y en mi historia desde el principio, incluso cuando yo no lo hacía. Cuando el dolor era insoportable y no me veía capaz de abrir esa puerta de nuevo, tú te quedaste ahí, sujetándola por mí. Me cogiste de la mano y me ayudaste a atravesar este proceso, sabiendo cuándo acelerar el paso y cuándo frenar, pero tal vez el mejor regalo que me has dado ha sido la tranquilidad de saber que estarías ahí si te necesitaba. Me aportabas soluciones y una buena dosis de ánimos y optimismo cada vez que me topaba con un obstáculo; no ha habido problema que no hayas sabido resolver en un santiamén; gracias a ti, el camino ha sido mucho más fácil, llevadero e incluso divertido. Gracias por haberme acompañado. Espero que te sientas orgulloso de mí.

Claire Dippel: todos sabemos que Luke no sería Luke sin ti. Gracias por recibirme con esa sonrisa tan alegre cada vez que entrábamos en la sala de reuniones y, sobre todo, ¡por mantener un flujo constante de Red Bull!

Hunter Reinking: ¿por dónde empiezo? Desde el día uno, y de eso ya han pasado más de veinticinco años, te has portado como un auténtico caballero y amigo conmigo; tus atenciones han sobrepasado, de lejos, lo que esperaba de ti. Has estado a mi lado durante el rodaje de muchísimas películas, me has apoyado en mis dos divorcios e incluso estuviste junto a la cama de mi madre en los últimos días de su vida, y me hiciste compañía cada noche, mientras la cuidaba y hacía las paces con ella. Nunca me cansaré de darte las gracias. Desde lo más profundo de mi alma, gracias, gracias y gracias. Me has regalado tu humor, tu corazón y una buena dosis de sarcasmo cariñoso, junto con tu gran ética profesional, durante tantos días y tantas noches... que ya he perdido la cuenta. Te quiero y te adoro, y te juro que no sé qué habría hecho sin ti en mi vida.

Lenny Hernandez: tal vez seas el ser humano más tierno, más dulce y más amable que jamás he conocido. No hay tarea demasiado importante o demasiado insignificante para ti. Da igual lo que ponga sobre la mesa, tú siempre lo recibes con una sonrisa, con alegría y con entusiasmo. Eres la bondad personificada, y eso se nota en todo lo que haces. ¡Me tienes hechizada! Si mañana me enterara de que eres un ángel, un santo o un bodhisattva que camina entre el mundo de los mortales, no me sorprendería. Me siento afortunada por tenerte en mi vida. Me lo has puesto siempre muy fácil, y no podría estarte más agradecida por ello.

Andrea Diaz: ya sé de dónde saca Lenny toda esa bondad..., ¡eres un ángel caído del cielo! Gracias a tu amor y tu cariño, todo mi alrededor no se ha desmoronado y ha seguido en pie: mi casa, mis perros, mi vida. Te quiero, te respeto y siento una gran admiración por ti. La verdad es que sin ti, estaría perdida, ¡igual que Little Man, Diego, Minky, Nibby, Harlow, Merple y Sousci Tunia!

Jason, Merritt y al resto de los chicos: gracias por abrirme las puertas de vuestra casa, de vuestro corazón y de vuestra familia. Me habéis envuelto en un manto de amor y apoyo. Me he apropiado de vuestra habitación de invitados, que lo sepáis. Y si no encontráis la llave..., ¡es porque la tengo yo!

Glenda Bailey, mi querida Escorpio: eres mi maestra, mi amiga y una de las personas más espectaculares que jamás he conocido. Tu generosidad y bondad son interminables, igual que tu amor e integridad. Gracias por verme, por respaldarme y por creer en mí. ¡Te estoy muy muy agradecida! Me haces muy feliz.

A mi equipo: Meredith y Carrie, gracias por ayudarme a sacar todo esto a la luz.

Kevin Huvane: gracias por cruzarte en mi vida, por quererme y por ser todo un caballero conmigo. ¡Te quiero!

Doctor Habib Sadeghi: conociste un pajarillo con las alas rotas que estaba a punto de morirse y le mostraste que podía volver a volar, quizás incluso más alto que nunca. Sin tu ayuda, no me mantendría en pie y, desde luego, no habría escrito este libro. Me has abierto los ojos, has llenado mi alma de esperanza y me has alegrado el corazón. Te estaré eternamente agradecida.

John Kenyon: tú fuiste mi socorrista, el primero en responder a mi llamada y, mientras trataba de abrirme camino entre los escombros, fuiste mi salvavidas de realidad y mi faro de cordura. Te doy las gracias de corazón, por haber sujetado esa cuerda y por no haberla soltado nunca.

Sat Hari: cuando creía que nada tenía sentido y no conseguía hallar respuestas en ningún lado, tú estabas ahí. Te mantuviste siempre firme y decidida, me trataste con un cariño infinito y con una paciencia indescriptible. Eres una amiga, una maestra, una alumna y una compañera de aventuras. Gracias por haber caminado a mi lado durante todo el viaje.

Kevin Dowling: tus manos sanadoras y tu corazón me han ayudado más de lo que imaginas.

Tej Khalsa: apuntarme a tu clase y servirte de ayuda le dio sentido y significado a mi vida cuando más lo necesitaba. Te estoy muy agradecida. Gracias por ese soplo de vida.

Ron y Mary Hulnick: espero que, a través de mis acciones, mis palabras y mis revelaciones pueda mostraros mi gratitud. Pretendo seguir vuestras maravillosas enseñanzas, pero a mí manera. Habéis tocado el alma de muchísimas personas, y siempre os estaré agradecida por haber tocado la mía. ¡Gracias!

Morgan, mi hermano pequeño de casi dos metros de altura: tal vez no tengamos el apoyo incondicional de una madre o un padre, pero no sabes cuánto agradezco que nos tengamos el uno al otro. Gracias por haberme dado tu amor y por haber dedicado tu tiempo a sumergirte en nuestra infancia y revivir capítulos buenos, malos y horribles para que pudiera escribir este libro. ¡Te quiero!

Tía DeAnna: tú siempre estuviste a mi lado, incluso cuando todos me dieron la espalda. No tengo palabras para expresar mi agradecimiento. Eres un regalo caído del cielo, un ejemplo de bondad y de amor, y todos deberíamos aspirar a ser tan generosos y tan abnegados como tú. Gracias por responder a todas mis llamadas, por contarme todos los detalles, por llenar los espacios en blanco y por desempolvar fotografías antiguas. Te quiero.

Tío George: siempre creí que fue una bendición que aparecieras en nuestras vidas. Para Morgan y para mí fuiste mucho más que un tío, fuiste un hermano que nos cuidó como un verdadero padre cuando el nuestro estaba ausente. Tu relato añadió una pizca de color y sabor a la descripción de mis padres. Muchas gracias.

Tía Billie y tía Choc: gracias por llenar el vacío del amor y de la pérdida, y por acercarme más a mi madre. Os quiero.

The Sewing Bee, maestras de la costura: GP, Jenni, Jen, Sara, Brig, Daun, os adoro.

Lena D: eres magia pura.

Peggy, Heather, Guyo, Michel: estuvisteis ahí, a mi lado. ¡Os quiero!

Masha y mi queridísima Rumi Lou: mi gratitud hacia vosotras es desbordante. Jamás me cansaré de dar las gracias al universo por haberos traído a mi vida, por concederme el privilegio de formar parte de la vuestra y por ser testigo del mágico crecimiento de esa personita tan increíble que has creado. Rumi, para ti siempre seré tu «Mi»; puedes venir a jugar o a dormir a casa siempre que te apetezca. ¡Os quiero!

Greta y Linda: me disteis la mano, me ayudasteis a levantarme y después me protegisteis sin tan siquiera saber el hermoso regalo que me estabais haciendo. Gracias a vosotras recuperé el espíritu navideño y volví a creer en la magia. Os estaré agradecida siempre.

Eric B: eres una obra maestra, el mejor marido gay que cualquier mujer desearía tener, y un compañero de vida. Muchas gracias. ¡Te quiero con locura!

Sheri-O: dicen que, cuando las cosas se ponen feas, es cuando realmente te das cuenta de quiénes son tus amigos... Pues bien, las cosas se pusieron feas y tú estuviste a mi lado al cien por cien. Soy tu fan número uno y jamás dejaré de darte las gracias por haber aparecido en mi vida. SJ y tú no solo sois amigas mías, sino familia. Gracias por haber encontrado fotografías de nuestras vivencias. Así la historia resulta mucho más creíble.

Laura Day: siempre escucho con atención todos tus consejos y palabras de aliento. Siempre me has defendido y nunca te has rendido. Me cuidas con el mismo mimo que una madre y, en más de una ocasión, me has protegido incluso de mí misma. Somos amigas, somos familia y, cuando lo necesitamos, somos las madres que nunca tuvimos. Es un honor, ¡y una suerte!, formar parte de tu hermoso «círculo mágico». Serías capaz de mover montañas por quien aprecias y quieres. Gracias por creer en mí y en este libro. ¡Te quiero!

A mis maravillosas hijas, Ru, Scouter y Boo: mis amores, mis ángeles, mi razón de ser. He visto con mis propios ojos todo lo que habéis crecido y evolucionado, cada una a un ritmo y de una manera diferentes. Las tres os habéis convertido en mujeres espléndidas, dinámicas, sensatas, inteligentes, cariñosas, compasivas y hermosas, y no puedo sentirme más orgullosa de vosotras. Gracias por haberme dejado entrar en vuestra vida y por regalarme todo vuestro amor, apoyo y ánimos para escribir este libro. Esta es mi historia y soy consciente de que, al compartir mi experiencia, quizá no haya expresado la vuestra o descrito algunos matices de vuestro dolor, miedos o triunfos. Eso, si queréis, lo podéis hacer vosotras. Os quiero dar las gracias de corazón por haberme elegido como madre; es un honor, una bendición y el mayor regalo que jamás he recibido. Todavía nos quedan muchas historias que contar, lecciones que aprender y amor que compartir. Y no puedo esperar a continuar nuestra aventura. ¡Os quiero!

ESTE LIBRO UTILIZA EL TIPO ALDUS, QUE TOMA SU NOMBRE

DEL VANGUARDISTA IMPRESOR DEL RENACIMIENTO

ITALIANO, ALDUS MANUTIUS. HERMANN ZAPF

DISEÑÓ EL TIPO ALDUS PARA LA IMPRENTA

STEMPEL EN 1954, COMO UNA RÉPLICA

MÁS LIGERA Y ELEGANTE DEL

POPULAR TIPO

PALATINO

INSIDE OUT. MI HISTORIA SE ACABÓ DE

IMPRIMIR UN DÍA DE INVIERNO

DE 2020, EN LOS TALLERES

GRÁFICOS DE LIBERDÚPLEX, S. L. U.

CRTA. BV-2249, KM 7,4.

POL. IND. TORRENTFONDO

SANT LLORENÇ D'HORTONS

(BARCELONA)